U0829794

中等职业学校重点建设项目系列规划教材

汽车底盘构造与维修

主　编　王　龙　孙元明
副主编　周建江　莫尔登　赵永奕

天津大学出版社
TIANJIN UNIVERSITY PRESS

图书在版编目（CIP）数据

汽车底盘构造与维修 / 王龙，孙元明主编 ；周建江，莫尔登，赵永奕副主编. -- 天津 ：天津大学出版社，2025. 4. --（中等职业学校重点建设项目系列规划教材）. -- ISBN 978-7-5618-7864-4

Ⅰ. U463.103；U472.41

中国国家版本馆CIP数据核字第2024PK5496号

出版发行 天津大学出版社
地　　址 天津市卫津路92号天津大学内（邮编：300072）
电　　话 发行部：022-27403647
网　　址 www.tjupress.com.cn
印　　刷 北京虎彩文化传播有限公司
经　　销 全国各地新华书店
开　　本 787mm×1092mm　1/16
印　　张 15.25
字　　数 390千
版　　次 2025年4月第1版
印　　次 2025年4月第1次
定　　价 43.00元

前　言

本教材是由新疆生产建设兵团第一师阿拉尔职业技术学校汽车运用与维修专业教师合作编写的。

当今，汽车已深度融入生活，成为不可或缺的出行工具，汽车产业的飞速发展也让汽车维修领域愈发关键。汽车底盘，作为车辆的“骨骼”与“经络”，直接关联操控稳定性、行驶安全性以及驾乘舒适度，这凸显了专业人才掌握底盘知识与维修技能的重要性。

教材深入浅出讲解传动、行驶、转向、制动等系统的构造，将复杂原理转化为清晰图示、通俗文字，轻松构建知识体系，确保学生看得懂、学得会、用的上。全书共设计了五个章节，涵盖了从基本知识到各个具体维修阶段的内容，总共有 23 个典型知识点，旨在帮助读者系统地掌握汽车底盘构造的精髓。

在编写过程中，我们注重实践操作与理论知识的结合。书中配备了大量的实物图片，使操作过程更加直观易懂。我们还特别强调了专业技能与职业素养的并重，旨在培养具有综合素质的汽车运用与维修专业人才。

为了巩固学习效果，本书还配套了课后习题。重点考察学生对教学重点、操作步骤、工具设备使用的掌握情况。通过实物图片引导学生梳理操作步骤，形成操作技能，从而提升学生的实践能力和职业素养。

此外，本书积极响应党的教育方针，在每个项目实施中都融入了思政内涵。通过培养乐业、敬业、精业、爱国的工匠精神，我们旨在塑造有理想、有情怀的新时代专业技术能手。这不仅有助于提升学生的综合素质，也有助于他们在未来的职业生涯中更好地服务于社会。

综上所述，这本汽车底盘构造与维修教材不仅适合中职院校汽车相关专业的学生使用，也特别适合汽车驾驶员、汽车爱好者以及相关培训机构作为参考用书。我们相信，通过本书的学习，读者将能够系统地掌握汽车底盘构造的知识和技能，为未来的职业生涯打下坚实的基础。

本书由王龙、孙元明担任主编，周建江、莫尔登、赵永奕担任副主编；第一章、第二章由第一师阿拉尔职业技术学校王龙编写；第三章、第四章由第一师阿拉尔职业技术学校孙元明编写；第五章由第一师阿拉尔职业技术学校周建江、莫尔登、赵永奕编写。本书由王龙负责统稿、定稿。在编写本书过程中借鉴和参考了国内其他职业院校编写的相关教材和汽车厂家的技术资料，在此致以诚挚谢意。

由于编者水平有限，书中存在的不足之处，恳请读者批评指正。

目　录

第1章 汽车底盘概述

汽车的总体构造基本上由发动机、底盘、车身、电器四部分组成，其总体构造、结构视图、底视图、总成拆分图分别如图 1-1、图 1-2、图 1-3、图 1-4 所示。

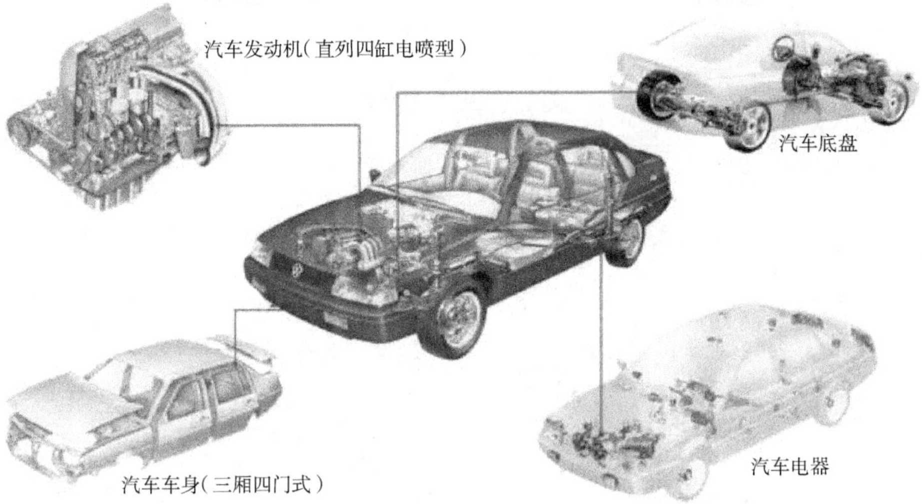

图 1-1　汽车的总体构造

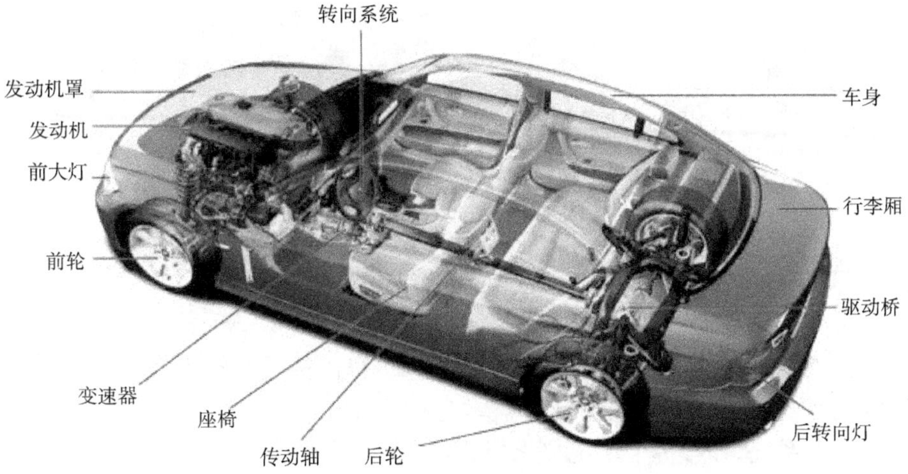

图 1-2　汽车结构视图

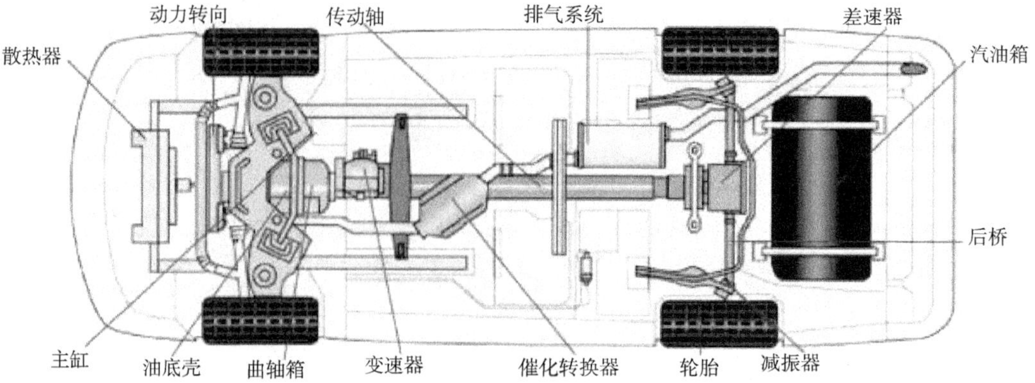

图 1-3　汽车底视图

图 1-4　汽车总成拆分图

1.1　底盘

底盘作为汽车的重要组成部分，其作用是支撑车身、接受发动机产生的动力，并确保汽车能够按照驾驶员的意愿正常行驶。底盘本身结构复杂，由传动系统、行驶系统、转向系统和制动系统四大系统组成，每个系统都承担着特定的功能和任务。

底盘是汽车的骨架和基础。其不仅支撑着车身和所有零部件，还负责接收发动机产生的动力，并将其转化为汽车前进的动力。同时，通过各个系统的协同工作，确保汽车在行驶过程中的稳定性、安全性和舒适性。

1. 传动系统

传动系统的主要作用是将发动机产生的动力传递给驱动轮，使汽车产生运动。其通过一系列机械部件的协同工作，实现动力的传递和变速，满足汽车在不同行驶条件下的动力需求。

传动系统主要由离合器、变速器、万向节、传动轴和驱动桥等组成。其中离合器用于连接或切断发动机与变速器之间的动力传递；变速器用于改变传动比，实现汽车的变速和倒车；传动轴和万向节负责将动力从变速器传递到驱动桥；驱动桥通过差速器将动力分配给左右驱动轮，实现轮间的差速功能。

2. 行驶系统

行驶系统的主要功能是支撑和安装汽车的零部件总成，保证汽车的正常行驶。其接受传动系统的动力，通过驱动轮与路面的作用产生牵引力，使汽车能够按照驾驶员的意愿行驶。

行驶系统主要由车架、车桥、悬架和车轮等部分组成。车架是汽车的基础承载件，连接着各个部件并承受着汽车的全部重量；车桥用于安装车轮并传递车轮与车架之间的力和力矩；悬架用于连接车架和车桥，缓冲和衰减路面不平对车身的冲击；车轮是汽车行驶的直接执行部件，通过轮胎与路面接触，产生牵引力和制动力。

3. 转向系统

转向系统的主要作用是保证汽车能够按照驾驶员选择的方向行驶。其通过转向控制机构、转向器和转向传动机构等部件的协同工作，实现汽车的转向功能。

转向系统主要由方向盘、转向器、转向节、转向节臂、横拉杆和直拉杆等组成。驾驶员通过转动方向盘控制转向器的工作，进而带动转向节和车轮的转动，实现汽车的转向。同时，转向系统还配备有转向助力装置，以减轻驾驶员的操作负担。

4. 制动系统

制动系统的主要作用是使汽车减速停车，并保证停车的可靠性。其通过一系列制动机构和传动机构的协同工作，将汽车的动能转化为热能并散发到空气中，从而实现汽车的制动。

制动系统一般包括行车制动系统和驻车制动系统两个独立的系统。每个系统都包括制动器和制动传动机构等部件。制动器通常安装在车轮上，通过摩擦产生制动力矩；制动传动机构则用于将驾驶员的制动力传递给制动器。同时，现代汽车的制动系统还配备防抱死制动系统（Antilock Brake System, ABS）等功能，以提高制动的安全性和稳定性。

底盘作为汽车的重要组成部分，通过传动系统、行驶系统、转向系统和制动系统的协同工作，实现了汽车的正常行驶和操控。每个系统都承担着特定的功能和任务，共同构成了汽车的骨架和基础，如图 1-5 所示。

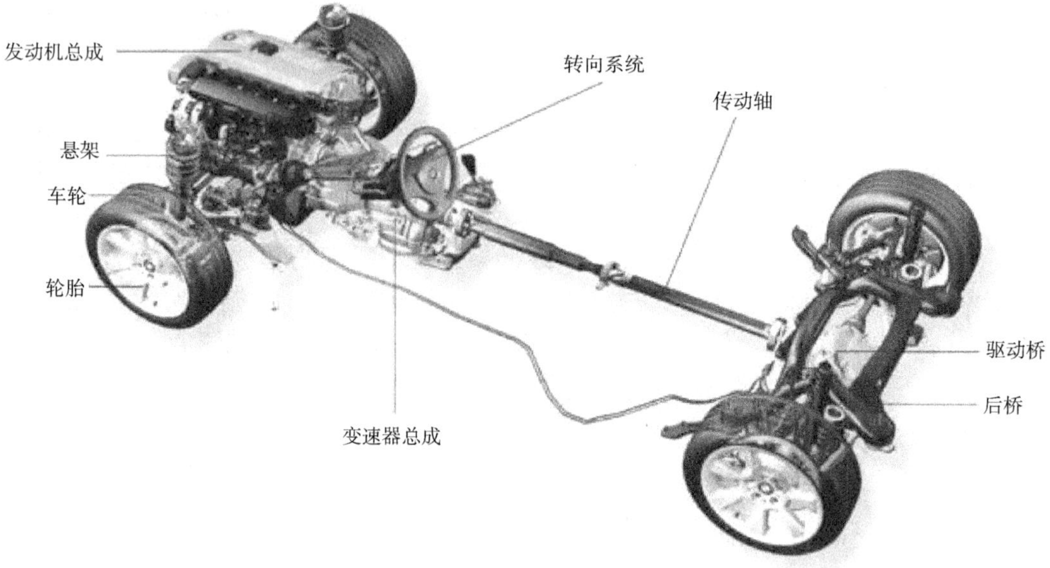

图 1-5　汽车底盘构成基础

1.2　车身

车身作为汽车的重要组成部分,不仅承载着乘客和货物的重量,还直接影响汽车的安全性、舒适性和美观性。汽车车身结构复杂多样,主要包括车身壳体、车门、车窗、车前钣制件、车身内外装饰件和车身附件、座椅以及通风、暖气、冷气、空气调节装置等部分。

1. 车身壳体

车身壳体,也被称为白车身,是一切车身部件的安装基础,通常由纵、横梁和支柱等主要承力元件以及与之相连接的钣制件共同组成。客车车身多数具有明显的骨架,而轿车车身和货车驾驶室则可能没有明显的骨架。车身壳体不仅承载着汽车的各种部件和载荷,还通过其设计结构来保证汽车的刚性和安全性。此外,车身壳体上还可能敷设隔音、隔热、防振、防腐、密封等材料及涂层,以提升汽车的舒适性和耐久性。

2. 车门与车窗

车门是乘员上下的通道,也是车身的重要组成部分之一。车门通过铰链安装在车身壳体上,其结构较复杂,包括门锁、玻璃、玻璃升降器等附属设施。车窗则镶嵌在车门或车身的侧围板上,用于通风和采光。现代汽车的车窗多采用电动升降方式,提高了使用的便捷性。

3. 车前钣制件

车前钣制件主要包括发动机罩、前保险杠和前翼子板等部件。发动机罩位于车辆前上部,是发动机舱的维护盖板。前保险杠则位于车辆的前部,起到保护车辆和行人的作用。前翼子板位于发动机罩侧下部和前轮上部,是重要的车身装饰件和强度件。这些部件不仅具有装饰作用,还通过其设计结构来吸收碰撞能量,提高汽车的安全性。

4. 车身内外装饰件和车身附件

车身内外装饰件和车身附件包括仪表板、顶篷、侧壁、座椅等表面覆饰物以及门锁、门铰链、玻璃升降器、各类密封件、风窗刮水器、风窗洗涤器、遮阳板和后视镜。这些部件不仅提升了汽车的美观性和舒适性，还通过其功能性设计来保证汽车的正常使用和安全性。例如座椅的设计需要考虑乘员的舒适性和支撑性；后视镜则用于扩大驾驶员的视野范围，提高行车安全性。

5. 座椅

座椅是车身内部的重要装置之一，由骨架、坐垫、靠背和调节机构等组成。座椅的设计不仅需要考虑乘员的体型、坐姿和舒适度等因素，还要能通过调节机构来实现座椅的前后、上下移动以及坐垫和靠背的倾斜角度调节。某些座椅还配备弹性悬架和减振器，进一步提高乘坐的舒适性。

6. 通风、暖气、冷气、空气调节装置

通风、暖气、冷气、空气调节装置是维持车内正常环境、保证驾驶员和乘客安全舒适的重要设备。通风系统用于保持车内空气流通；暖气系统用于在寒冷天气中提供暖气；冷气系统用于在炎热天气中降低车内温度；空气调节装置用于调节车内的温度、湿度和空气质量等参数，以创造一个舒适的乘车环境。

7. 车厢和其他专用装备

在货车和专用汽车上，除了上述部件外，还包括车厢和其他专用装备。车厢是装载货物的主要空间，其设计和制造需要考虑货物的种类、体积和重量等因素。其他专用装备则根据车辆的具体用途进行配置，如冷藏车的制冷设备、消防车的消防器材等。

总之，汽车车身结构是一个复杂而精密的系统，各个部分相互关联、相互作用，共同保证汽车的正常使用和安全性。随着汽车技术的不断发展，车身结构也在不断创新和完善，如图 1-6 所示，以满足人们对汽车舒适性、安全性和美观性的更高要求。

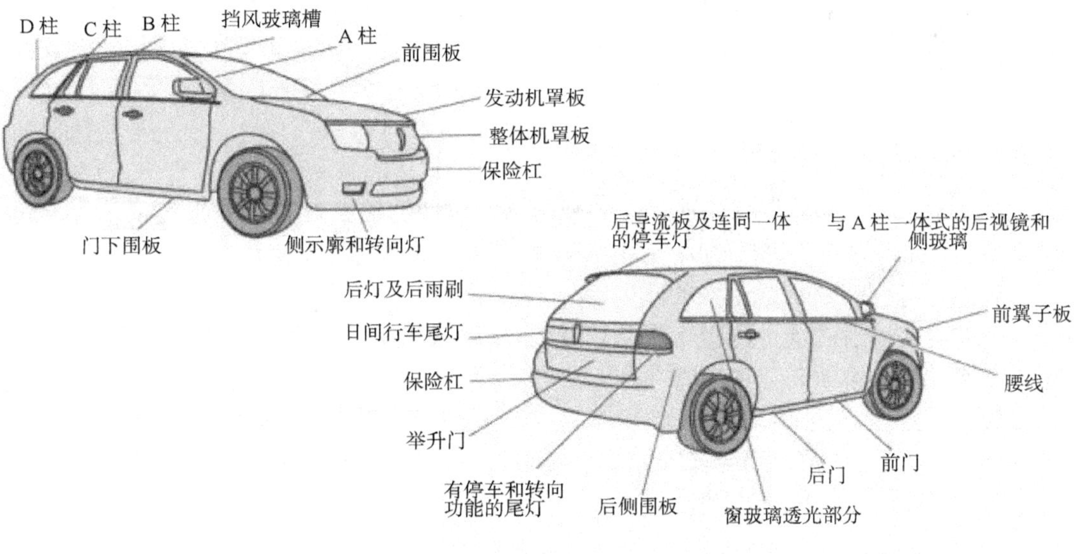

图 1-6　汽车车身构造

第2章 传动系统学习

2.1 汽车传动系统概述

2.1.1 传动系统的组成

汽车传动系统主要由离合离合器、变速器、万向传动装置、驱动桥、半轴组成。

1 离合器

离合器位于发动机和变速箱之间的飞轮壳内，主要功能是保证汽车平稳起步、保证挡位改变时的顺滑性以及防止传动系统过载。离合器由飞轮、离合器盖、摩擦片、压紧装置（如膜片弹簧）和操纵机构组成。

2. 变速器

变速器是实现不同行驶路况下行驶速度改变的重要工具，主要包括变速器壳、盖、输入轴、输出轴、中间轴、倒挡轴、齿轮、轴承、油封、操纵机构等。变速器类型包括手动变速器（Manual Transmission，MT）、自动变速器（Auto Transmission,AT）、双离合变速器（Dual Clutch Transmission，DCT）和无级变速器（Continuously Variable Transmission，CVT）等。

3. 万向传动装置

万向传动装置位于传动轴的末端，连接传动轴驱动桥和半轴等零件，解决动力传递过程中的角度变化问题。万向传动装置一般由万向节和传动轴组成，万向节与传动轴组合，称为万向节传动装置。传动轴，传递动力的重要部件，由外万向节、内万向节和花键轴组成。传动轴通过球笼式等速万向节连接左右前轮。

4. 驱动桥

驱动桥包括主减速器和差速器。主减速器通过增加转矩,减少转速来实现动力传递；差速器则是将主减速器传递的动力传递给两轮，以满足转弯时的差速要求。

5. 半轴

半轴将差速器的动力传递给驱动轮，使驱动轮获得旋转动力。传动系统的作用包括减速与变速、倒车、中断动力传递等功能。离合器使发动机与传动系接合或分开，切断动力传递；变速器通过齿轮的传动改变传动比，适应不同的行驶条件；万向传动装置将变速器的动力传给主减速器；主减速器降低转速增加转矩；差速器允许左右半轴以不同转速旋转，满足转弯需求；半轴将动力传递给驱动轮。

2.1.2 传动系统的功用

1. 减速增矩

发动机输出的动力具有转速高、转矩小等特点,无法满足汽车行驶的基本需要。通过传动系统的主减速器,可以达到减速增矩的目的,即传给驱动轮的动力比发动机输出的动力转速低、转矩大。

2. 变速变矩

发动机的最佳工作转速范围很小,但汽车行驶的速度和需要克服的阻力却在很大范围内变化。传动系统的变速器,可以在发动机工作范围变化不大的情况下,满足汽车行驶速度变化大和克服各种行驶阻力的需要。

3. 实现倒车

发动机不能反转,但汽车除了前进外还要倒车。在变速器中设置倒挡,汽车就可以实现倒车。

4. 必要时中断传动系统的动力传递

汽车在启动发动机、行驶过程中换挡,行驶途中短时间停车(如等候交通信号灯),低速滑行等情况下,都需要中断传动系统的动力传递,利用变速器的空挡可以中断动力传递。

5. 实现差速

在汽车转向时,需要两驱动轮以不同转速转动。通过驱动桥中的差速器可以实现差速功能。

2.1.3 汽车传动系统的布置方案

汽车传动系统的布置可分为以下几类:发动机前置后轮驱动(简称“前置后驱动”)、发动机前置前轮驱动(简称“前置前驱动”)、发动机后置后轮驱动(简称“后置后驱动”)、发动机中置后轮驱动(简称“中置后驱动”)和四轮驱动(简称“全轮驱动”)。

1. 前置后驱动

此种布置方案主要用于货车、部分客车和部分高级轿车,如红旗 7560、广州标致、伏尔加、日产公爵、丰田皇冠、丰田凌志等。图 2-1 为货车前置后驱动传动系统布置示意图,图 2-2 为前置后驱动传动系统布置框图。

(1)优点:维修发动机方便,轴荷分配较均匀;对操纵稳定性、行驶平顺性和轮胎寿命比较有利;操纵机构简单,行李箱较宽敞,发动机冷却条件好。

(2)缺点:需要较长的传动轴,增加整车质量,影响传动系统的效率、踏板的布置和乘坐舒适性。

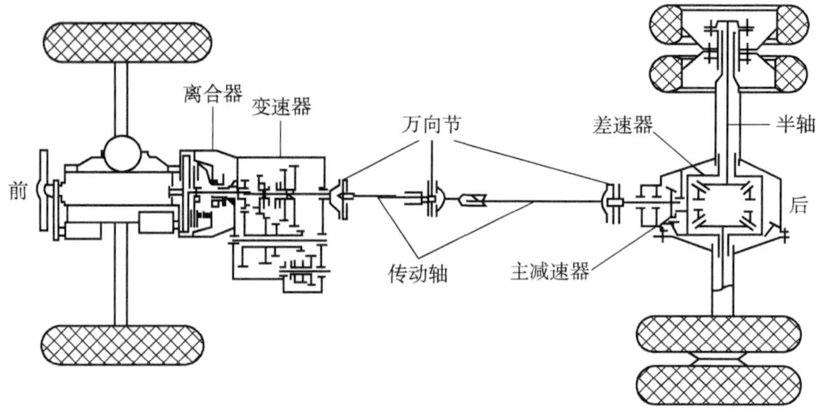

图 2-1　货车前置后驱动传动系统布置示意图

图 2-2　前置后驱动传动系统布置框图

2. 前置前驱动

此种布置方案主要用于微型和中型轿车(广泛应用)、中高级和高级轿车(应用日渐多)。汽车整体十分紧凑,前轮为驱动轮,在变速器和驱动桥之间省去了万向节和传动轴,发动机可以横置,也可以纵置。图 2-3 为轿车前置前驱动传动系统布置示意图。

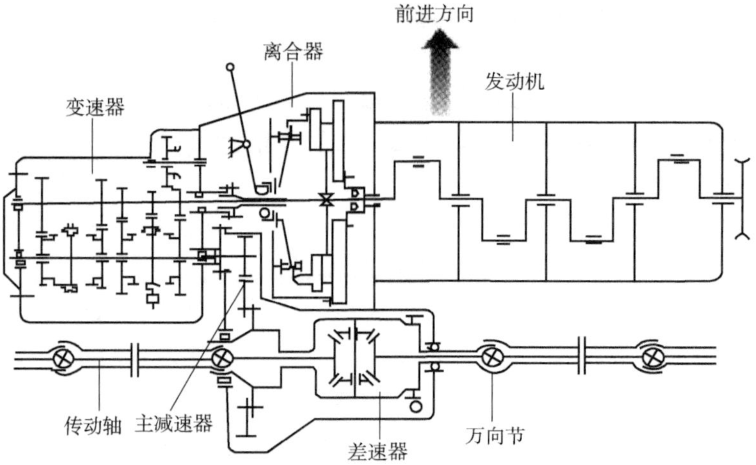

图 2-3　轿车前置前驱动传动系统布置示意图

发动机横向布置时，变速器轴线与驱动桥轴线平行，主减速器可以采用结构和加工都较简单的圆柱斜齿轮副传动。采用这种传动系统的轿车有福特探索者、丰田卡瑞那、丰田赛利卡、丰田佳美、日产千里马、本田雅阁等。

发动机纵向布置时，发动机的曲轴轴线与车身轴线平行，主减速器则大多采用主、从动齿轮轴线垂直的准双曲面或曲线圆锥齿轮副传动。采用这种传动系统的有一汽奥迪、上海桑塔纳（图 2-4）等轿车。

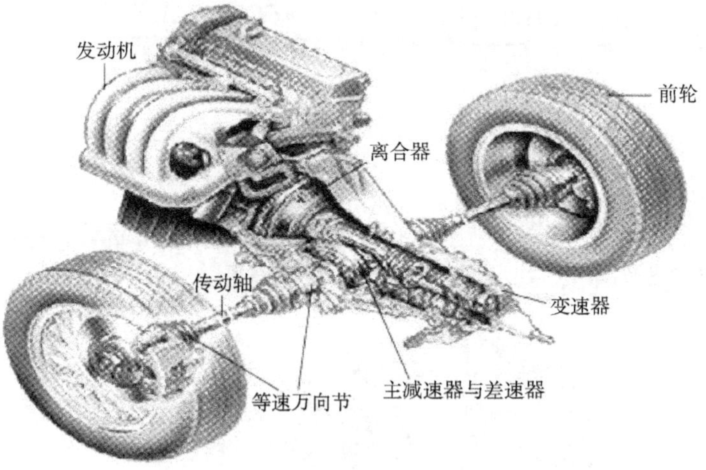

图 2-4　桑塔纳某型轿车纵置前驱动传动系统的组成及布置

（1）优点：结构十分紧凑，车身底盘高度降低，有助于提高汽车的乘坐舒适性和高速行驶的稳定性；操纵简便，发动机散热条件好。

（2）缺点：坡道行驶性能差，如上坡时重量后移，前驱动轮的附着重量减小，易打滑，下坡时重量前移，前轮负荷过重，制动不当易引起车辆颠覆（故货车不用）；前轮既是驱动轮又是转向轮，需要使用等速万向节，结构较为复杂；前轮的轮胎寿命较短。

3. 后置后驱动

此种布置方案的特点是发动机布置在后轴之后，用后轮驱动，主要用于大、中型客车和少数跑车。图 2-5 为后置后驱动传动系统布置示意图。

（1）优点：前、后轴荷载分配合理，车内噪声低，空间利用率高，行李箱体积大。

（2）缺点：发动机冷却条件差，发动机和离合器、变速器的操纵机构都较复杂且维修调整不便。

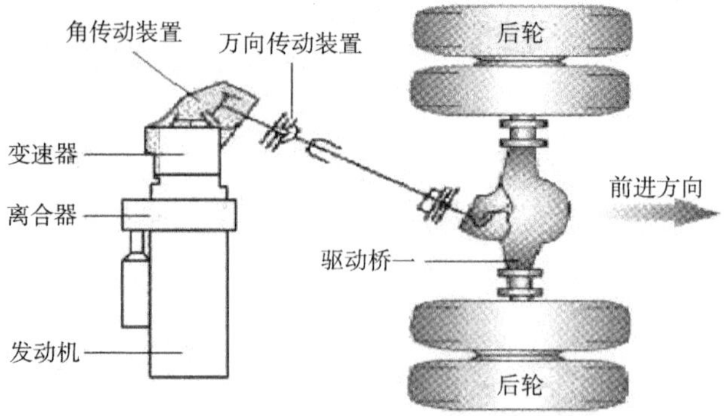

图 2-5　后置后驱动传动系统布置示意图

4. 中置后驱动

此种布置方案的特点是发动机布置在前后轴之间，用后轮驱动，主要用于跑车和少数大、中型客车。图 2-6 为中置后驱动传动系统布置示意图。

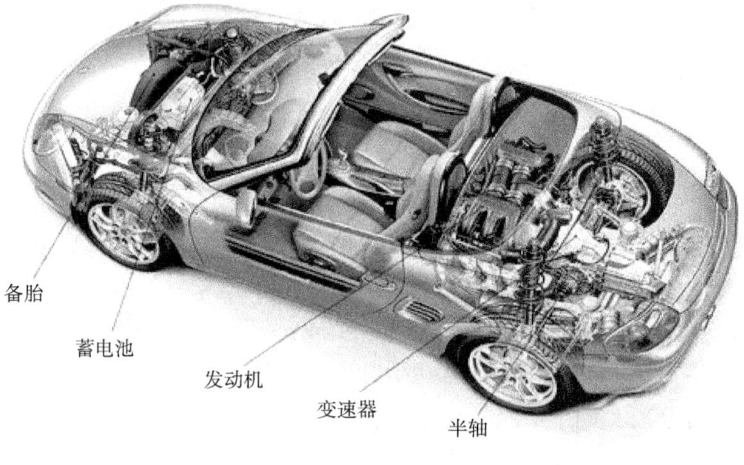

图 2-6　中置后驱动传动系统布置示意图

将发动机布置在驾驶室后面、汽车的中部，由后轮驱动，有利于实现前、后轴较为理想的轴荷分配。客车采用这种布置方案能达到车厢有效面积的最高利用。

5. 全轮驱动

此种布置方案的特点是传动系统增加了分动器，动力可以同时传给前后轮，充分利用所有车轮与地面之间的附着条件，获得尽可能大的驱动力，提高其通用性，主要用于越野车及重型货车。图 2-7 为发动机前置全轮驱动传动系统布置示意图。

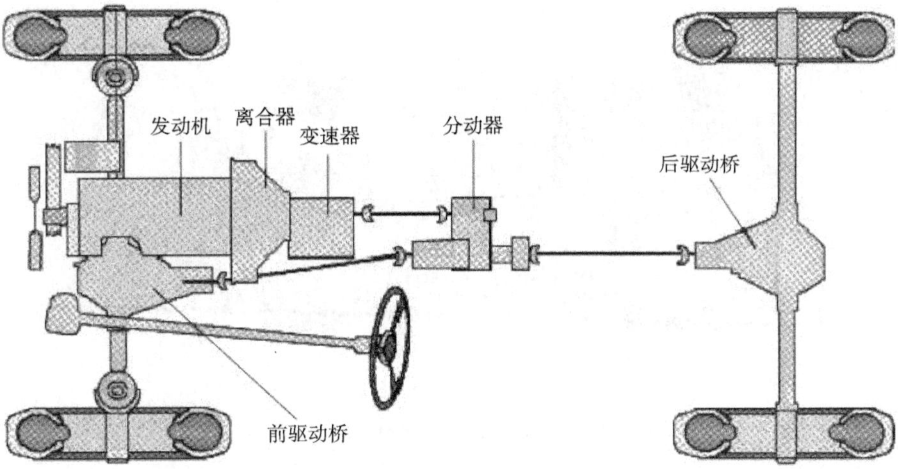

图 2-7　发动机前置全轮驱动传动系统布置示意图

2.1.4　汽车传动系统的类型

根据汽车传动系统中传动元件的特征，汽车传动系统可分为机械式、液力式和电力式。

1. 机械式传动系统

其组成及布置如图 2-8 所示，发动机发出的动力经离合器、变速器、万向传动装置传到驱动桥，又经主减速器、差速器和半轴等到达驱动车轮。

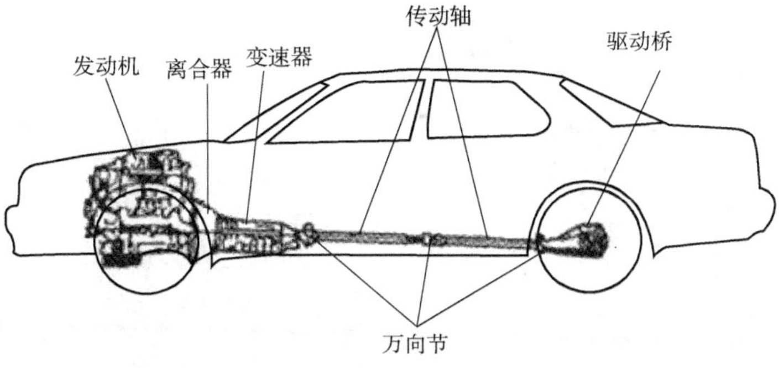

图 2-8　机械式传动系统的组成及布置示意图

2. 液力式传动系统

液力式传动系统可分为液力机械式和静液式。

液力机械式传动系统的特点是组合运用液力传动和机械传动。其中，液力传动是指利用液力变矩器传动；机械传动是指利用自动变速器、万向传动装置和驱动桥传动，其组成和布置如图 2-9 所示。

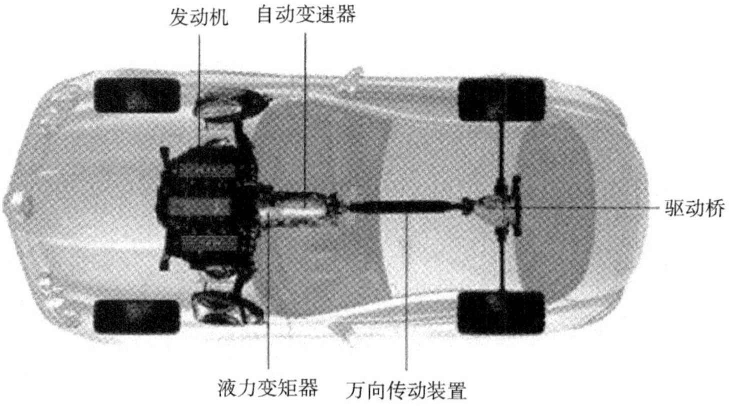

图 2-9　液力机械式传动系统的组成及布置示意图

静液式传动系统的特点是通过液体传动介质静压力能的变化传递动力，利用发动机带动油泵产生静压力，通过控制装置控制液压马达转速，用一个液压马达带动驱动桥或用两个液压马达直接驱动两个驱动轮。静液式传动系统的主要缺点是机械效率低、造价高、使用寿命短和可靠性差等，故还没有得到广泛应用。其组成和布置如图 2-10 所示。

3. 电力式传动系统

电力式传动系统是一种无级传动装置，由汽车发动机带动发电机发电，将发出的电能送到电动机，再由电动机驱动驱动桥或驱动带有减速器的驱动轮。其组成和布置如图 2-11 所示。

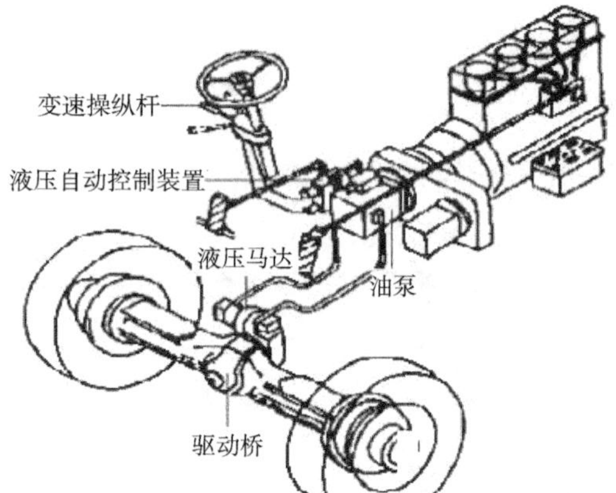

图 2-10　静液式传动系统的组成及布置示意图

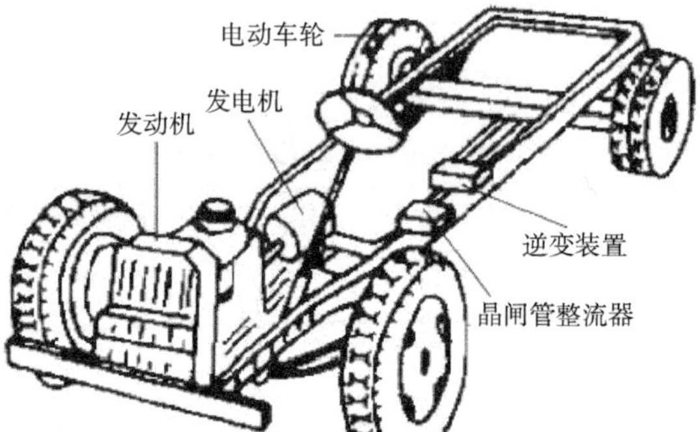

图 2-11　电力式传动系统的组成及布置示意图

2.2　离合器

离合器是一种机械设备，常见于内燃机汽车等动力传动装置中，在发动机和传动装置之间传递动力或中断动力传递。

2.2.1　定义与功能

1. 定义

离合器是接合或分离发动机动力传递的装置。这一定义明确指出了离合器在汽车动力传输系统中的核心作用:在需要时连接发动机与传动系统,传递动力以驱动车辆;在不需要时则断开连接,避免发动机的动力继续传输,以便进行换挡、起步或停车等操作。

2. 功能

在汽车启动时,离合器起着至关重要的作用。由于发动机的输出扭矩和转速是恒定的,而车辆从静止到运动需要克服的静摩擦力较大,如果直接将发动机的动力传递给车轮,可能导致车辆突然冲出。因此,离合器通过逐渐接合的方式,使发动机的动力逐步传递给车轮,从而实现汽车的平稳起步。

在驾驶过程中,为了适应不同的行驶速度和路况,驾驶员需要频繁地换挡。换挡时,需要断开发动机与传动系统的连接,以便改变齿轮比。离合器正是这一过程中的关键部件。通过操作离合器踏板,驾驶员可以轻松地断开或接合发动机与传动系统的连接,从而实现换挡的平顺进行。这样不仅可以保护传动系统各部件使其免受冲击和损坏,还可以提高驾驶的舒适性和安全性。

在紧急制动或突然加速等极端情况下,传动系统可能会受到较大的冲击和荷载。如果此时发动机与传动系统之间的连接过于刚性,可能会导致传动系统的某些部件因承受过大的负荷而损坏。而离合器则可以通过其弹性元件(如弹簧)的作用,在一定程度上吸收和缓解这些冲击和荷载,从而保护传动系统各部件免受损坏。

2.2.2　工作原理

离合器的工作原理是基于其组成部件的相互作用。离合器位于发动机与变速箱之间,主要由摩擦片、弹簧片、压盘以及动力输出轴组成。当驾驶员踩下离合器踏板时,离合器分离,发动机的动力不再传递给变速箱;当松开离合器踏板时,离合器接合,发动机的动力通过离合器传递给变速箱,驱动车辆行驶。

2.2.3　类型

离合器有多种类型,每种类型都有其特定的应用场合和特点。

1. 摩擦式离合器

摩擦式离合器是应用最为广泛的一类离合器,在汽车传动系统中占据核心地位。

1)主要组成部分

(1)主动部分:主要包括离合器盖和与之固定连接的飞轮。飞轮通过螺栓与发动机曲轴相连,是离合器动力输入的源头。

(2)从动部分:主要由离合器毂和带有摩擦片的从动盘组成。从动盘通过滑动花键与变速器的输入轴(即离合器的输出轴)相连,从而传递动力。

（3）摩擦片：位于主动部分和从动部分之间，是实现动力传递的关键元件。通过摩擦片之间的摩擦力，将发动机的动力传递给变速器。

2）工作原理

摩擦式离合器的工作原理是基于摩擦片之间的机械摩擦力。当离合器处于接合状态时，压紧机构（如膜片弹簧）将从动盘压紧在飞轮上，使摩擦片之间产生足够的摩擦力，从而传递发动机的动力。当离合器需要分离时，驾驶员踩下离合器踏板，通过操纵机构使压紧机构释放，从动盘与飞轮分离，摩擦力消失，动力传递中断。

3）应用特点

（1）传递动力：通过摩擦片之间的摩擦力，将发动机的动力平稳地传递给变速器。

（2）保护传动系统：在紧急制动或过载情况下，离合器能够自动打滑，防止传动系统各部件因承受过大负荷而损坏。

（3）实现平稳起步和换挡：通过控制离合器的接合和分离，实现汽车的平稳起步和换挡操作。

在汽车中，通常使用膜片弹簧式摩擦离合器。这种离合器结构紧凑、工作可靠、维修方便，并且具有较高的传动效率和较长的使用寿命。

2. 液力耦合器

液力耦合器是一种利用液体作为传动介质的非刚性联轴器，通过泵轮和涡轮之间的液体循环流动实现动力传递。

1）工作原理

液力耦合器的工作原理是基于流体力学中的动量矩传递原理。泵轮装在输入轴上，涡轮装在输出轴上。当泵轮在动力机驱动下旋转时，其叶片带动油液一起旋转，在离心力作用下油液被甩向泵轮叶片边缘。由于泵轮和涡轮的半径相等且相向耦合布置，因此泵轮叶片外缘的液压大于涡轮叶片外缘的液压。这种压差导致油液冲击涡轮叶片，使涡轮开始旋转，从而实现动力传递。油液在泵轮和涡轮之间循环流动，形成一个封闭的循环回路。

2）应用特点

（1）有过载保护：当传动系统出现过载时，液力耦合器能够自动打滑，保护动力机和工作机不受损坏。

（2）缓冲和变速性能好：液力耦合器具有柔性传动特性，能够减缓启动和制动过程中的冲击和振动，并能在一定范围内实现无级变速。

（3）启动性能好：由于液力耦合器能够传递较大的启动力矩，因此能够改善动力机的启动性能。

（4）结构简单：结构相对简单，维护方便且成本较低。

液力耦合器广泛应用于各种需要柔性传动和过载保护的场合，如冶金设备、矿山机械、电力设备、化工设备以及工程机械等。在汽车传动系统中也曾经有所应用（如早期的汽车半自动变速器和自动变速器中），但现已被更为先进的传动装置所取代。

3. 电磁离合器

电磁离合器是一种利用电磁铁产生的磁力来吸合或断开摩擦片，从而实现动力传递或切断的装置。其主要由电磁线圈、衔铁、摩擦片以及相关的机械结构组成。当电磁线圈通电时，产生的磁力会吸引衔铁，使摩擦片与另一侧的摩擦面接触并压紧，从而实现动力的传递。当电磁线圈断电时，磁力消失，衔铁在弹簧或其他复位机构的作用下回到原位，摩擦片分离，动力传递中断。

1）应用特点

（1）高速响应：具有较快的响应速度，能够在短时间内实现离合器的接合和分离，适用于高速、高频工作的场合。

（2）控制方便：通过控制电磁线圈的通断电，可以便捷地实现离合器的远程控制和自动化控制。

（3）结构紧凑：结构相对紧凑，占用空间小，便于在有限的空间内安装和使用。

（4）传动平稳：在接合过程中，能够逐渐增加摩擦力矩，使传动过程更加平稳。

2）应用领域

电磁离合器广泛应用于各种机械传动系统中，特别是在需要快速启动、制动、正反转或调速的场合。例如在机床、包装机械、印刷机械、纺织机械等领域中，电磁离合器都发挥着重要作用。

4. 磁粉离合器

磁粉离合器是一种利用磁粉在磁场中的磁性能变化来实现离合器吸合和分离的装置。其主要由输入轴、输出轴、工作间隙、磁粉以及电磁线圈等部分组成。当电磁线圈通电时，产生的磁场会使工作间隙中的磁粉形成磁链，从而将输入轴和输出轴连接起来，实现动力的传递。当电磁线圈断电时，磁场消失，磁粉失去磁力作用，输入轴和输出轴分离，动力传递中断。

1）应用特点

（1）响应速度快：具有极快的响应速度，能够在极短的时间内实现离合器的接合和分离。

（2）扭矩调节范围宽：通过调节电磁线圈的电流大小，可以方便地调节输出扭矩，满足不同工况的需求。

（3）稳定性好：在工作过程中能够保持稳定的输出扭矩，不受转速变化的影响。

（4）过载保护：在超载情况下，能够自动打滑，保护传动系统不受损坏。

2）应用领域

磁粉离合器广泛应用于各种需要精确控制扭矩和转速的场合，如纺织机械、印刷机械、造纸机械、包装机械以及自动化生产线等。此外，磁粉离合器还常用于张力控制系统中，以实现对材料张力的精确控制。

5. 螺旋锥式离合器

螺旋锥式离合器是一种特殊的离合器。其主要由两个螺旋锥形的主动部分和从动部分组成。这两个部分通过精确的配合和螺栓预紧力来实现离合器的接合与分离。螺旋锥形的设计使得离合器在接合时能够产生较大的摩擦力，从而传递较大的扭矩。

1）工作原理

当离合器处于接合状态时，通过螺栓预紧力将主动部分和从动部分紧密地压合在一起。此时，两个螺旋锥形面之间的摩擦力足以传递发动机产生的动力到传动系统。当需要分离离合器时，通过释放螺栓预紧力或采用其他分离机构，使主动部分和从动部分分离，从而中断动力的传递。

2）应用特点

（1）低速重载：适用于低速、重载的工作场合。独特的螺旋锥形设计使得在传递大扭矩时具有较高的稳定性和可靠性。

（2）高摩擦系数：螺旋锥形面之间的接触面积大且形状特殊，能够产生较大的摩擦力，确保动力传递的可靠性。

（3）结构紧凑：尽管传递扭矩大，但结构相对紧凑，占用空间小。

6. 咬合式离合器

咬合式离合器是一种通过金属片之间的挤压和剪切来实现离合器接合和分离的装置。其主要部件包括压盘、金属片（也称为咬合片）和分离机构等。金属片通常具有特殊的齿形或形状，以便在接合时能够产生足够的咬合力和摩擦力。

1）工作原理

当离合器处于接合状态时，压盘将金属片压紧在一起，使它们之间的齿形或形状相互咬合。此时发动机产生的动力通过金属片之间的咬合力和摩擦力传递到传动系统。当需要分离离合器时，分离机构会释放压盘对金属片的压力，使它们分离并中断动力的传递。

2）应用特点

（1）高速轻载：适用于高速、轻载的工作场合。其金属片之间的咬合力和摩擦力足以在高速运转时保持稳定的动力传递。

（2）传动平稳：由于金属片之间的咬合是渐进的且具有一定的弹性，因此在传动过程中能够保持较好的平稳性。

（3）结构简单：相对简单且紧凑，易于制造和维护。

2.2.4 离合器的特点与应用

1. 特点

（1）调节功能：可以通过调整摩擦板的接触程度来控制动力传递的程度，实现传动过程中的强制调节。

（2）动力传递效率高：设计和制造相对简单，传动效率非常高，不会产生额外的能量损失。

（3）平稳过渡：具有缓冲功能，可以在发动机转速和传动装置转速不一致时实现平稳地过渡。

（4）转速范围广：可以适应不同的转速范围，从低速到高速都可以实现稳定的动力传递。

2. 应用

在汽车中，离合器是传动装置的重要组成部分，用于控制发动机和变速器之间的动力传递，实现平稳的启动、换挡和减速停车。

2.2.5　离合器常见故障诊断

1. 分离轴承异响

1）现象

分离轴承异响一般有两种响声：一是踩动离合器踏板时（有自由行程）产生的“哗哗”声；二是略踩动踏板，消除自由行程时的“沙沙”摩擦声。

2）原因及分析

“哗哗”声是分离轴承因缺少润滑油或润滑脂后磨损过多，但仍能转动的松动声，这时分离轴承过于松旷，轴向间隙过大。“沙沙”声是分离轴承因缺润滑油而烧蚀不能转动，在工作时与分离杠杆接触产生的干摩擦声，这种声音较为刺耳。有这两种异响的轴承，均应更换新件。

3）诊断

在发动机运转时，踏下离合器踏板后，如听到类似此种响声，可将脚抬起，若响声消失，再进一步检查。若将踏板稍踏一点就出现此种异响，一般为分离轴承响。若听到“沙沙”摩擦声，为分离轴承不转；若听到“哗哗”的异响并带有破碎声，说明轴承损坏。若未踩踏板时，就出现程度不同的响声，则说明分离轴承与分离杠杆接触（踏板无自由行程）。可用手或起子拨动轴承检查，若拨不动，或有松旷感，并且转动时有异响，即判定是这种故障。

4）处理

分离轴承若稍有松旷，可按使用要求加注润滑油或润滑脂后继续使用；若松旷严重或不能使轴承工作面转动时，应予换新，并按现规定调好分离轴承的工作位置及自由行程的大小。

2. 离合器片的摩擦异响

1）现象

此种响声是连续不断的，音调忽高忽低，一般是在车辆起步、离合器刚刚接触时出现。

2）原因及分析

故障原因为离合器钢片变形使摩擦片总成与花键槽产生歪斜，或使离合器钢片、花键槽与变速器第一轴配合过紧。此时虽然可以切断动力，但在挂挡起步时，由于摩擦片与飞轮平面不是同时接触，而是不均匀接触，因此会产生不正常的摩擦声。

3）诊断

卸下离合器壳下的小飞轮壳，若响声是在挂挡后稍抬离合器时出现，可将踏板踏至该位置，然后用起子转动离合器片，观察是否歪斜。若响声是在踏板踏到底时出现，可将踏板踏到底，轻拨离合器片看是否有阻力。如发现离合器片歪斜或有阻力即判定为此故障所产生的异响。

4）处理

此种响声若不严重，磨合后可自行消失，不必排除；当响声发生在离合器踏板踏到底时，若离合器拉杆或分离杠杆有调整余地，可适量调整，再检查离合器片转动是否自如；若无调整余地，应拆下钢片检查，通过校正钢片弯曲或修磨花键槽，使松紧合适。

3. 踏下离合器踏板后的异响

1）现象

在发动机怠速运转时，将离合器踏板踏到底，在离合器壳前端可听到一种连续的“嗡嗡”声，放松离合器踏板时，变速杆有抖动现象，离合器分离轴承及从动盘等无异常现象。

2）原因及分析

故障原因为变速器第一轴前轴承损坏，轴承保持架散掉，轴承滚珠偏集于一侧。当踏下离合器踏板时，由于轴承不与曲轴同心，使从动盘旋转产生偏摆，轴承沿着偏心的轴线相对飞轮发生转动，产生一种运转阻力过大的“嗡嗡”声。但由于第一轴轴线偏移曲轴轴线，使第一轴后端因前端定位不当而摆动过大，因而变速杆有抖动现象。

3）诊断

在踏下离合器踏板时，提高发动机转速至中速位置，若响声消失即为此故障。放松离合器后在变速器一端可听到不正常响声，一般在变速器齿轮或轴承损坏后发生。踏下离合器踏板则无此异响。

4）处理

及时更换该轴承。

4. 离合器打滑

1）现象

汽车起步时，完全放松离合器踏板，起步仍困难；汽车加速时，车速不能随转速的升高而增加，感到行驶无力；在重载或上坡时，出现焦臭味及冒烟，烧坏从动盘摩擦片。

2）原因及分析

（1）离合器踏板无自由行程，使分离轴承常压在分离杆上，压盘处于半分离状态。

（2）离合器从动盘摩擦片磨损过多，铆钉外露，表面硬化或沾有油污。

（3）离合器压盘弹簧过软或折断，不能保持合格的压紧力。

（4）分离杆调整过高。

（5）离合器盖与飞轮螺栓未紧固。

3）诊断

挂上变速器低速挡位，拉紧驻车制动器，用手柄能摇动发动机时，故障原因为离合器打滑。或启动发动机，挂上低速挡位，拉紧驻车制动器，加大油门，缓抬离合器踏板，若车辆不动，发动机不熄火，亦为离合器打滑。

4）处理

应先检测自由行程是否符合要求，再检查分离杆是否过高，分离轴承座前后移动有无发滞现象，并检查离合器盖螺栓是否拧紧，飞轮是否松动。若离合器与飞轮之间有垫片时应予以拆除再拧紧。还需检查离合器片磨损情况及表面是否有烧伤、硬化、铆钉外露及油污现象。若经检查、调整、紧固无效，应拆卸检查弹簧弹力是否过小，稍差时可在弹簧一端垫以合适的垫片；弹力过弱时，则应予以更换。

5. 离合器分离不彻底

1）现象

一辆某型汽车，行驶途中，离合器壳内出现异响。之后发动机在怠速运转时，完全踏下离合器踏板，挂挡都感到困难，变速器齿轮发出响声，若强行挂挡，不抬离合器踏板就可行走。从低速挡换入高速挡时，扳动变速杆手柄费力，从高速挡换入低速挡时，变速器操纵杆难以拔出。

2）原因及分析

故障原因为离合器分离杆调整螺栓断裂飞出。当调整螺栓断裂后，此离合器分离杆失去作用。当其他三个分离杆处于分离状态时，此分离杆不能将 1/4 左右的弹簧压缩，弹簧仍处于接合位置，故产生上述现象。由于动力未完全切断，挂挡、换挡会感到费力和“憋劲”。

3）影响离合器分离不彻底的其他原因

（1）离合器踏板自由行程过大。

（2）离合器分离杆调得过低。

（3）离合器从动盘翘曲、变形或铆钉松脱，分离杆内端高低不一致或个别调整螺栓松动、浮动销脱出（某系列车位浮动销式分离杆结构）。

（4）变速器第一轴花键与从动盘花键孔相互咬死或发生卡滞，前后移动不灵活。

（5）第一轴前轴承与第一轴发生烧死、咬紧的现象，第一轴前轴承工作不正常而损坏。

（6）发动机前后悬架固定螺栓松旷，且中间传动轴支架垫环松旷。

（7）双片式离合器中间压盘限位螺钉调整不当，或个别支撑折断或过软，或中间压板磨损过多。

（8）更换摩擦片总成后，新摩擦片过厚，或摩擦片总成装反。

（9）更换离合器弹簧时，其长度不一，弹性不一。

4）诊断

当发动机怠速运转时，踏下离合器踏板，若挂挡时有打齿现象发生，即为此种故障。

5）处理

应先检查离合器踏板自由行程是否过大，分离杆是否调整过低。若仍不能排除故障，则需对离合器进行解体检查。

6. 离合器发抖

1）现象

汽车行驶前，挂上低速挡后，缓抬离合器，逐渐加大油门时，产生一种颤抖声，待汽车行驶正常后才减弱和消失，车身各部有较大的振抖现象。

2）原因

（1）离合器分离调整不当，各分离杠杆内端面高度不一。这不仅使离合器分离不彻底，也使离合器接合不平顺而产生振抖，使摩擦片与飞轮平面的接合出现时断时续的现象。

（2）离合器压盘弹簧弹性不一，高度不一，或个别弹簧折断，使弹簧压紧力不均衡。

（3）压盘变形、起槽，使压力不均匀。

（4）离合器片翘曲变形，铆钉松动，摩擦片厚度不一或破裂、烧伤、老化等。

（5）从动盘减振器弹簧过松或折断，缓冲片破裂失效。

（6）发动机前后悬架固定螺栓松动，飞轮、离合器壳、变速器等紧固螺栓松动，在起步时前后窜动而出现发抖现象。

（7）离合器壳的变速器安装定位孔与曲轴轴线同轴度误差过大，使曲轴、变速器第一轴线及第二轴轴线不在同一直线上，运转时阻力时大时小而产生振抖。

3）诊断

若汽车起步时产生振抖现象，即为离合器产生的振抖。

4）处理

应先检查各紧固螺栓是否拧紧，再检查分离杆高度是否一致。若仍未能排除故障，则需拆卸离合器逐一检查。

7. 离合器从动盘断裂

1）现象

一辆某型汽车，在一个月时间内连续换了三次从动盘总成，其中最短的间隔时间只有五天，且有两次双片从动盘总成同时断裂。检查曲轴径向跳动量和弯曲值等并未发现异常。在更换变速器第一轴前后轴承及离合器压盘总成后，仍无法排除故障。

2）原因及分析

离合器壳固定螺栓松动，定位销磨损严重时，离合器壳下沉约 1 mm。由于定位销的磨损，导致离合器壳下沉，离合器壳、变速器孔中心线与曲轴的同轴度偏差增大，使第一轴前端高、后端低，从动盘总成与飞轮的距离上边大、下边小，使从动盘既需承受扭矩又要承受弯曲力，因而导致早期断裂。

3）诊断

根据此故障的反常现象，应检查第一轴弯曲程度及变速器上安装孔与曲轴轴线同轴度。若第一轴弯曲变形过大，故障为第一轴变形所引起的。若第一轴弯曲变形不大，而安装孔与曲轴轴线同轴度误差大于 0.15 mm，此时检查定位销，就可发现问题。

4）处理

更换新的定位销并紧固离合器壳固定螺栓，再进行同轴度的检验。

2.2.6 离合器的检修步骤

1. 离合器的分解

1）膜片弹簧式离合器的分解

分解前应做出装配标记，以便装配时辨别，保持原有的平衡状态。分解时应用专用工具压紧拆卸，在拆卸变速器后，拆卸离合器盖和离合器盘；将每个螺栓拧松，直到弹簧所受的压力完全消失为止，以避免外壳变形；拆卸最后一个螺栓时，用手扶着离合器，慢慢旋出螺栓，取下离合器盖及从动盘等；最后从变速器上拆下分离轴承、轴承套和分离叉。

2）周布弹簧式离合器的分解

分解前在离合器盖和压盘上做好记号。分解时用压床或压具将压紧弹簧压缩，拆下分离杆支架螺栓，放松压力，取下离合器盖、压紧弹簧及隔热垫圈；拆下开口销，冲下分离杆滚针轴承销，取出分离杆及滚针轴承；冲出分离杆支架销，取出支架及滚柱。

图 2-12 为丰田某型轿车离合器的分解图。

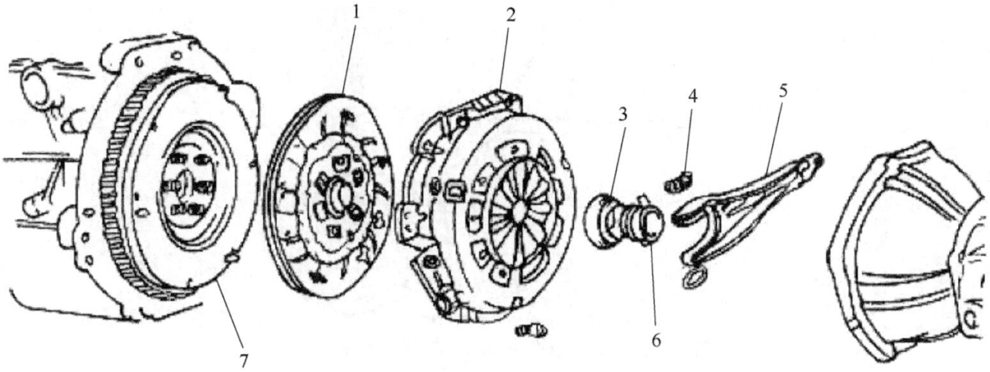

图 2-12　丰田某型轿车离合器分解图

1—从动盘;2—离合器盖;3—分离轴承;4—卡环;5—分离叉;6—分离套筒;7—飞轮

2. 离合器零件的检查与修理

1)从动盘的检查与修理

图 2-13、图 2-14、图 2-15 为从动盘及其摩擦片、膜片弹簧的检查。在半径为 120 ~ 150 mm 处测量,从动盘的翘曲量不大于 0.80 mm,如果翘曲量大于 0.80 mm,可按图 2-16 所示进行校正。各铆钉不得松动,从动盘花键毂与变速器第一轴的配合间隙不大于 0.60 mm。如摩擦片有轻微的油污,可用汽油清洗后,用喷灯火焰烘干;有轻微硬化、烧损,可用砂布打磨;磨损严重、铆钉头埋入深度不符合规定(丰田车型为 0.30 mm),或有裂纹、脱落、严重烧损或油污时,应予更换。手工铆合摩擦片的方法如图 2-17 所示。

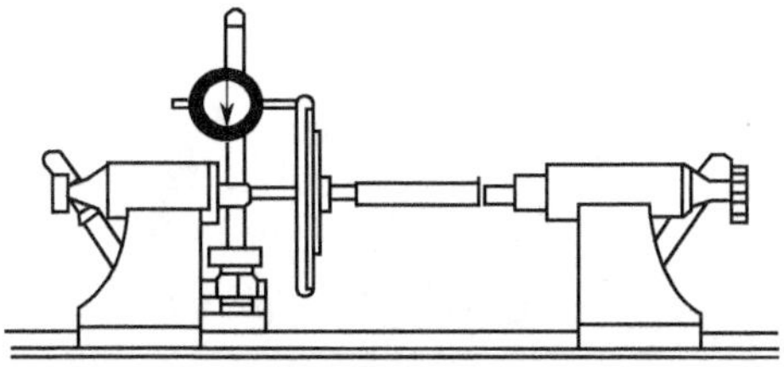

图 2-13　从动盘端面跳动量的检查

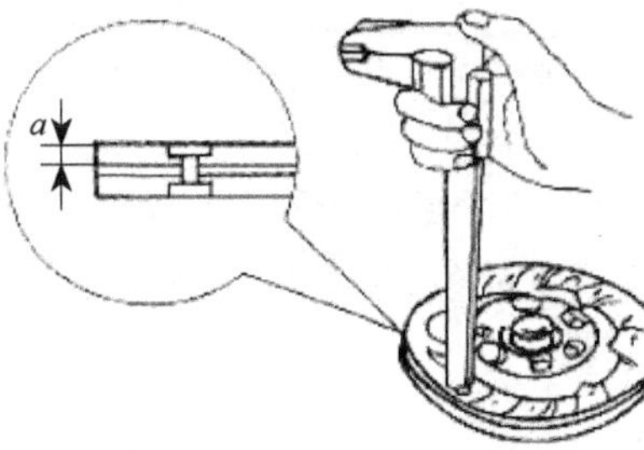

图 2-14　从动盘摩擦片磨损的检查

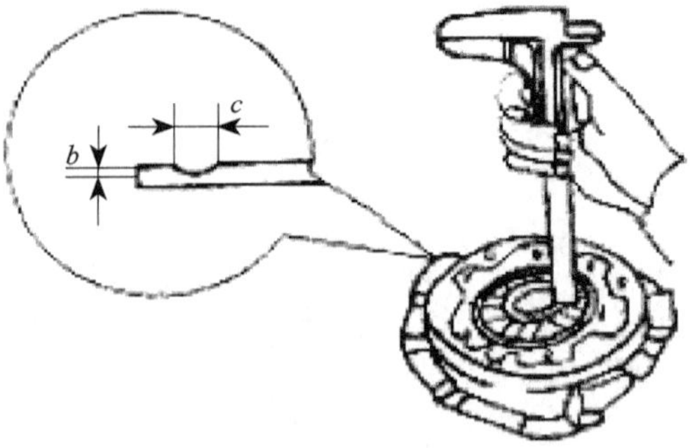

图 2-15　从动盘膜片弹簧内端磨损的检查

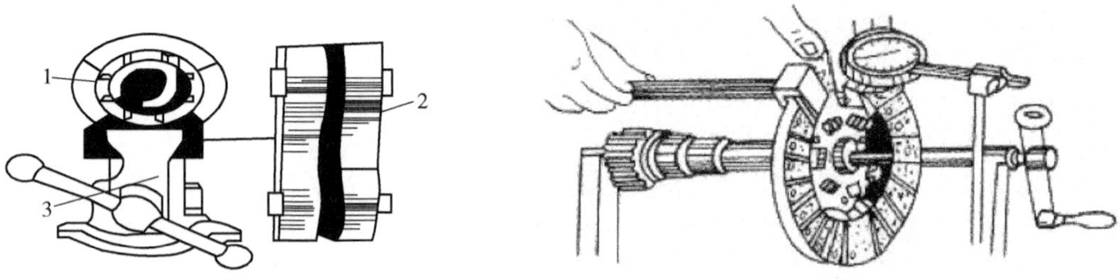

图 2-16　从动盘的校正

（a）夹模校正；（b）扳手校正

1—钢片；2—夹模；3—台虎钳

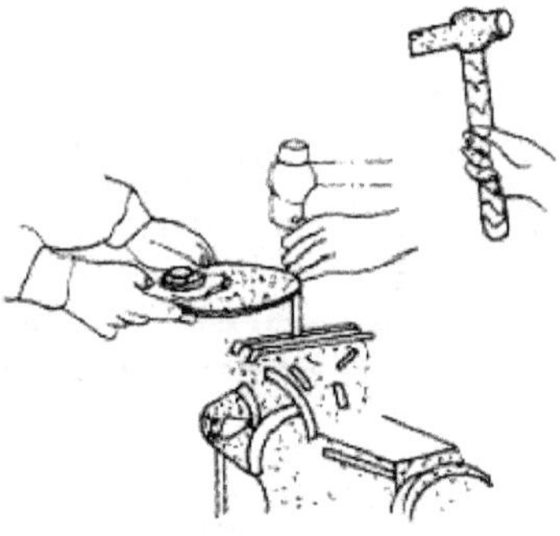

图 2-17　手工铆合摩擦片

2）压盘的检查与修理

压盘工作平面烧蚀、龟裂、划伤不严重时，可用油石打磨光滑；沟槽深度超过 0.50 mm 或平面度误差超过 0.12 mm 时，应磨削修复，但磨削总量不超过 1 ~ 1.5 mm。磨削后的压盘应重新进行平衡。

3）离合器盖的检查与修理

离合器盖的端面平面度误差超过 0.50 mm，应予以校正；有裂纹应焊修，传力窗磨损出现台阶可堆焊。

4）压紧弹簧的检查与修理

压紧弹簧弹力大小应符合要求。多簧式离合器各弹簧自由长度差一般不大于 2 mm，弹簧外圆柱面与端面的垂直度误差不超过 2 mm。膜片弹簧内端与分离轴承接触处磨损深度不超过规定（丰田车型为 0.60 mm）。膜片弹簧内端应在一个平面上，最大高度差应不超过 0.50 mm，可在平板上用游标卡尺测量，超过 0.50 mm 时用扳钳校正。

5）分离件的检查与修理

按图 2-18 所示检查分离轴承，分离轴承内孔磨损超过 0.03 mm，或轴向间隙超过 0.60 mm 时，应更换；离合器踏板轴与衬套的磨损、松旷超过 0.50 mm 时，应更换衬套；分离杠杆内端磨损超过规定时应焊修。

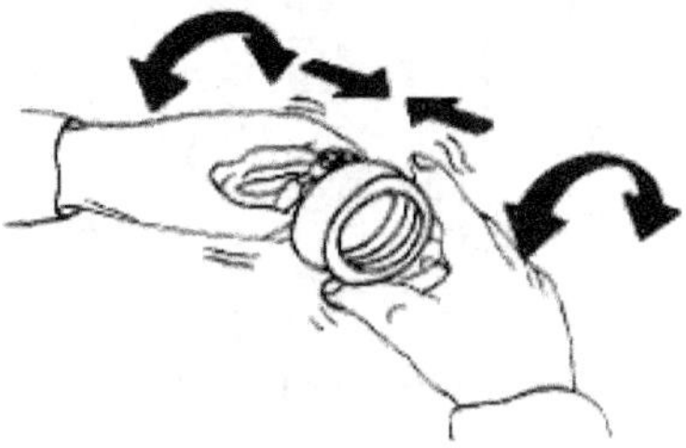

图 2-18　检查分离轴承

3. 离合器的装配

离合器装配时，摩擦片要清洁，各活动关节及摩擦面应涂少许润滑脂；多簧式离合器的弹簧应按自由长度分组后再同向均匀搭配，以使压紧力均匀。装配时应用专用工具，按图 2-19 和图 2-20（图中所有标号表示螺栓的位置）所示顺序拧紧螺栓，以防离合器变形。为保证从动盘与曲轴的同轴度，便于安装变速器，离合器安装时可用该车型的另一变速器第一轴或专用导向轴插入从动盘，并用曲轴后端导向轴承孔定位。

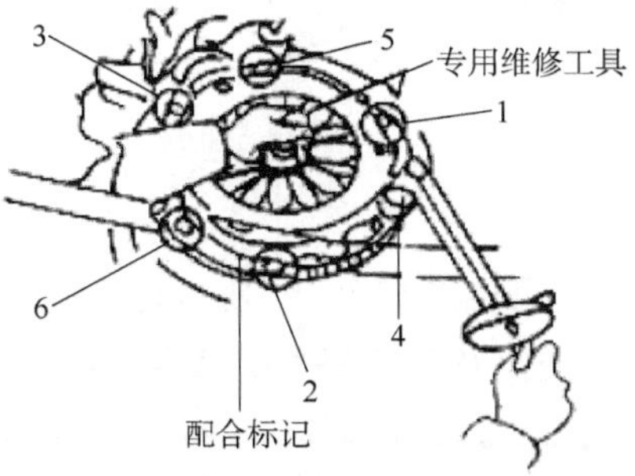

图 2-19　压紧螺栓拧紧顺序 1（某车型）

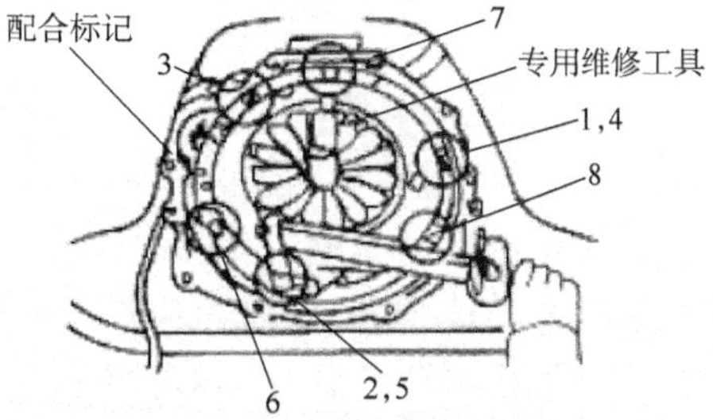

图 2-20　压紧螺栓拧紧顺序 2（某车型）

4. 离合器的调整

（1）分离杠杆高度的调整，即分离杠杆内端至飞轮表面、压盘表面、其他规定平面距离的调整。分离杠杆高度及高度差应符合原厂规定。

（2）离合器踏板自由行程的调整，即分离杠杆内端（或膜片弹簧内端）与分离轴承的间隙在踏板上的反映。离合器踏板自由行程应符合规定。

①机械式操纵机构一般是通过分离杠杆调整螺母，调整拉杆或钢索长度，使离合器踏板自由行程符合规定。

②液压式操纵机构的踏板自由行程一般是主缸活塞与其推杆之间，分离杠杆内端与分

离轴承之间两部分间隙之和在踏板上的反映。踏板自由行程的调整,实际上就是这两处间隙的调整。调整时先调整主缸活塞与推杆的间隙。BJ2020是通过偏心螺柱调整推杆伸出长度,使其与活塞间隙为0.5～1.0 mm,测量反映到踏板上的自由行程应为3～6 mm。通过调整分离杠杆长度,调整分离轴承与分离杠杆间的间隙,使踏板自由行程总量符合要求。

BJ2020汽车通过调整分离杠杆,使踏板自由行程总量为32～40 mm。这样分离轴承至分离杠杆的间隙也就达到规定值(2.5 mm),反映到踏板上为29～34 mm。

图2-21为离合器的检查与调整。

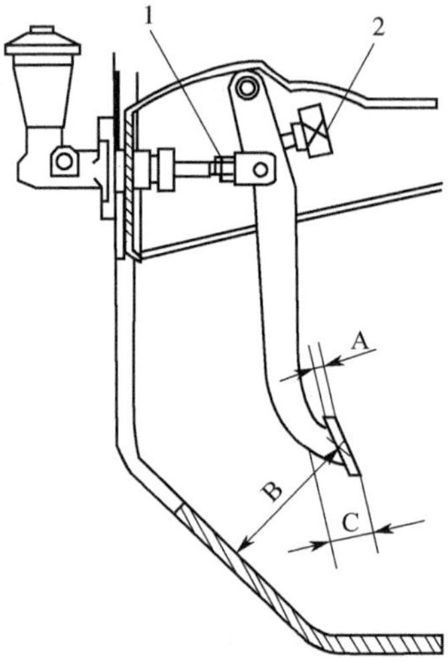

图2-21 离合器的检查与调整

1—推杆距离和踏板自由行程调整点;2—踏板高度调整螺栓

A—推杆距离;B—踏板高度;C—踏板自由行程

2.3 变速器

变速器也称为变速箱,是汽车动力传动系统中的重要组成部分。其主要功能是改变来自发动机的转速和转矩,以适应汽车在起步、加速、行驶以及克服各种道路阻碍等不同行驶条件下对驱动车轮牵引力及车速不同要求的需要。

1. 变速器的作用

1)转变转矩和转速

变速器作为汽车传动系统中的核心部件。其主要功能之一是调整发动机输出到车轮的转矩和转速,以适应不同的驾驶需求和路况条件。这一过程主要通过变速器内部的齿轮组合来实现,具体机制如下。

(1)齿轮比调整:变速器内部包含多组不同齿数的齿轮对(通常称为挡位),每组齿轮对具有特定的传动比(输入轴与输出轴转速之比)。当驾驶员选择不同挡位时,实际上是在改变这些齿轮对的组合,从而调整传动比。较低的挡位(较大的传动比)会增加车轮上的转矩,降低转速,适用于起步、爬坡或需要大牵引力的情况。相反,较高的挡位(较小的传动比）会减少车轮上的转矩，提高转速，适用于高速行驶以节省燃油。

（2）动力分配：通过调整齿轮比，变速器还能优化发动机的工作区间，使其更接近于最大功率或最高效率点。这意味着在不同速度和负载条件下，发动机都能以更优化的方式运行，提高整体性能和燃油经济性。

2）实现倒驶

变速器的倒挡功能是实现汽车倒退行驶的关键。倒挡通常通过一个特殊的齿轮组合来实现，这个组合使得发动机的动力传递到车轮时方向相反，从而驱动车辆向后移动。倒挡的设计考虑了操作的便捷性和安全性，通常位于变速杆的一个明显且易于识别的位置，并配备有锁止机构以防止在车辆前进时误挂入倒挡。

3）中断动力传递

变速器中的空挡位置允许发动机在不驱动车轮的情况下运转，这一功能在多种情况下非常有用。

（1）发动机起动：在车辆静止时，将变速器置于空挡可以安全地起动发动机，因为此时发动机的动力不会传递到车轮上，避免了意外移动的风险。

（2）停车：在停车等待或长时间驻车时，将变速器置于空挡可以减少发动机的负荷，延长其使用寿命。同时，这也使得重新启动时更加顺畅，因为不需要克服车轮的阻力。

（3）滑行：在某些情况下，将变速器置于空挡可以让车辆依靠惯性滑行（现代驾驶理念并不鼓励滑行以减少燃油经济性），这在某些特定路况下可能有助于节省燃油（这种做法在现代汽车上已不常见，因为空挡滑行可能导致制动系统过热和失去制动力）。

2. 变速器的类型

变速器根据操作方式和结构特点的不同，可以分为多种类型，主要包括以下几种类型。

（1）手动变速器（Manual Transmission，MT）：也称手动挡，通过手动拨动变速杆来改变变速器内的齿轮啮合位置，实现变速。换挡时需要踩下离合器踏板，操作相对复杂但传动效率较高。

（2）自动变速器（Auto Transmission，AT）：能够根据油门踏板程度和车速变化自动进行变速，驾驶者只需操纵加速踏板即可。常见的类型有液力自动变速器、电力传动自动变速器等，其中液力自动变速器应用最为广泛。

（3）无级变速器（Continuously Variable Transmission，CVT）：属于自动变速器的一种，能够实现传动比的连续变化，具有高效、节能的特点。主要部件包括两个滑轮和一条金属带，通过调整金属带在滑轮上的位置来改变传动比。

（4）双离合变速器（Dual Clutch Transmission，DCT）：配备了两个离合器和两个独立的传动轴，能够实现超快换挡，提高车辆的加速性能和燃油经济性。

（5）电控自动变速器（Automated Mechanical Transmission，AMT）：基本上是手动变速器的变种，但配备了电控系统，能够实现自动换挡。其具有成本低、维护简单等特点，但在换挡平顺性和驾驶舒适性方面略逊于其他自动变速器。

3. 变速器的结构和工作原理

变速器主要由变速传动机构和操纵机构组成，有些汽车还包含动力输出机构。传动机构大多采用普通齿轮传动或行星齿轮传动。在变速过程中，通过不同齿轮的组合来改变传动比，从而实现变速变矩。

4. 变速器的应用与选择

不同类型的变速器各有优缺点，适用于不同的车型和驾驶需求。例如手动变速器传动效率高、维护成本低，适合追求驾驶乐趣和经济性的消费者；自动变速器操作简便、驾驶舒适，适合城市拥堵路况和长途驾驶；无级变速器则具有高效、节能的特点，适合对燃油经济性有较高要求的消费者。

2.3.1 手动变速器

手动变速器也被称为手动挡或机械式变速器，是汽车变速器中最为基础且历史悠久的一种类型。其通过手动操作变速杆来改变变速器内部齿轮的啮合位置，进而实现传动比的调整，以满足不同行驶工况下对车辆牵引力和速度的需求。

一、手动变速器的结构与类型

1. 结构组成

手动变速器主要由变速传动机构和操纵机构两大部分组成(如图 2-22)。变速传动机构是变速器的核心部分，其采用齿轮传动的方式，通过不同齿轮的组合来改变传动比。操纵机构用于实现驾驶员对变速传动机构的控制，包括变速杆、拨叉、同步器等部件。

2. 类型划分

根据结构特点的不同，手动变速器可以分为多种类型，但主要可以归纳为两轴式和三轴式两大类。

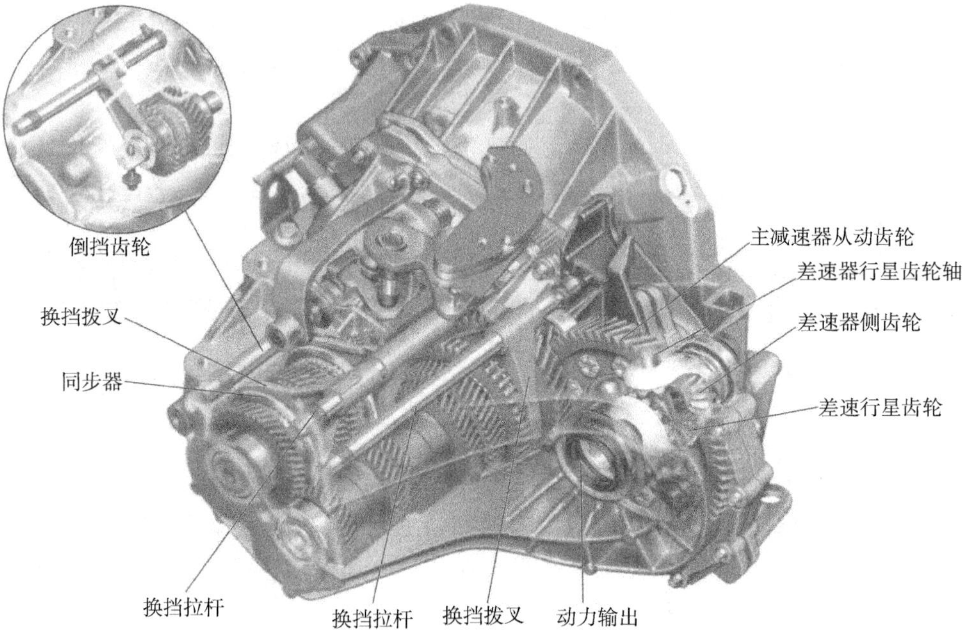

图 2-22 手动变速器结构组成

1）两轴式手动变速器

这种变速器的特点是输出轴与输入轴平行，没有中间轴。发动机的动力经过离合器传入变速器的输入轴，再经过齿轮变速后由输出轴输出给主减速器。由于从输入轴到输出轴只通过一对齿轮传动，因此机械效率高、噪声小。但由于其不可能有直接挡，所以最高挡的机械效率相对较低。这种结构形式适合于发动机前置、前轮驱动或发动机后置、后轮驱动的轿车和微、轻型货车上。

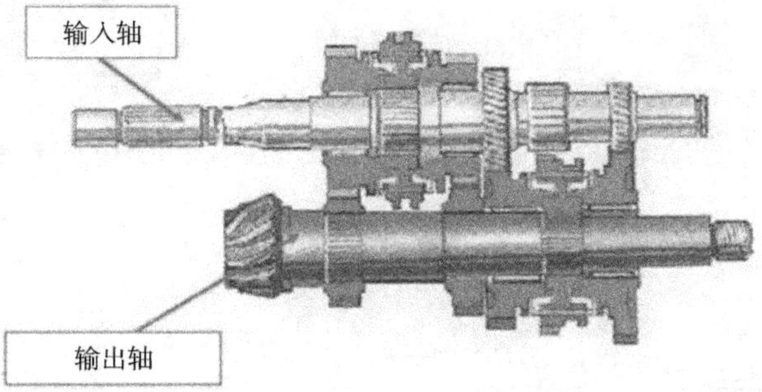

图 2-23　两轴式手动变速器示意图

2）三轴式手动变速器

与两轴式不同，三轴式手动变速器具有第一轴（输入轴）、第二轴（输出轴）和中间轴。发动机的动力经过离合器传入变速器的第一轴，再经过中间轴，最后经变速后的动力从第二轴输出给驱动桥。在许多变速器中，输入轴和输出轴能接合在一起，因此动力不必经过中间轴，这时的挡位称为直接挡。直接挡通过单轴传动，传动比为 1∶1，具有最高的传动效率。这种结构形式适合于发动机前置、后轮驱动的汽车。

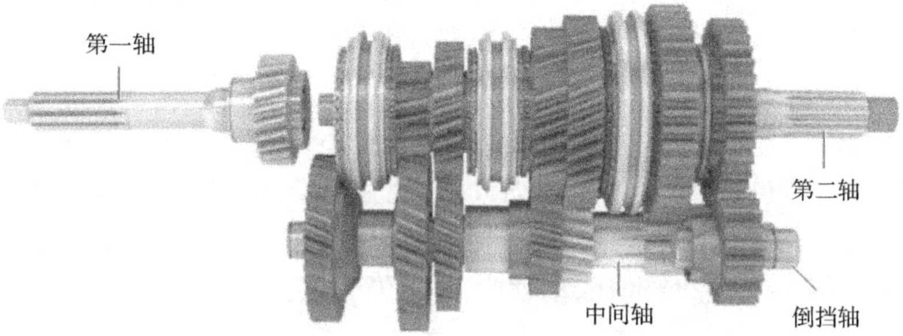

图 2-24　三轴式托运手动变速传动示意图

二、手动变速器的工作原理

手动变速器基于齿轮传动的原理，通过改变不同齿轮的啮合位置来实现传动比的调整。具体来说，当驾驶员通过操纵机构（如变速杆）选择某个挡位时，会带动拨叉移动，进而使相应的齿轮进入啮合状态。此时，发动机的动力通过离合器传入变速器的输入轴，再经过已啮合的齿轮传递到输出轴，最终输出给驱动桥，驱动车轮转动，如图 2-25 所示。

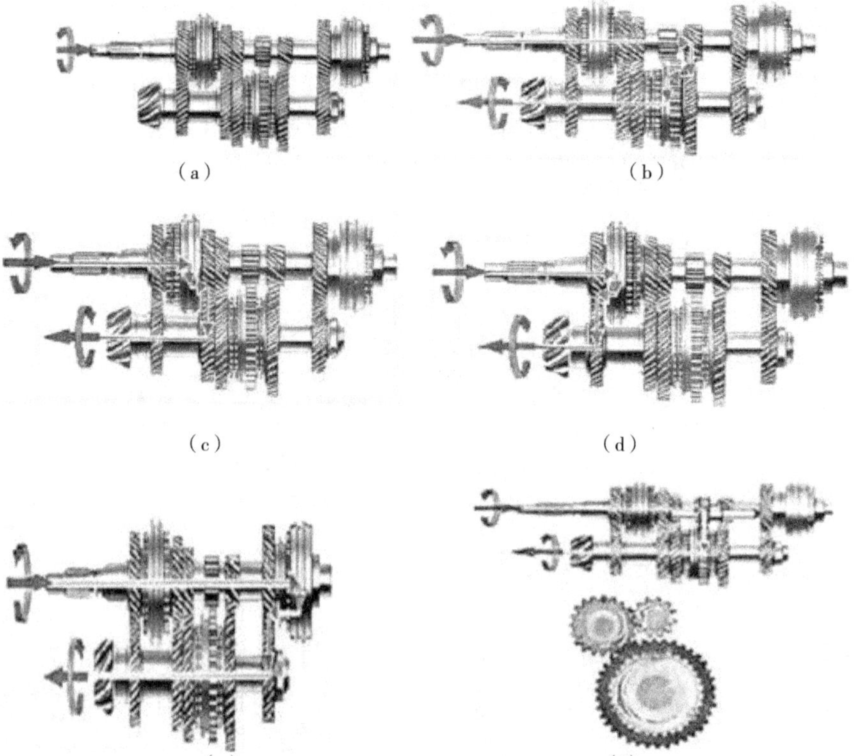

（a） （b）

（c） （d）

（e） （f）

图 2-25 动力传动路线示意图

（a）空挡动力传动路线示意图 （b）一挡动力传动路线示意图 （c）三挡动力传动路线示意图
（d）四挡动力传动路线示意图 （e）五挡动力传动路线示意图 （f）倒挡动力传动路线示意图

在手动变速器中，每一对啮合的齿轮都具有一定的传动比。传动比是指主动齿轮与从动齿轮的齿数之比，决定了变速器输出轴的转速和转矩。当主动齿轮的齿数少于从动齿轮时，从动轴的转速会降低，转矩会增大，实现减速增矩的目的；反之，当主动齿轮的齿数多于从动齿轮时，从动轴的转速会提高，转矩会减小，实现增速减矩的目的。通过选择不同的挡位，驾驶员可以根据需要调整传动比，以适应不同的行驶工况。

三、手动变速器的优缺点

1. 优点

（1）传动效率高。由于手动变速器采用机械传动方式，且传动过程中摩擦损失较小，因此具有较高的传动效率。

（2）燃油经济性好。由于传动效率高且驾驶员可以根据需要选择合适的挡位来控制发动机转速和车速，因此手动变速器的燃油经济性通常优于自动变速器。

（3）驾驶乐趣强。手动变速器需要驾驶员进行频繁地换挡操作，这增加了驾驶的参与感和乐趣。

（4）维护成本低。手动变速器的结构相对简单且故障率较低，因此维护成本也相对较低。

2. 缺点

（1）操作复杂。与自动变速器相比，手动变速器需要驾驶员进行更多的操作（如踩离合器、换挡等），增加了驾驶的复杂性和难度。

（2）驾驶疲劳。在拥堵的城市交通中频繁换挡会增加驾驶员的疲劳感。

（3）对驾驶员技能要求高。手动变速器的驾驶需要驾驶员具备一定的驾驶技能和经验，否则容易出现熄火、顿挫等问题。

四、手动变速器的应用与发展

手动变速器作为汽车变速器的基本类型之一，在汽车行业中有着广泛的应用。从经济型轿车到重型货车，从越野车到赛车等各个领域都可以看到手动变速器的身影。然而随着汽车技术的不断发展和消费者需求的不断变化，自动变速器和无级变速器等新型变速器逐渐崭露头角并受到越来越多消费者的青睐。

尽管如此，手动变速器仍然具有其独特的魅力和优势。在一些特定领域和场合下（如赛车、越野等），手动变速器仍然是不可或缺的选择。同时，随着环保和节能意识的不断提高以及新能源汽车的快速发展，手动变速器也在不断创新和改进以适应新的市场需求和技术趋势。例如一些新能源汽车开始采用电动驱动系统并配备手动变速器或类似的手动换挡机构来提供更加灵活和个性化的驾驶体验。

2.3.2　自动变速器

自动变速器作为现代汽车动力传动系统中的重要组成部分，其具有操作简便、驾驶舒适的特点深受消费者喜爱。

一、自动变速器的结构与组成

自动变速器由多个复杂而精密的部件组成，这些部件协同工作实现动力的自动传输和变速。其主要组成部分包括液力变矩器、变速齿轮机构、供油系统、自动换挡控制系统和换挡操纵机构等，内部组成如图 2-26。

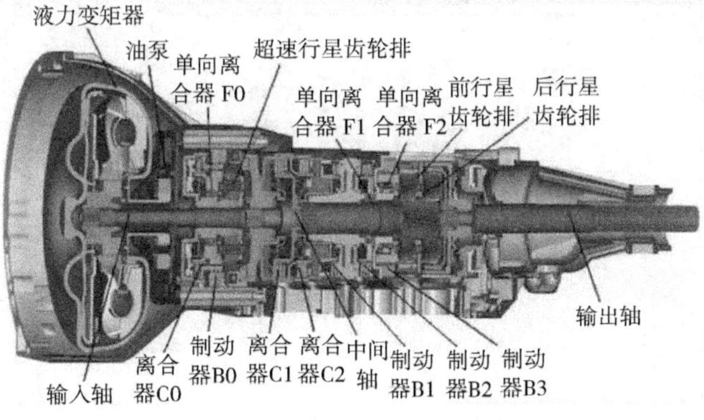

图 2-26　自动变速器的内部组成

（1）液力变矩器。作为自动变速器的核心部件之一，液力变矩器通过液力传动实现发动机动力到变速器的平稳传递。其主要由泵轮、涡轮和导轮等部分组成，利用工作液体的动能变化来传递能量。

（2）变速齿轮机构。该机构由多组齿轮组成，通过不同的齿轮组合来改变传动比，从而实现车速和牵引力的调节。根据设计不同，变速齿轮机构可能采用行星齿轮、定轴齿轮等不同的齿轮类型。

（3）供油系统。其为自动变速器提供必要的润滑油和液压油，以保证各部件的正常运转和减少磨损。供油系统通常包括油泵、油箱、滤清器等部件。

（4）自动换挡控制系统。这是自动变速器的“大脑”，通过传感器收集车辆行驶状态的信息，如车速、发动机转速、油门开度等，并据此判断最佳的换挡时机和挡位。自动换挡控制系统还负责控制换挡执行机构的动作，以实现自动换挡。

（5）换挡操纵机构。在驾驶员的操控下（或在自动控制系统的控制下），换挡操纵机构用于改变变速器的挡位。现代自动变速器通常采用电子控制换挡操纵机构，以提高换挡的准确性和平顺性。

二、自动变速器的工作原理

自动变速器的工作原理基于液力传动和齿轮变速的结合，具体如图 2-27 所示。当发动机运转时，动力通过液力变矩器传递给变速器的输入轴。在自动换挡控制系统的控制下，变速齿轮机构根据车速、发动机转速等参数的变化自动调整挡位，以改变传动比和输出转速。同时，供油系统为变速器提供必要的润滑油和液压油，以保证各部件的正常运转和减少磨损。

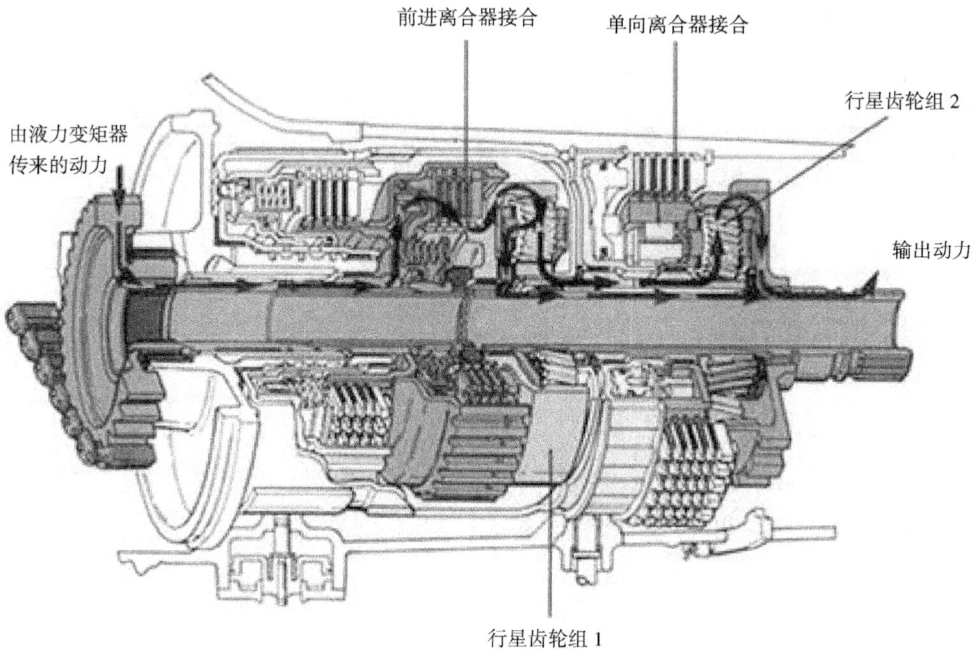

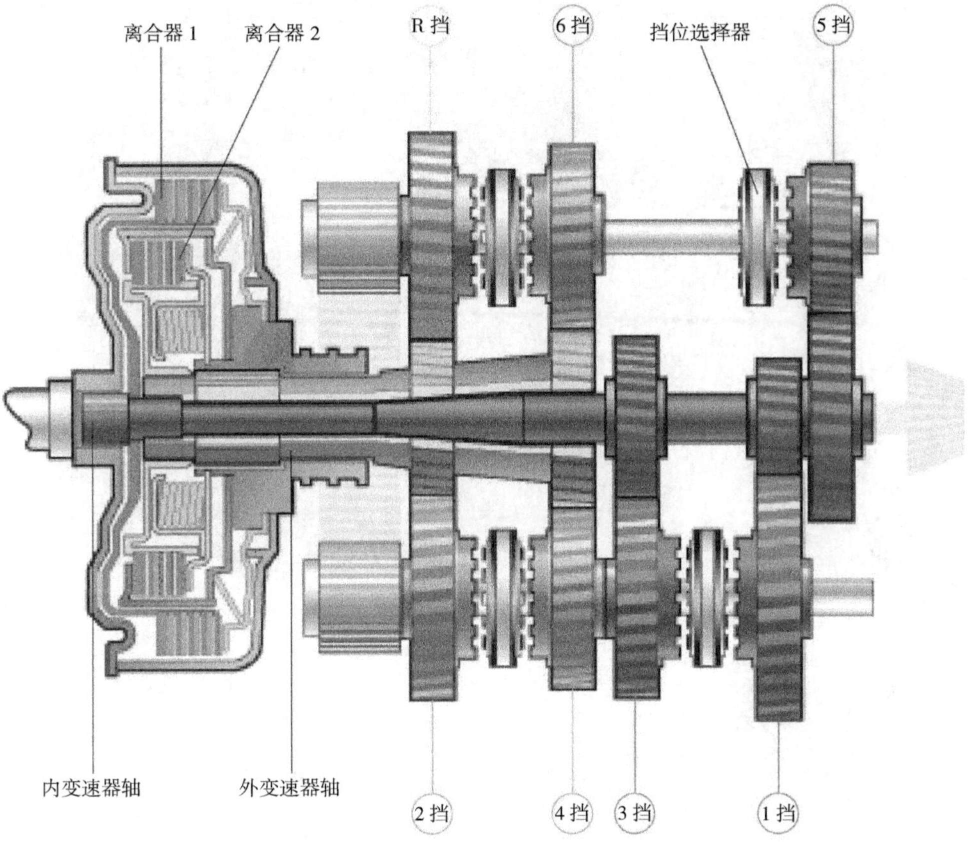

图 2-27　双离合自动变速器工作原理

具体来说，当驾驶员踩下油门踏板时，发动机转速增加，液力变矩器中的工作液体受到离心力的作用而流动，从而传递动力到变速器的输入轴。自动换挡控制系统根据车速、发动机转速等参数的变化判断最佳的换挡时机和挡位，并控制换挡执行机构进行相应的动作。在换挡过程中，供油系统提供必要的润滑油和液压油以减小摩擦和磨损，并确保换挡的平顺性。

三、自动变速器的类型

随着汽车技术的不断发展，自动变速器的类型也日益丰富多样。目前，市场上常见的自动变速器类型主要包括以下几种。

1. *液力自动变速器*

这是最传统的自动变速器类型，通过液力传动和齿轮变速的结合实现动力的自动传输和变速。AT 变速器具有结构复杂、传动效率较高、换挡平顺等优点，但制造成本和维修费用也相对较高。图 2-28 为液力自动变速器实物图及三维图。

（a）

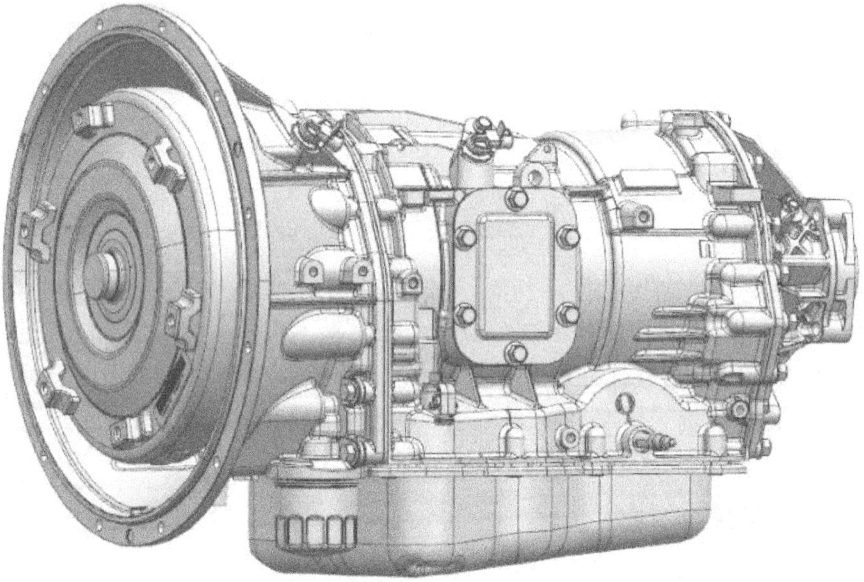

（b）

图 2-28　液力自动变速器实物图及三维图

（a）实物图；（b）三维图

2. 无级变速器

CVT 变速器采用连续可变的传动比来实现动力的传输和变速。其没有明确的挡位概念，通过改变传动带或链条在主动轮和从动轮上的位置来改变传动比。CVT 变速器具有传动效率高、燃油经济性好等优点，但扭矩传递能力有限且制造成本较高。图 2-29 为无级变速器实物图。

图 2-29　无级变速器实物图

3. 双离合自动变速器

DCT 变速器结合了手动变速器和自动变速器的优点，通过两个离合器分别控制两个输入轴上的齿轮组来实现动力的快速传输和换挡。DCT 变速器具有换挡速度快、传动效率高、燃油经济性好等优点，但制造成本也相对较高且结构复杂。图 2-30 为双离合自动变速器实物图。

图 2-30　双离合自动变速器实物图

4. 电控自动变速器

AMT 变速器在手动变速器的基础上增加了电子控制系统和换挡执行机构以实现自动换挡。其保留了手动变速器的结构简单、传动效率高等优点，同时降低了驾驶员的劳动强度。但 AMT 变速器的换挡平顺性和舒适性相对较差且对驾驶环境要求较高。图 2-31 为电控自动变速器实物图。

图 2-31 电控自动变速器实物图

四、自动变速器的优缺点

1. 优点

(1)操作简便。自动变速器省去了驾驶员频繁换挡的麻烦,降低了驾驶难度和劳动强度。

(2)驾驶舒适。自动变速器换挡平顺性好且能够根据车速和发动机转速自动调整挡位以保持最佳的行驶状态,从而提高了驾驶的舒适性。

(3)提高行车安全性。自动变速器能够减少驾驶员因换挡分心而导致的安全隐患。

(4)提高燃油经济性。现代自动变速器通过优化换挡逻辑和传动比等方式提高了燃油经济性。

2. 缺点

(1)结构复杂。自动变速器的结构相对复杂且制造成本较高,导致车辆售价增加。

(2)维修费用高。由于自动变速器的结构复杂且技术含量高,因此维修费用也相对较高。

2.3.3 机械变速器检修

1. 齿轮的检修

变速器齿轮的主要损坏形式有齿轮面磨损、齿面疲劳剥落及斑点、齿牙断裂和内孔磨损等。某型变速器齿轮的检修方法如下。

(1)某型变速器的分解图如图 2-32 所示。装好第二轴一挡齿轮的滚针轴承,用百分表测量轮的径向间隙(图 2-33)。标准间隙为 0 ~ 0.06 mm,最大间隙为 0.15 mm。超过最大限度值,则应更换齿轮,以保证齿轮的正常啮合。

(2)装好第二轴二挡齿轮和中间轴五挡齿轮的滚针,用千分表按上述方法测量齿轮的径向间隙。二挡、五挡齿轮的标准间隙均为 0.009~0.060 mm,最大间隙均为 0.15 mm。若超过最大限度值,则应更换齿轮。

（3）将第二轴三挡齿轮套入轴的相应位置，用千分表测量三挡齿轮的径向间隙。标准间隙为 0.006~0.103 mm，最大间隙为 0.20 mm。若超过最大限度值，则应更换齿轮。

2. 轴的检修

1）输入轴的检修

（1）检查输入轴的轴承是否有磨损或损坏，必要时更换轴承，更换步骤如下。

①如图 2-34 所示，用一环钳拆下卡环，用压力机压出轴承。

②用压力机和专用工具（SST：09506~35010）压入新轴承；

③选择具有最小轴向间隙的卡环装到轴上。

（2）用千分表检查输入轴前、后颈与轴中心线的偏摆情况，检查时以轴的中心线为基准，后轴颈的最大偏摆量为 0.03 ~ 0.05 mm。输入轴后端滚针轴承孔直径磨损不得超过 0.05 mm。

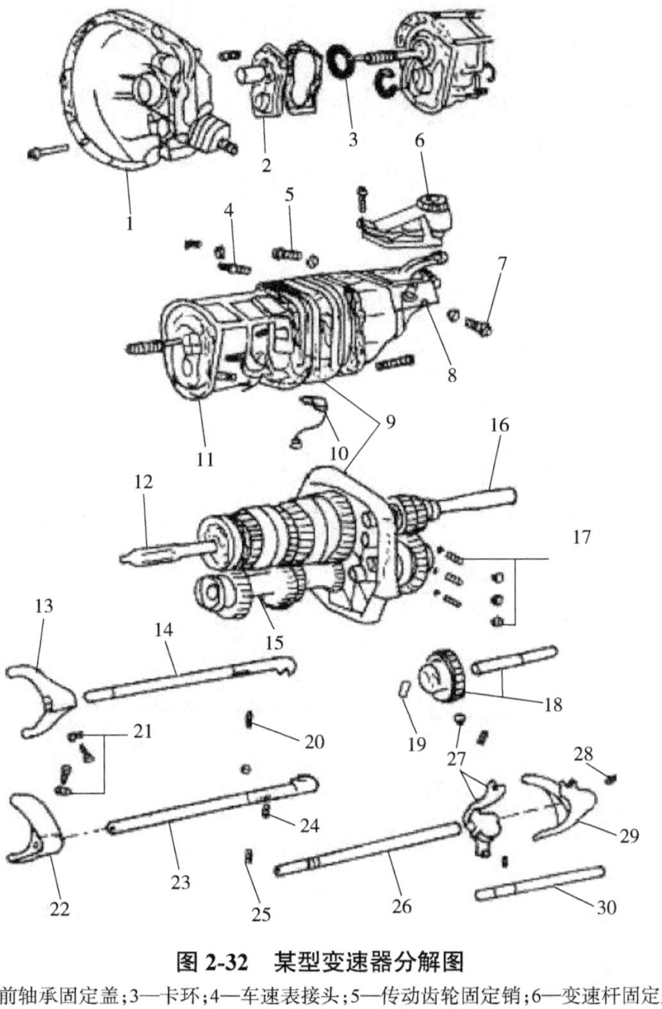

图 2-32　某型变速器分解图

1—离合器壳；2—前轴承固定盖；3—卡环；4—车速表接头；5—传动齿轮固定销；6—变速杆固定盖；7—限位销；8—延伸壳；9—中间板；10—倒车灯开关；11—变速器壳；12—第一轴；13— 一、二挡拨叉；14— 一、二挡拨叉轴；15—中间轴；16—第二轴；17—自锁钢球、弹簧及螺栓；18—倒挡轴及齿轮；19—倒挡轴制动块；20—1 号互锁销；21—锁紧垫圈和螺栓；22—三、四挡拨叉；23—三、四挡拨叉轴；24—3 号互锁销；25—2 号互锁销；26—五挡拨叉轴；27—倒挡变速臂；28—槽形弹簧销；29—五挡拨叉；30—倒挡变速臂导向轴

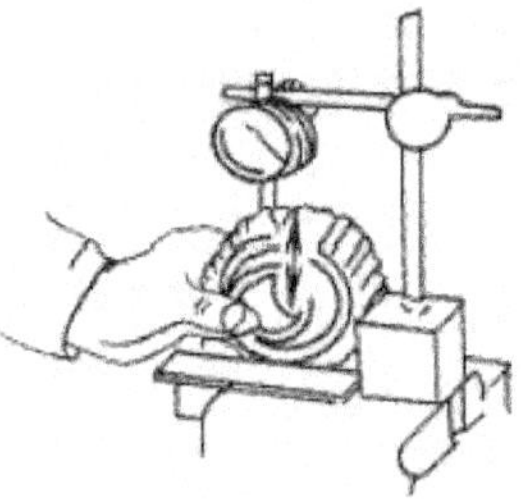

图 2-33　测量齿轮的径向间隙

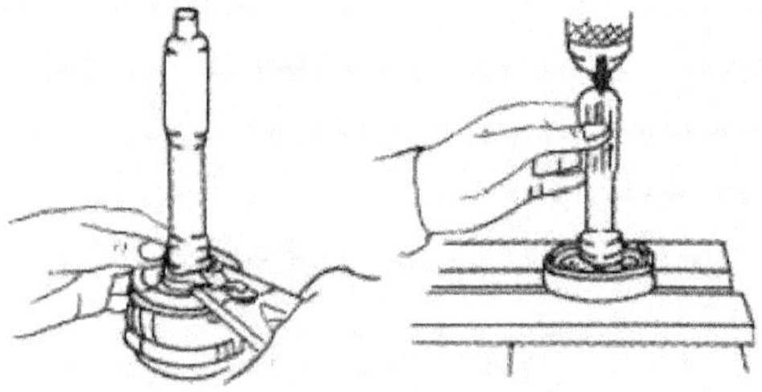

图 2-34　拆卸第一轴的轴承

2)输出轴的检修

(1)用游标卡尺测量第二轴凸缘和内座圈凸缘的厚度。最小厚度分别为 5.60 mm 和 4.70 mm。

(2)用千分尺测量第二轴轴颈的外径和内座圈外径。二挡齿轮、三挡齿轮和内座圈轴颈的最小外径分别为 42.85 mm、37.80 mm 和 42.85 mm。

(3)用千分表检查输出轴的弯曲程度和轴颈的失圆度,检查方法如图 2-35 所示。检查时把输出轴水平放在 V 形铁上,由于输出轴前后轴颈直径是不相同的,为保证输出轴水平,在前支撑 V 形铁下面垫一适当厚度的垫片。输出轴的最大弯曲度不能超过 0.60 mm,否则应进行校正。轴颈的圆度误差最大为 0.05 mm。

3)中间轴的检修

检查中间轴上的齿轮和轴承是否有磨损或损坏,若有磨损或损坏应更换。如果需要更换中间轴前轴承和座圈,按以下步骤进行。

(1)用卡环钳拆下卡环。

(2)用压力机和专用工具(SST:09950~00020)把轴承压出。

(3)检查座圈是否有磨损或损坏,如需要更换,用专用工具(SST: 09950~20014)和活扳手拆下座圈,如图 2-36 所示;如果座圈不能用专用工具拉动,就要锉掉或切去一部分。

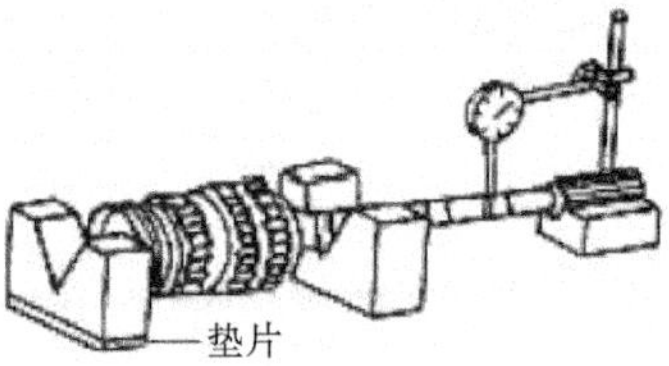

图 2-35　变速器输出轴的检查

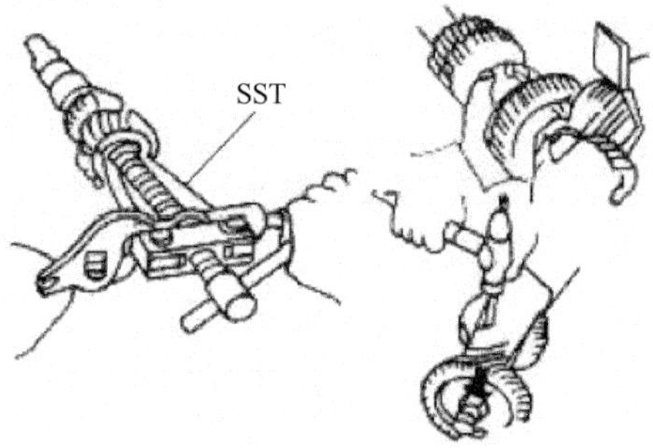

图 2-36　拆卸中间轴前轴承和座圈

(4)将轴承和座圈一起压入轴上。

(5)选择具有最小轴向间隙的卡环装到轴上,如果需要更换中间轴中央轴承,可按以下步骤进行。

①从中间轴上拆下轴承。

②用专用工具(SST:09608~35013)从中间板上敲下轴承外圈。

③在中间轴上装入新轴承,装配变速器时,轴承外圈应后装。

4)倒挡轴的检修

(1)倒挡轴的损坏主要是轴颈磨损。检查时用卡尺测量倒挡惰轮的内孔与倒挡轴的直径。超过极限值,可更换倒挡齿轮的衬套。换新衬套时,应用专用工具压出(或压入),使衬套与齿轮的油孔对正。

(2)倒挡限位销的检修。检查延伸壳上的倒挡限位销是否磨损或损坏,若损坏严重时,便需更换限位块,其步骤如下。

①用专用工具(SST:09313~30021)拧下螺塞,如图 2-37 所示。

②用冲子和锤子将槽形弹簧销敲出来。

③用冲子和锤子装上新的弹簧销。

③以 19 ~ 30 N·m 的力矩拧紧螺塞。

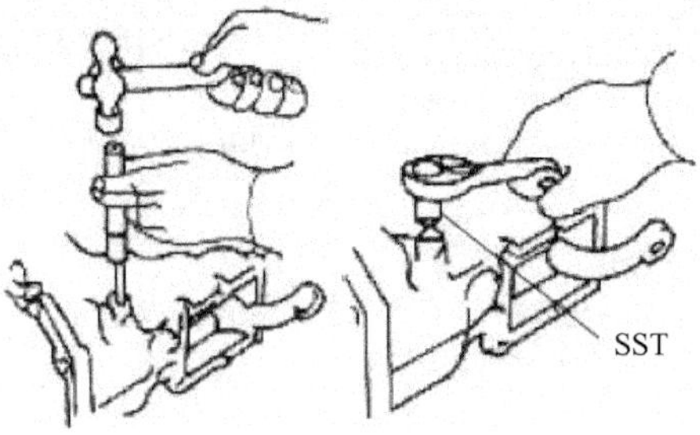

图 2-37　倒挡限位销的检修

3. 同步器的检修

同步器的损伤主要是销环的损坏和个别环齿的断裂。当销环或环齿磨损严重时,会引起同步器失效,造成换挡困难。

(1)销环内锥面螺旋槽磨损。如图 2-38 所示,首先将同步销环套在相应齿轮的锥面上,用力压紧同步销环并转动它,会有明显的摩擦阻力。如果销环很轻松地被转动,就表明内螺旋槽磨损严重。用塞尺测量同步销环与齿轮之间的间隙,标准间隙为 0.7 ~ 1.7 mm,最小间隙为 0.5 mm。若齿环背隙小于 0.5 mm,应予以更换。

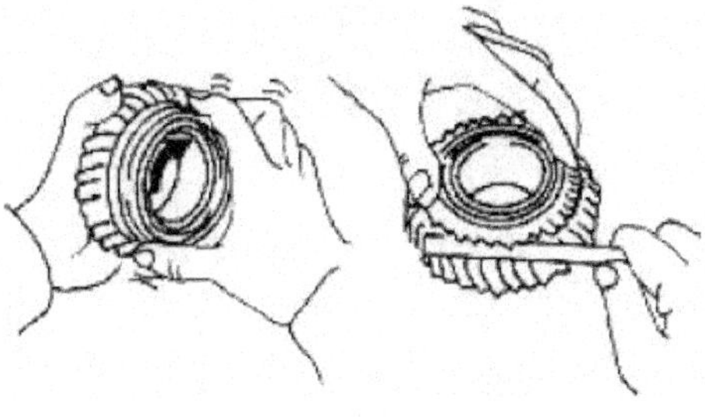

图 2-38　检查同步器

(2)销环牙齿的磨损。一是沿轴向方向牙齿磨薄;二是牙齿尖端角发生改变,从而使同步器作用大为降低。对此,一般情况应予以更换。

(3)锁环上三个缺口的磨损。缺口磨损是由于长期使用及滑块摩擦所致。检验时,可将销环、齿毂、啮合套(接合套)等均装在轴上,并将啮合套放入空挡位置,使轴固定,让滑块处于缺口的位置。此时轻轻地拨动同步器销环,当滑块的一侧与销环缺口侧壁接触时,销环上的牙齿顶端与齿毂上牙齿的一侧平齐。若拨动啮合套,则啮合套的齿端倒角与销环相应的齿端倒角正好相抵而不能进入啮合。这说明销环上的缺口是符合要求的,滑块与销环缺口另一侧壁的间隙正常锁环缺口的磨损检验如图 2-39 所示。若缺口因磨损变大,则销环与缺口的间隙过大。此时销环齿顶端与啮合套内齿顶端位置发生了变化,这样会给换挡带来困难。如遇操作不当、换挡过猛或用力扳动变速杆时,就有可能将牙齿打坏。因此,若检验发现销环上的缺口磨损过大,应予以更换。

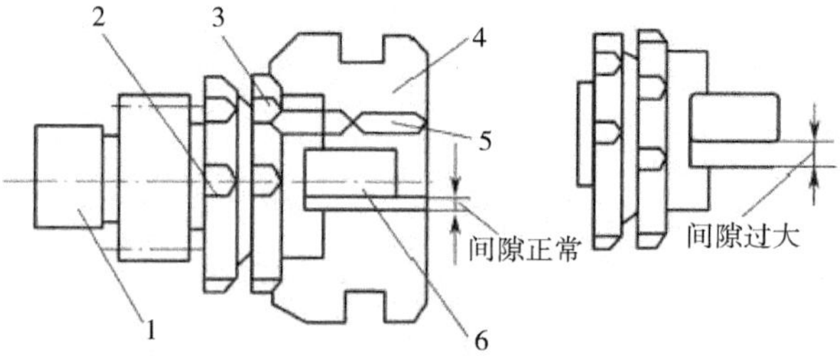

图 2-39　锁环缺口的磨损检验

1—轴;2—换挡齿;3—齿环;4—啮合套;5—啮合套内齿;6—滑块

4. 操纵机构的检修

(1)将某型操纵机构放在地板上,检查变速杆的球头、球头座、衬套、定位块的磨损情况。当磨损或损坏严重时,会造成乱挡故障。检查变速杆摆臂衬套的磨损和轴的转动移动。如磨损严重,应更换支撑座;如果连接销不牢固,就应换上新销。

(2)检查变速杆及轴的滑动功能。如需更换变速杆及轴,可按以下步骤进行。

①如图 2-40 所示,撬开锁紧垫片,并拧松螺栓。

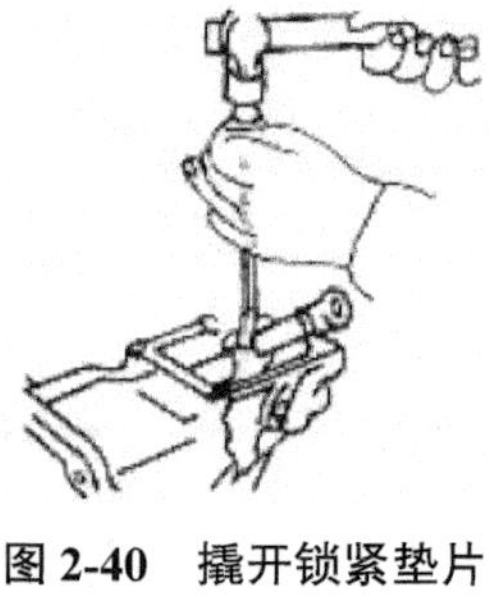

图 2-40　撬开锁紧垫片

②将轴滑出。

③装上新的变速杆及轴。

④用鲤鱼钳拧紧螺栓,拧紧力矩为 31 ~ 48 N·m,装好锁紧垫片。

(3)用百分表或平板检查变速杆有无弯曲变形。若发现弯曲变形,则应进行校正,恢复或更换变速杆,否则会导致换挡困难、换挡不到位、变速器自动脱挡等故障。

(4)变速叉轴磨损过大时,其轴滑动松旷,应将变速叉轴修复或更换。

(5)检查变速杆下端端面之间的间隙,若此间隙超过 1 mm,则应更换。

(6)参照图 2-41 所示的方法检查变速杆弯曲、扭曲状况。变速杆若有弯曲、扭曲变形,可用敲击法或冷压法进行修复校正。

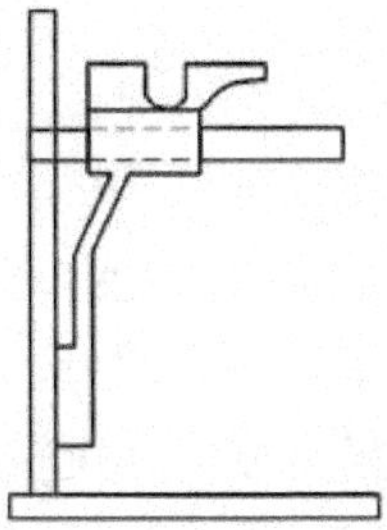

图 2-41　变速杆弯曲、扭曲检验方法示意图

5. 变速器壳体的检修

(1)变速器壳体的检查。变速器壳体的主要损伤表现为壳体变形、裂纹、轴承座孔磨损、螺纹孔损坏等。变速器壳体的裂纹可用检视法和敲击法检查。对于裂纹较小且在非重要工作面上的,可用环氧树脂胶黏结,也可用焊接法修复。当轴承座孔等重要处出现裂纹时,必须更换壳体。变速壳体上的轴承座孔磨损,将破坏轴承的正确配合,从而影响轴和齿轮的正确工作位置。当座孔径向磨损量达 0.05 mm 时,应更换壳体。

(2)变速器延伸壳体的检查。检查延伸壳体有无损坏,油封和衬套有无磨损或损坏。如必要,更换油封和衬套。其步骤如下。

①如图 2-42 所示,用专用工具(SST: 09308~00010 或 SST: 09308~10010)装好第二轴,然后拆下油封。

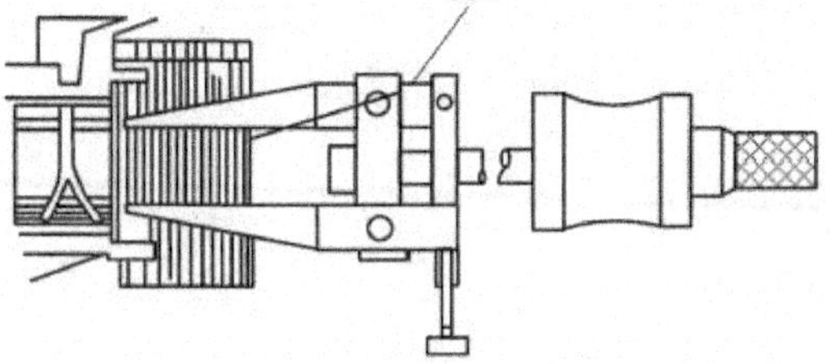

图 2-42　拆卸延伸壳体油封

②将延伸壳体端部在油浴中加热到 80 ~ 100 ℃。

③用专用工具(SST:09307~30010)拆下衬套,并迅速装上新的衬套。

④用专用工具(SST:09325~20010)装上新的油封。

2.3.4 变速器常见故障

1. 变速器齿轮啮合不均匀的异响

1)现象

当发动机怠速运转时,发出有节奏的异响,若加大油门,即变为“嘎嘎”的响声,严重时感到变速器有震动感。

2)原因及分析

故障原因为齿轮牙齿有碰伤,碰伤部位周围突起,或齿轮牙齿脱落,变速器第二轴、中间轴弯曲变形或齿轮中心偏移。当有以上现象时,齿轮每转动一周即产生一次冲击声。

3)诊断

将汽车驱动桥顶起,挂入挡位,反复变更发动机转速,听变速器声音变化情况,如响声较为清脆,可能是齿轮牙齿碰伤或脱落;若响声较沉重并稍杂乱,可能是中心偏移或第二轴、中间轴弯曲变形;若挂入挡位不发生异响,逐一将所有挡位试验,即可判断出发响部位;若每个挡位都发响,一般为常啮合齿轮损坏,或中间及第二轴弯曲变形。

4)处理

修磨碰伤齿轮,更换掉齿轮,或校直中间轴或第二轴的变形。若为齿轮中心偏移,则应更换齿轮。

2. 变速器跳挡

1)现象

一辆 EQ1090F1 型汽车,在行驶中挂入五挡后,放松加速踏板时,变速杆易跳入空挡。

2)原因及分析

故障原因为四、五挡变速叉环槽间隙过大。当间隙大于 0.20 mm 时,虽然挂挡可到位,但由于间隙过大,滑动齿套不能与啮合的齿轮全部啮合,故易形成跳挡现象。

3)诊断

将变速器挂入易跳挡的挡位,拆卸变速器盖检测,若啮合齿轮不能全部啮合,且变速叉端面与接合齿套环槽有明显磨损痕迹即为此种故障。

4)处理

更换磨损件,使间隙恢复正常。

5)影响变速器跳挡的其他原因

(1)齿轮、齿套的牙齿磨损成锥形,产生轴向推力。

(2)变速器轴的花键齿和滑动齿轮花键槽磨损过度而松旷。

(3)变速器内轴承止动卡环或轴端锁紧螺母松动或脱落,齿轮背面的止推垫圈磨损,使轴和齿轮产生轴向窜动过大。

(4)变速叉弯曲或磨损过度,即变速叉固定螺栓松动,变速杆工作磨损过度,使齿轮啮合不到位。

(5)变速叉轴的定位凹槽及定位球磨损,定位弹簧失效、折断。

(6)变速器轴承磨损过度,轴承散架或变形。

（7）同步器锁销松动或同步器损坏。

（8）变速器第一轴轴线因离合器壳位置变化与曲轴轴线同轴度误差过大。

（9）变速器固定螺栓松动或传动轴弯曲变形过大。

（10）变速器直接挡跳挡时，若变速器本身无问题，则一般为第一轴与曲轴同轴度超差，此时可拧松变速器固定螺栓，挂入直接挡，松开驻车制动器，摇动发动机曲轴；若变速器离合器壳接触面之间间隙不一，可用垫片将间隙塞住，紧固后再试车，若故障消失或好转，则说明第一轴与曲轴同轴度超差。

变速器跳挡的原因很多，一般应先检查跳挡挡位齿轮啮合情况，再检查换挡操纵机构、锁定定位装置、轴承磨损情况及变速器轴花键、齿轮磨损情况。

3. 变速器乱挡

变速器在汽车起步挂挡或行驶中换挡时若所挂挡位与需要挡位不符，或虽能挂入所需挡位，但不能退回空挡或一次挂入两个挡位，汽车不能行走。

1）现象

一辆 EQ1090E 型车一挡、倒挡不能挂入，拆检时，变速叉断裂，取出断裂变速叉后装复变速器时，挂二挡起步，均正常，但行驶一段时间后，停车再用二挡起步，汽车不能行走。

2）原因及分析

故障原因为挂上两个挡位。在取出一挡和倒挡断裂叉后，其滑动齿轮不受互锁机构控制，可在第二轴前后自由滑动。汽车在停驶或加速及减速过程中，由于惯性力的作用，一挡和倒挡滑动齿轮自动挂进一挡或倒挡。驾驶员起步时再挂二挡，故不能起步行走。

3）诊断

挂上空挡，踏离合器踏板，启动振抖发动机，缓抬离合器，若汽车行走，即表示已乱挡。

4）处理

将变速器从车上拆下来，对变速器解体，重新装配一次，再装车试车。

5）乱挡的其他原因

（1）变速杆球形支撑座定位销松动、损坏、折断或脱落，变速杆球头弹簧折断或失去控制作用，变速杆能任意摆动，并且能旋转，使变速杆不能正确拨动变速叉而产生乱挡。

（2）变速杆球头、变速叉导动块凹槽或变速杆下端工作面磨损过度，不能起定位作用，使变速杆下端工作面从导动块之间的间隙中脱出引起乱挡。

（3）变速叉轴互锁销钉（或钢球）磨损过度，变速叉轴不能锁止，可同时挂入两个挡位。

（4）变速叉轴折断，变速杆虽然回到空挡位置，但变速器仍挂上挡，操作失误时再挂上挡，造成挂两个挡位的现象。

（5）维修中，装配变速器时，装配失误或齿轮、衬套位置失常，也会产生乱挡。

（6）第二轴前端滚针轴承烧结，使第一轴和第二轴联成一体（实际上也挂上直接挡），若再挂挡，即挂上两个挡。

4. 变速杆发抖

1）现象

变速杆挂进某挡位后，汽车行驶时，变速杆不停地跳动，导致变速器随时有跳挡的可能。

2)原因及分析

(1)变速叉工作面变形后,与滑动齿轮或齿套环形槽不垂直,使两者配合失调或无间隙,当齿轮旋转时,变速叉擦碰环形槽端面,使变速杆抖动。

(2)滑动齿轮内花键与第二轴花键轴配合间隙过大,在工作时产生摆动现象。

(3)变速叉轴锁止定位球销与变速器盖孔间隙过大,或锁止弹簧过软,变速叉轴带动变速叉窜动,使变速杆发抖。

3)诊断

当发现挂入挡位行驶时,变速杆抖动厉害,可将发动机熄火,挂入某挡位,拆卸变速器盖进行检查,观察变速叉工作面有无弯扭变形,叉轴上导动块凹槽及变速杆下端有无磨损过度现象及定位锁止装置是否正常。

4)处理

修理或更换磨损件。

5. 变速器挂挡困难

1)现象

在踏下离合器踏板时,变速杆难以挂入所需挡位,或产生打齿声,或挂入时阻力很大,退挡也困难。

2)原因及分析

(1)离合器分离不彻底,使变速器齿轮产生打齿现象,不能挂入任何挡位。

(2)变速叉轴与轴孔磨损、松旷、变形及操纵机构各机件磨损和变形,使相互位置发生变化,滑动齿轮及接合齿套运动阻力过大。

(3)同步器或齿轮在装配时,位置装错,挂不上挡。

(4)自锁及互锁机构因弹簧过硬或装配尺寸过紧,使变速叉移动困难。

(5)车辆停驶时间过长,变速叉轴严重锈蚀、咬住,使挂挡及退挡困难。

(6)冬天加入过多、过稠齿轮油,使齿轮移动阻力增大。

3)诊断

挂挡时打齿声响为离合器分离不彻底所引起的。其他故障一般为变速器操纵机构磨损、变形或相互位置失常引起的。

4)处理

拆下变速器,将其解体。检查换挡机构上的自锁装置和互锁装置是否出现问题,如果出现问题,就需要更换变速器内的换挡拨叉总成。

2.3.5 自动变速器更换

以下是自动变速器拆装流程的详细步骤。

(1)对变速器外部进行全面清洁,并逐一移除安装在自动变速器壳体上的所有零部件,例如加油管、空挡启动开关等。

(2)从自动变速器的前端开始操作,移除液力变矩器。松开紧固螺栓,拆下液力变矩器壳,随后分离输出轴凸缘和后端壳,并从输出轴上卸下车速传感器的感应转子。

（3）继续拆卸油底壳。在移除支油底壳的连接螺栓后，利用专用维修工具的刃部，小心切开变速器与油底壳之间密封胶，确保不损坏油底壳凸缘。

（4）拆卸完成后，对油底壳中的颗粒进行检查。取下磁铁，并观察其吸附的金属颗粒。如果发现钢（磁性）颗粒，这可能表明轴承、齿轮或离合器钢片存在磨损。若出现黄铜（非磁性）颗粒，则可能意味着衬套磨损。

（5）移除与阀板相连的所有线束插头，拆卸电磁阀，并断开与节气门阀相连的节气门拉索。小心使用起子撬起液压油管并取下，然后松开进油滤网与阀板之间的固定螺栓，从阀板上拆下进油滤清器。

（6）移除阀板与自动变速器壳体之间的连接螺栓，取下阀板总成。随后从自动变速器壳体的油道中取出止回阀、弹簧和蓄压器活塞，以及手控阀拉杆和停车闭锁爪。在必要时也可以拆下手控阀操纵轴。

2.4　万向传动装置

万向传动装置是一种在汽车、工业机械、航空航天等多个领域中广泛应用的机械装置。其主要功能是在工作过程中对相对位置不断改变的两根轴传递动力。万向传动装置如图 2-43 所示。

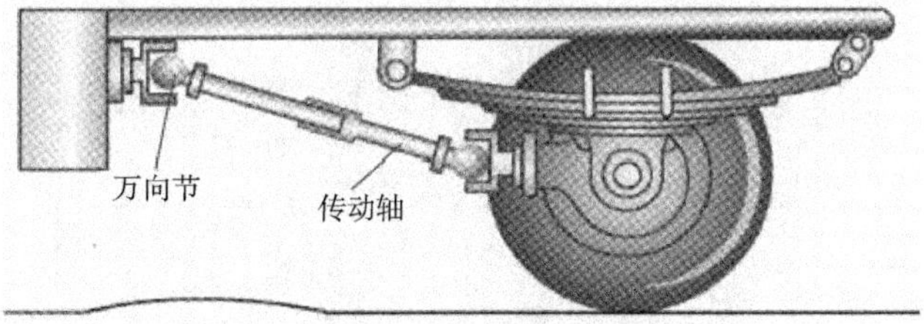

图 2-43　万向传动装置

2.4.1　万向传动装置的组成

万向传动装置主要由万向节、传动轴和中间支承（或称中间支架）三大部分组成。

一、万向节

万向节，又称万向接头，是实现变角度动力传递的关键部件。其能够在不同角度和位置下传递动力，是万向传动装置的“关节”部件。万向节是实现转轴之间变角度传递动力的部件。在扭转方向没有弹性、动力靠零件的铰链式连接传递的万向节，称为刚性万向节。刚性万向节又分为不等速万向节（如十字轴式万向节）、准等速万向节（如双联式、三销轴式等）和等速万向节（如球叉式、球笼式等）。在扭转方向有一定弹性、动力靠弹性零件传递且有缓冲减振作用的万向节，称为弹性万向节。汽车上应用较多的是刚性万向节。

万向节有多种类型，包括等速万向节（如球叉式等速万向节和球笼式等速万向节）和非等速万向节。等速万向节能够确保所连接的输出轴和输入轴以始终相等的瞬时角速度传递运动，从而保证动力传递的平稳性。

1. 十字轴式刚性万向节

1）十字轴式刚性万向节构造及润滑

十字轴式刚性万向节结构简单、工作可靠，且允许所连接的两轴之间有较大交角，在汽车上应用最为普遍。十字轴式刚性万向节润滑油道及密封装置分别如图 2-44、图 2-45 所示。

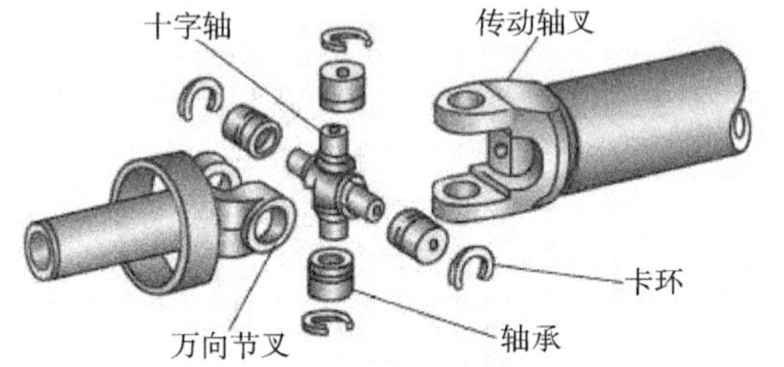

图 2-44　十字轴式刚性万向节

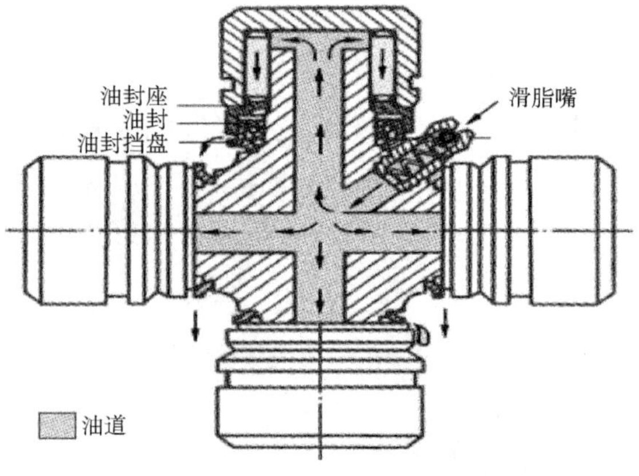

图 2-45　十字轴润滑油道及密封装置

2）十字轴式刚性万向节传动的不等速特性

单个十字轴式刚性万向节在输入轴和输出轴有夹角的情况下，其两轴的角速度（w）是不相等的，两轴夹角 α 越大，转角差（$\varphi_1-\varphi_2$）越大，万向节的不等速特性越严重，具体如图 2-46 所示。

十字轴式刚性万向节传动的不等速特性将使从动轴及与其相连的传动部件产生扭转振动，从而产生附加的交变载荷，影响传动部件的寿命。

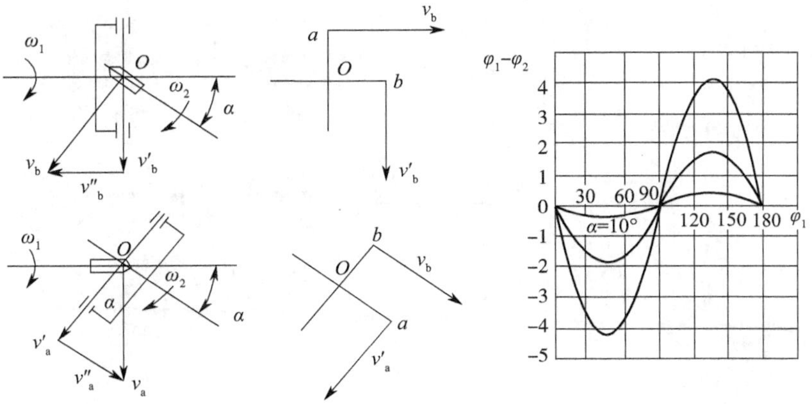

图 2-46　十字轴式刚性万向节的不等速性

3）十字轴式刚性万向节传动的等速条件

（1）要采用双万向节传动。

（2）第一万向节两轴间的夹角 α_1 与第二万向节两轴间的夹角 α_2 应相等（$\alpha_1=\alpha_2$）。

（3）第一万向节的从动叉与第二万向节的主动叉应在同一平面内。图 2-47 为双向万向节等速传动布置图。

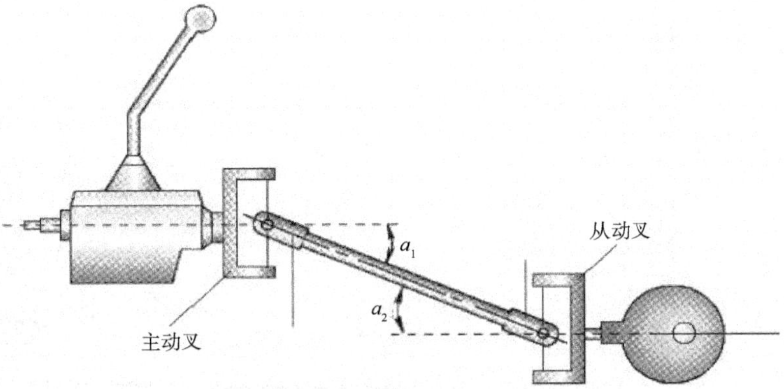

图 2-47　双万向节等速传动布置图

2. 准等速万向节和等速万向节

1）准等速万向节

根据双向万向节实现等速传动的原理而设计的万向节称为准等速万向节。其可分为以下两种。

（1）双联式万向节。双联式万向节（图 2-48）特点是两个十字轴式万向节相连，中间传动轴长度缩减至最小，允许有较大的轴间夹角，轴承密封性好、效率高、制造工艺简单、加工方便、工作可靠等，多用于越野汽车。

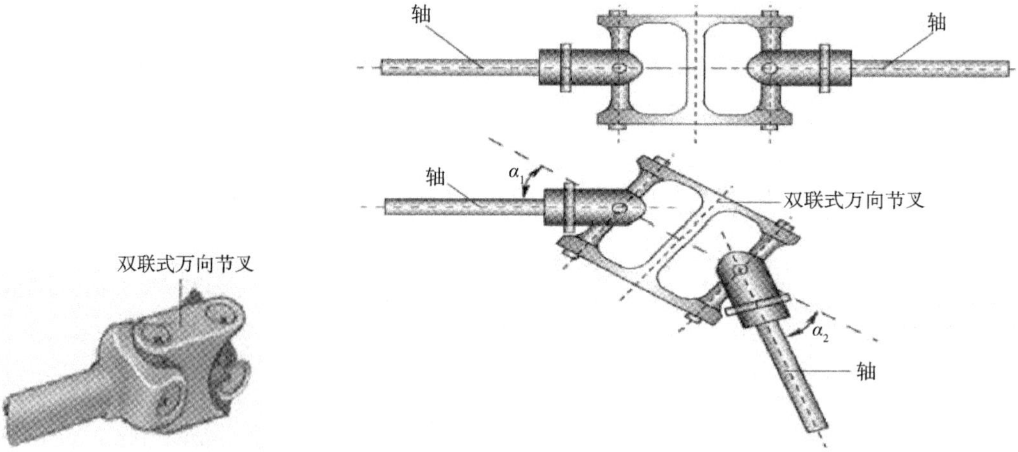

（a）　　（b）

图 2-48　双联式万向节

（a）双联式万向节外形　（b）双联式万向节示意图

（2）三销轴式万向节。三销轴式万向节（图 2-49）是由双联式万向节演变而来，允许相邻两轴间有较大的夹角，用于一些越野车的转向驱动桥。

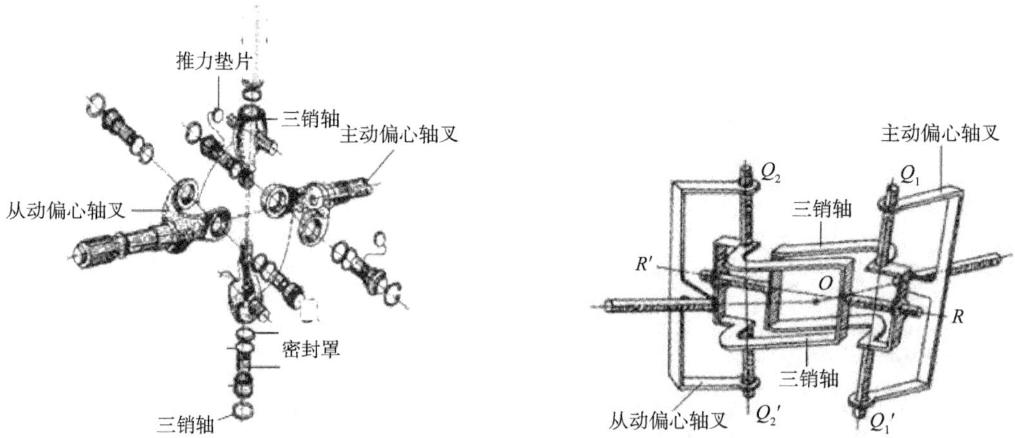

图 2-49　三销轴式万向节

2）等速万向节

等速万向节（图 2-50）可保证万向节在工作过程中，其传力点（P）永远位于两轴交角的平分面上。其可分为球叉式、球笼式、三枢轴球面滚轮式等。

（1）球叉式万向节。球叉式万向节（图 2-51）等角速传动（图 2-52）的特点是钢球中心 P（即传力点）始终位于两轴交角的平分面内。

（2）球笼式万向节。球笼式万向节可分为固定型球笼式和伸缩型球笼式。

①固定型球笼式万向节（RF 节）。固定型球笼式万向节的特点是在传递转矩的过程中，主、从动轴之间只能相对转动，不会产生轴向位移。图 2-53 为其结构和等角速传动原理。

②伸缩型球笼式万向节（VL 节）。伸缩型球笼式万向节的特点是在传递转矩过程中，主、从动轴之间不仅能相对转动，而且可以产生轴向位移，如图 2-54 所示。

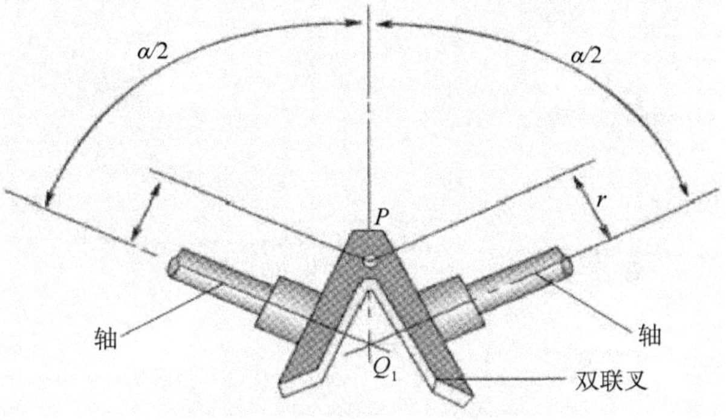

图 2-50　等速万向节工作原理图

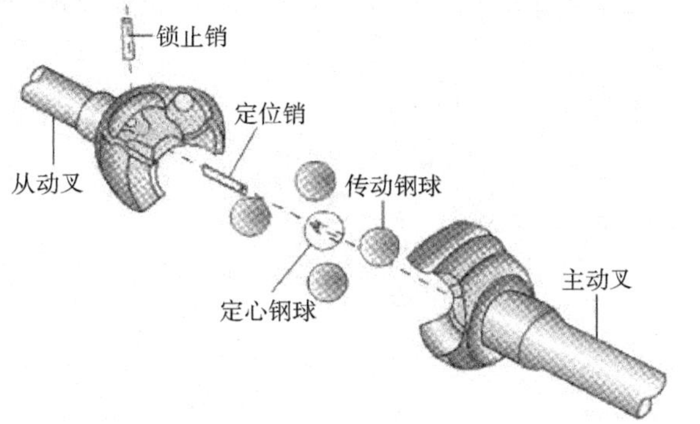

图 2-51　球叉式万向节

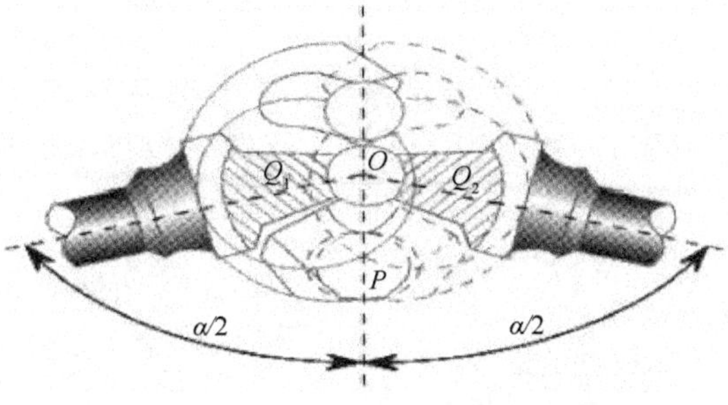

图 2-52　球叉式万向节等角速传动原理

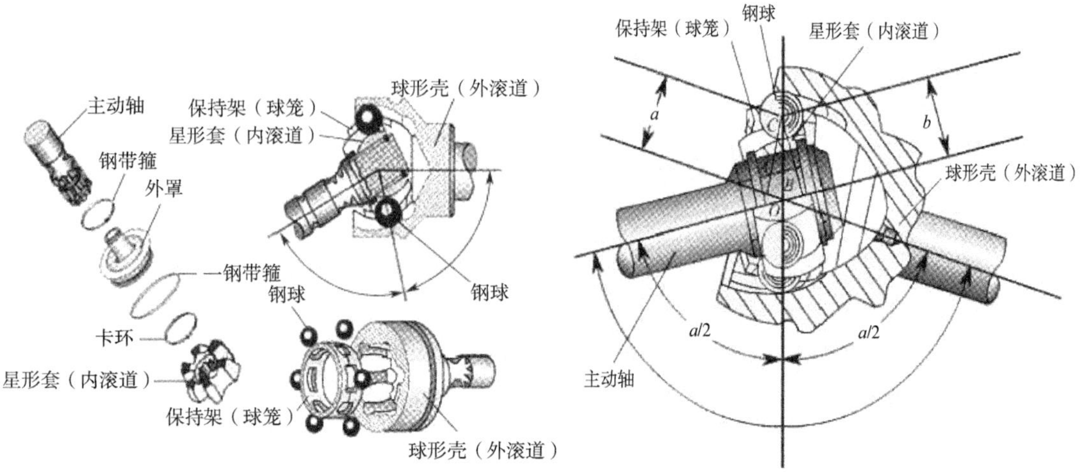

（a） （b）

图 2-53 固定型球笼式万向节

（a）固定型球笼式万向节结构 （b）固定型球笼式万向节等角速传动原理

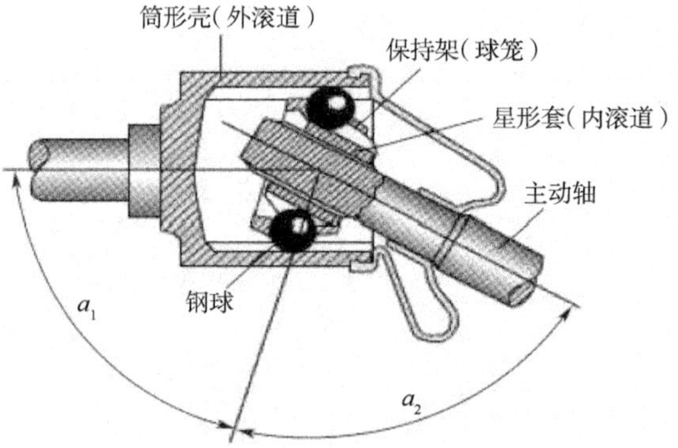

图 2-54 伸缩型球笼式万向节（VL 节）

球笼式万向节广泛应用于采用独立悬架的轿车转向驱动桥，如红旗、桑塔纳、捷达、宝来、奥迪等轿车的前桥。其中，RF 节用于靠近车轮处，VL 节用于靠近驱动桥处，如图 2-55 所示。

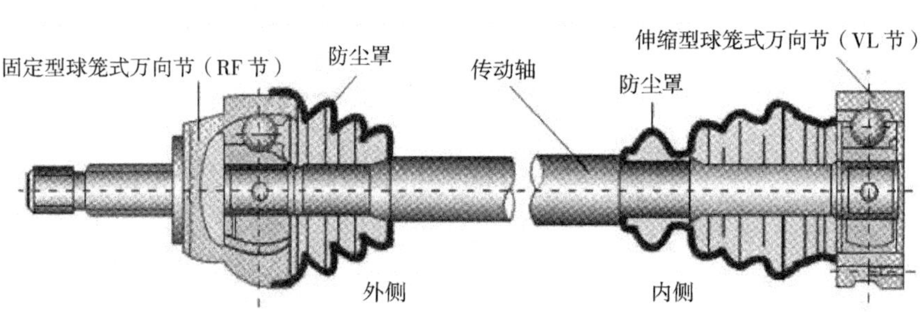

图 2-55 RF 节与 VL 节在转向驱动桥中的布置

(3)三枢轴球面滚轮式等速万向节。以等速驱动轴中的三枢轴式等速万向节为研究对象,应用有限元分析软件 ANSYS 模拟零件传动过程中极限工况的接触应力,最后分析比较结果。等速万向节是汽车的关键部件之一,尤其是轿车的发动机前驱布置,大量应用了等速万向节传动,一般球笼式和三枢轴式配对使用。三枢轴球面滚轮式等速万向节如图 2-56 所示。

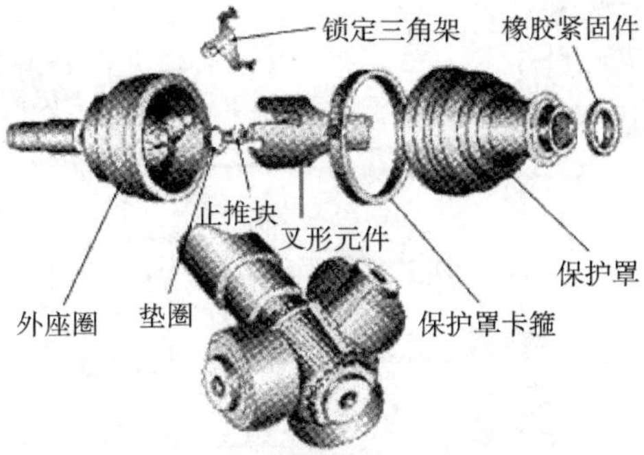

图 2-56　三枢轴球面滚轮式等速万向节

挠性万向节(见图 2-57)依靠其中弹性连接件(见图 2-58)的弹性变形来保证在相交两轴间传动时不发生机械干涉。由于弹性件的弹性变形量有限,故挠性万向节一般用于两轴间夹角不大和只有微量轴向位移的万向传动场合。

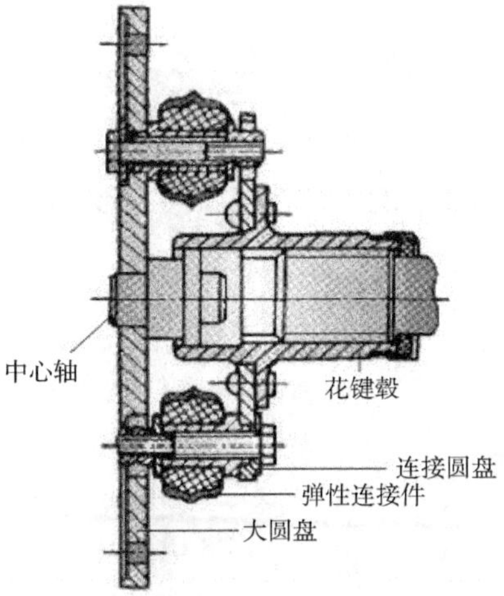

图 2-57　国产某型汽车的挠性万向节

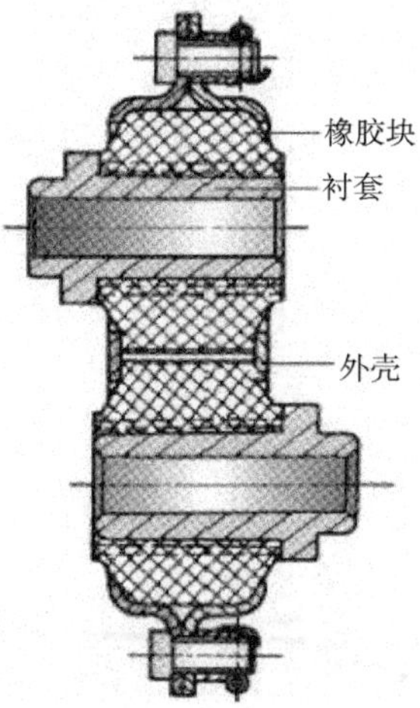

图 2-58　弹性连接件

二、传动轴

传动轴是连接两个轴的媒介,用于将动力从一个轴传递到另一个轴。在汽车中,传动轴通常用于连接变速器的输出轴和主减速器的输入轴。传动轴的长度可以伸缩,以适应两轴之间距离的变化,防止运动干涉。同时,传动轴还装有滑脂嘴、油封、堵盖和防尘套等部件,以减少磨损和保持传动效率。

传动轴轴杆、花键轴、滑动叉、中间支承和万向节叉等共同组成了传动轴,如图

2-59 至图 2-61 所示。为了减少摩擦和磨损,有些汽车在花键槽内设置了滚动元件,如图 2-61 所示。

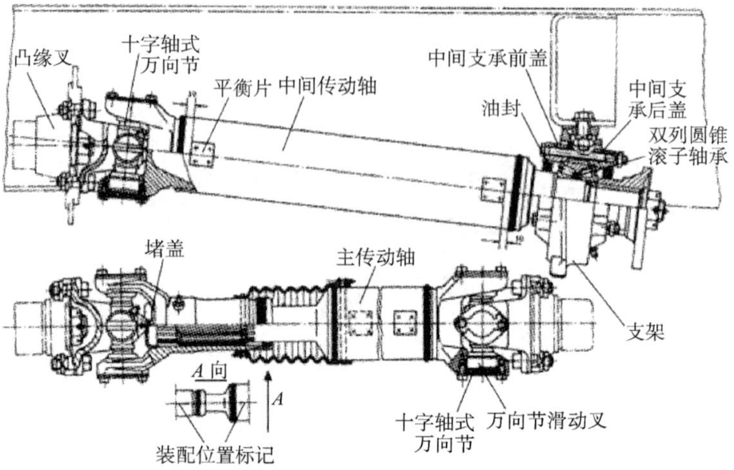

图 2-59　解放某型汽车的传动轴与中间传动轴

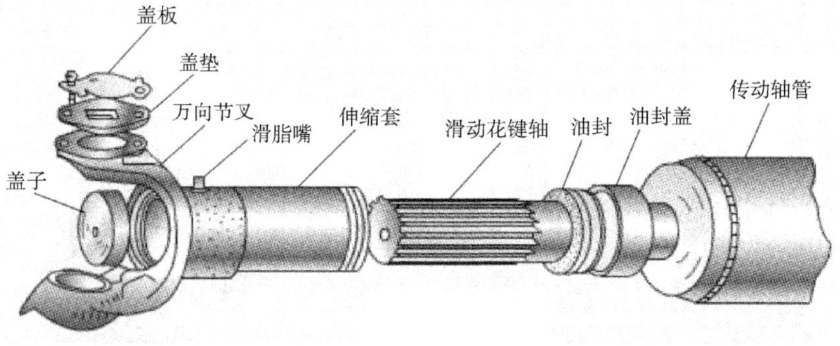

图 2-60　滑动叉

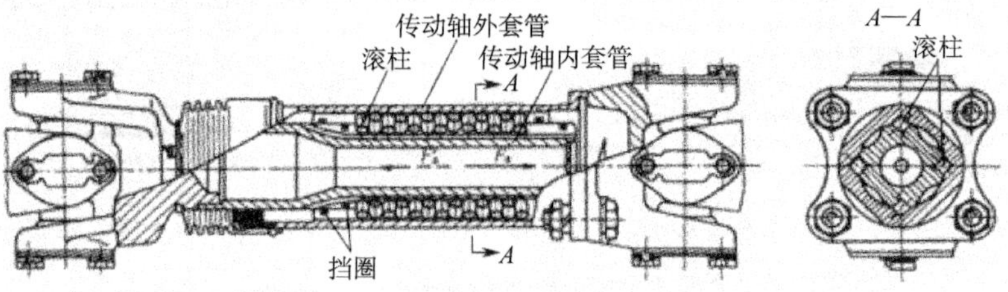

图 2-61　花键轴及花键槽内滚动元件

三、中间支承

当传动轴过长时,需要在中间断开,并通过中间支承装置(见图 2-62)支持在车架或车身上。中间支承不仅起到支撑传动轴的作用,还具有补偿传动轴安装误差、适应发动机窜动和车架变形引起的位移等功能。

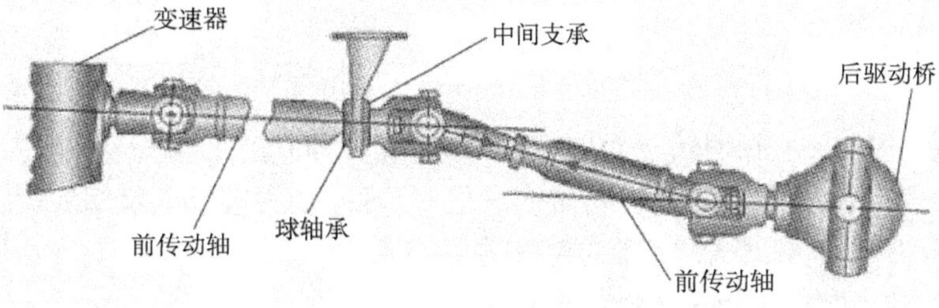

图 2-62 中间支承的布置

中间支承通常采用橡胶弹性元件或双列圆锥滚子轴承等结构，以吸收传动轴振动、降低噪声及承受径向力。解放某型汽车传动轴中间支承的特点是用橡胶垫支承，补偿安装误差和运动中的位移，如图 2-63 所示。

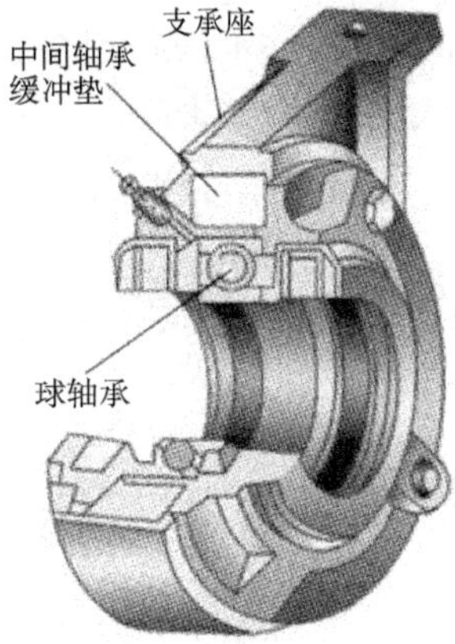

图 2-63 传动轴的中间支承

摆动式中间支承的特点是中间传动轴可以通过摆臂绕支承轴摆动。支承轴和摆臂下端均有橡胶衬套，可以改善轴承受力，如图 2-64 所示。

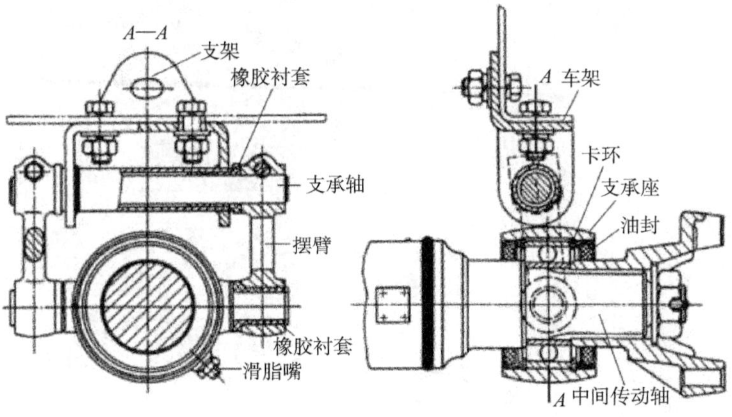

图 2-64 摆动式中间支承

2.4.2 工作原理

万向传动装置的工作原理基于万向节和传动轴的协同工作。当两根轴之间的夹角和距离发生变化时，万向节能够灵活调整其角度和位置，确保动力能够连续、可靠地传递。同时，传动轴作为连接两个轴的媒介，将动力从一根轴传递到另一根轴。中间支承则起到支撑和稳定传动轴的作用，确保整个传动装置的平稳运行。

2.4.3 类型

万向传动装置根据结构和使用场景的不同，可以分为多种类型。其中，闭式万向传动装置和开式万向传动装置是两种常见的类型。

1. 闭式万向传动装置

闭式万向传动装置采用单万向节，传动轴被封闭在套管中。套管与车架做球铰连接，与驱动桥固定连接。这种装置的最大特点是传动外壳作为推力管来传递汽车的纵向力，使传动轴外壳起到了悬架系统导向机构中纵向摆臂的作用。

2. 开式万向传动装置

开式万向传动装置结构相对简单、重量轻，因此在现代汽车中得到了广泛应用。其主要由万向节、传动轴和中间支承组成，没有封闭的套管结构。这种装置适用于各种工况下的动力传递。

2.4.4 应用

在汽车中，万向传动装置被广泛应用于方向盘下的转向柱、车轮半轴、后轮驱动或四轮驱动的传动轴等位置。它们确保了变速器输出轴和主减速器输入轴之间的可靠动力传递，使汽车能够按照驾驶员的意愿行驶。

(1)万向传动装置应用于变速器与驱动桥之间，如图 2-65 所示。

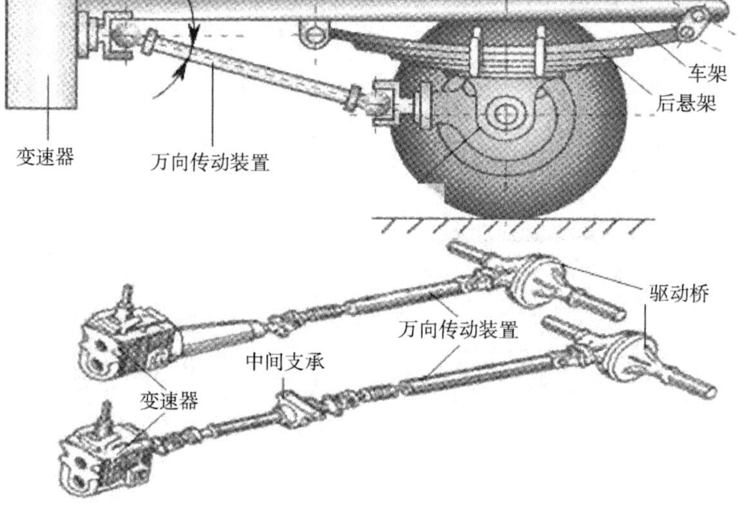

图 2-65 万向传动装置应用 1

（2）万向传动装置应用于变速器与分动器之间、分动器与驱动桥之间，如图 2-66 所示。

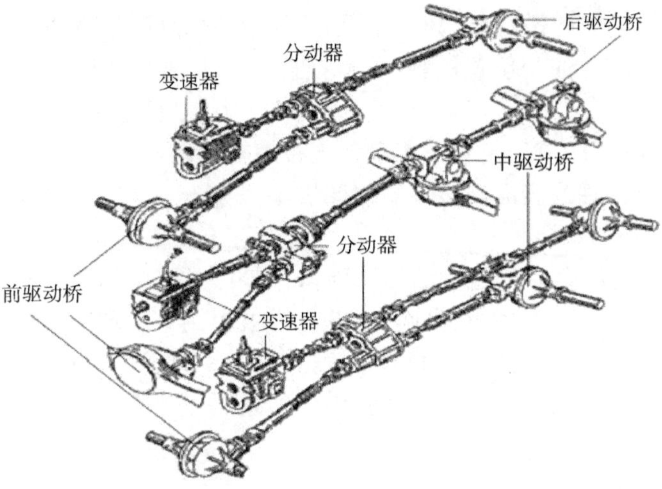

图 2-66　万向传动装置应用 2

（3）万向传动装置应用于驱动桥与驱动轮之间，如图 2-67 所示。

图 2-67　万向传动装置应用 3

万向传动装置在现代机械传动系统中具有不可替代的作用。其不仅能够实现不同轴线之间的动力传递和扭矩传输，还能够适应各种复杂工况下的变化需求。在汽车等交通工具中，万向传动装置确保了动力系统的平稳运行和驾驶的舒适性；在工业机械等领域中，其保证了生产设备的稳定性和可靠性。因此，万向传动装置的研究和开发具有重要的现实意义和广阔的应用前景。

2.4.5　万向传动装置常见故障

1. 万向节异响

1）现象

此种响声是无节奏的"咯噔、咯噔"撞击声，有时是"咣当、咣当"的严重撞击声。随着响声的出现，车辆有抖动感。车辆在高速挡小油门位置行驶时，响声特别明显，抖动更严重。当车辆起步时，往往有"咣当"一声响之后，才能行驶。在缓坡路上，以最慢的速度向上倒车时，可听到"格吧、格吧"的异响声。

2)原因

(1)万向节轴承因缺油、密封垫磨损失效而松旷。

(2)轴承滚针折断或碎散,滚针数量不足、歪斜及在修理时滚针直径大小不一、混装。

(3)经常用高速挡小油门位置行驶(俗称拖挡行驶),滚针轴承承受力不均匀,加速了滚针的磨损。

(4)传动轴弯曲,万向节叉位置不正确及连接螺栓松动。

(5)万向节十字轴轴颈表面被滚针磨出凹坑。

3)诊断

出现上述响声时,可变换车速及油门试验,若响声为“咯噔”的撞击声,可能是轴承磨损松旷或缺油;若是“格楞、格楞”的杂乱响声,并在缓坡上倒车出现“格吧、格吧”的断续响声,一般为滚针折断;若听到“咣当咣当”的严重撞击声,起步时产生“咣当”一声响时,说明滚针碎散或丢失。停车后,松开驻车制动手柄,用手扭动并上下晃动传动轴及万向节,可轻易判断。

4)处理

若为缺油发响,应及时注润滑脂,如响声消除,可继续使用;若严重松旷或滚针折断、碎散时,应更换滚针并注油装复使用;若万向节十字轴颈第一次磨出凹坑,可暂时将万向节由传动轴万向节叉上拆下,旋转 90°,改变受力方向,装复使用。

2. 花键松旷及固定螺栓松动异响

1)现象

此种响声是无节奏地“格楞、格楞”响声,与中间支撑轴承损坏的响声相似。在高速挡小油门行驶时,或在油门位置急剧变化时的瞬间,响声严重,同时有抖动现象。

2)原因

(1)传动轴连接螺栓、支撑架固定螺栓以及各万向节凸缘叉固定螺母松动。

(2)花键磨损而过于松旷。

3)诊断

停车检查各紧固螺栓,通过扭动花键检查间隙可以准确判断。

4)处理

紧固松动的螺母,花键松旷过度时应予更换。

3. 传动轴振抖严重

1)现象

一辆 CA1091 型汽车,在底盘进行二级维护(另给花键套加注润滑脂)及装配后,当车速达到 30 km/h 时,底盘开始振抖,车速越快,抖动越厉害,且难以忍受。

2)原因

因给花键轴加注润滑脂,在装配时会使润滑花键叉与传动轴上的花键啮合位置发生变动,导致装后两端万向节叉不在同一平面内,而是隔两个花键齿左右的位置。如果没有按规定要求装配,当汽车行驶时,驱动桥端万向节与中间支撑架端万向节不是等角速旋转,而是时快时慢,因此振抖很厉害。

3)诊断与处理

根据轴管上的箭头与滑动叉箭头是否相对来判断,若未对正记号,则是此种故障。当记号不清晰以致难以辨认时,可在主传动轴两端万向节叉处于同一平面时,插入滑动叉,即可排除上述故障。按此法装好后,车辆行驶振抖现象消失。

另有一辆 EQ1090 型货车在大修时,曾检查过传动轴,没有发现问题,但行驶时振抖厉害,并打坏了中间传动轴滚针轴承孔的弹性挡圈。当架起驱动桥试验时,传动轴确实振抖厉害,拆下传动轴检查校验,没有发现问题。后仔细检查,发现新换的两个叉形突缘的四个螺孔不在同一基圆上,其中心误差为 4 ~ 5 mm。由于装后突缘叉中心不与轴管轴线重合,故产生严重振抖现象,此故障为配件质量不符合要求所致。

2.4.6　万向传动装置检修

1. 传动轴的检查

1)检查传动轴的跳动

传动轴最大跳动值为 0.8 mm,如果轴的跳动值大于最大跳动值,就应更换传动轴。

2)检查十字轴轴承

(1)检查十字轴轴承是否平稳。

(2)检查十字轴轴承是否有游隙。轴承轴向间隙实心型为 0.05 mm,其他为 0.01 mm,必要时更换十字轴承或传动轴总成。

3)检查中间支撑轴承

检查轴承是否磨损或损坏,转动是否自由和平稳。如果轴承损坏、磨损或转动不自由灵活,就需要更换。

4)检查弹性联轴器(适用 LEXUS400)

(1)检查前、后弹性联轴器是否有裂纹或损坏,如果弹性联轴器损坏,就更换传动轴总成。

(2)检查弹性联轴器中心衬套是否损坏,如果衬套损坏,就需要更换传动轴总成。

5)传动轴平衡的检查和调整。

(1)检查传动轴平衡。用传动轴平衡机寻找不平衡的位置。

(2)调整传动轴平衡。从预先准备好的四种平衡螺栓中选择一只螺栓,用它更换弹性联轴节上的螺栓,平衡螺栓头上标出的数字,表示它比标准螺栓重的克数,调整目标值(不平衡量)为 3 g 以下。

6)联轴器角的检查和调整

在进行传动轴的拆卸和安装操作时,一定要检查联轴器角,必要时应进行调整。

(1)稳定传动轴和差速器。用手将传动轴转动几次,以使中间支撑轴承和弹性联轴器处于稳定状态。用千斤顶将差速器顶起再放下,以使差速器安装缓冲垫处于稳定状态。

(2)检查 2 号和 3 号联轴器的联轴器角。

①用 SST(SST: 09370~50010)测量中间轴和传动轴的安装角,测量时应将 SST 置于传动轴管的正下方。

②用 SST（SST：09370~50010）测量差速器的安装角，测量时应将 SST 放置在如图 2-68 所示的位置。

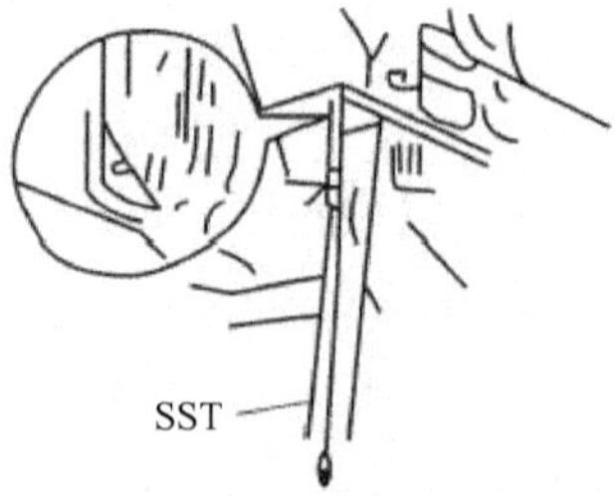

图 2-68　SST 放置位置

③计算 2 号联轴器角：

$$A-B=15' \pm 30'$$

式中　A——中间轴安装角；

B——传动轴安装角。

④计算 3 号联轴器角：

$$B-C=35' \pm 30'$$

式中　B——传动轴安装角；

C——差速器安装角。

如果实测角度不符合规定值，就应调整联轴器角。

2. 十字轴轴承的更换

（1）在传动轴和万向节上做装配标记。

（2）拆下弹性卡环。

①用黄铜棒和锤子在轴承外座圈轻敲其顶部。

②用两个旋具从凹槽中将四个弹性卡环取出。

（3）拆下十字轴轴承。

①用 SST（SST：09332~25010）从法兰中压出轴承，如图 2-69 所示，通过 A 充分提升指示的零件，使之不会与轴承接触。

图 2-69　拆下十字轴轴承

②在台虎钳上夹紧轴承外座圈，用锤子敲出法兰，用相同的方法拆下对面的轴承。

③将两个拆下的轴承外座圈装回到十字轴上。

④用 SST（SST：09332~25010）从万向节压出轴承。

⑤在台虎钳上夹紧轴承外座圈，用锤子敲出万向节，用同样的方法拆下对面的轴承。

（4）选择十字轴轴承。根据万向节截面是否有钻孔标记来选择十字轴轴承，见表 2-1。

表 2-1　选择十字轴轴承

万向节	有钻孔标记	无钻孔标记
轴承	采用颜色（红）轴承	采用无颜色轴承

（5）安装十字轴轴承。

①在新十字轴和轴承上涂覆 MP 油脂。

②对准万向节和轴的安装位置。

③将十字轴装进万向节中。

④用 SST（SST：09332~25010）将新轴承套在十字轴上。

⑤用 SST 调节每一个轴承，使弹性卡环槽宽度最大或等宽度。

2.5　驱动桥

汽车驱动桥作为汽车传动系统的重要组成部分，其性能和可靠性直接影响汽车的行驶性能、安全性和燃油经济性。

2.5.1　驱动桥的组成

驱动桥由主减速器、差速器、半轴、万向节、驱动桥壳（或变速器壳体）和驱动车轮等零部件组成。图 2-70 和图 2-71 所示为北京某型汽车后驱动桥、某型轿车主减速器和差速器。

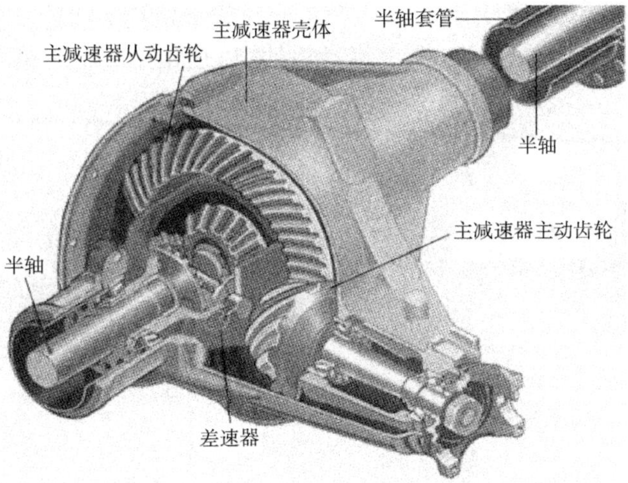

图 2-70　北京某型汽车后驱动桥

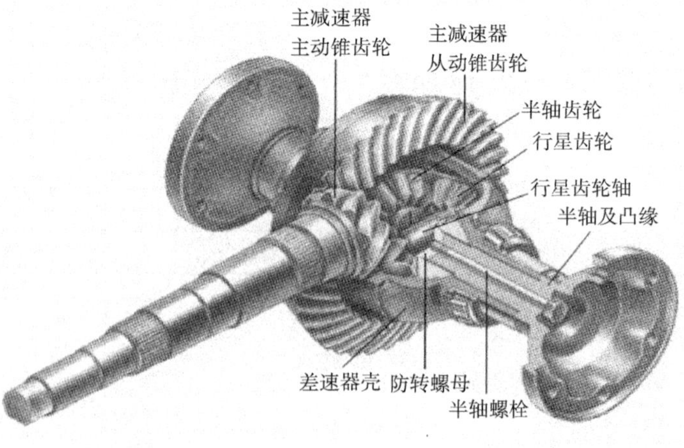

图 2-71　某型轿车主减速器和差速器

2.5.2　驱动桥的功用

驱动桥的功用表现在以下几方面。

(1)通过主减速器齿轮的传动,降低转速,增大转矩。

(2)主减速器采用锥齿轮传动,改变转矩的传递方向。

(3)通过差速器可以使内外侧车轮以不同转速转动,以适应汽车的转向要求。

(4)通过桥壳和车轮,实现承载及传力作用。

2.5.3　驱动桥的结构类型

1. 非断开式驱动桥

当车轮采用非独立悬架时,驱动桥采用非断开式。其特点是半轴套管与主减速器壳体刚性连接,整个驱动桥通过弹性悬架与车架相连,两侧车轮和半轴不能在横向平面内作相对运动。非断开式驱动桥也称整体式驱动桥,如图 2-72 所示。某型轿车的非断开式后驱动桥如图 2-73 所示。

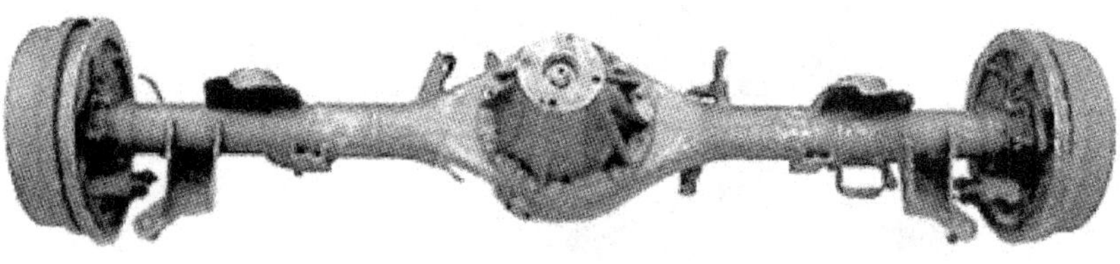

图 2-72　整体式驱动桥实物

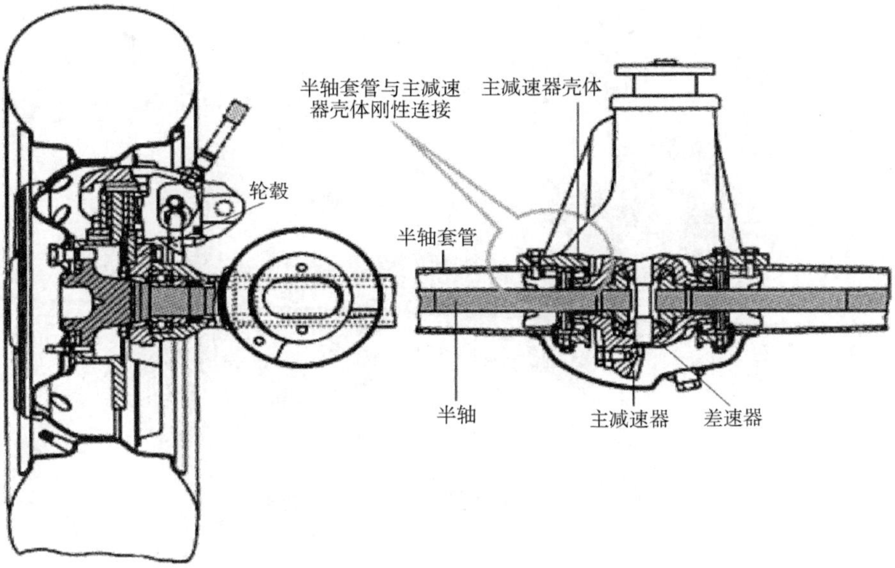

图 2-73　某型轿车的非断开式后驱动桥

2. 断开式驱动桥

当驱动轮采用独立悬架时，两侧的驱动轮分别通过弹性悬架与车架相连，两车轮可彼此独立地相对于车架上下跳动。与此相对应，主减速器壳固定在车架上，半轴与传动轴通过万向节铰接，传动轴又通过万向节与驱动轮铰接，这种驱动桥称为断开式驱动桥，如图 2-74 所示。奥迪某型轿车的断开式驱动桥如图 2-75 所示。

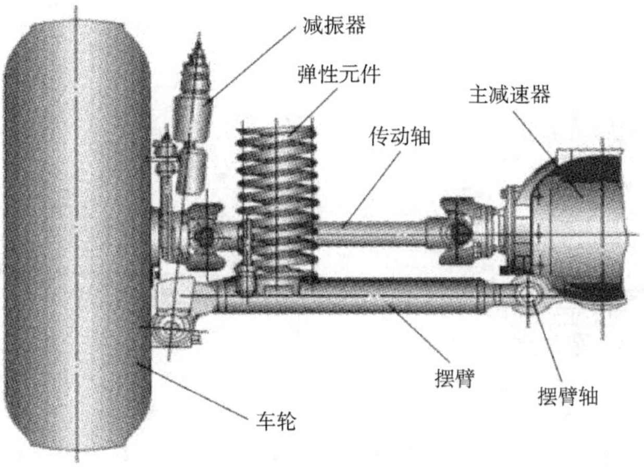

图 2-74　断开式驱动桥

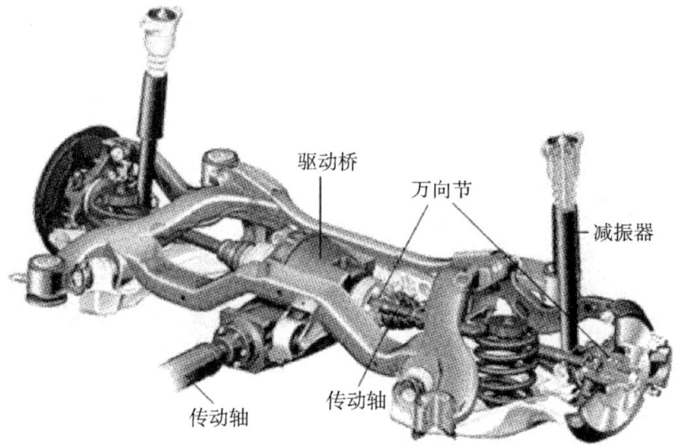

图 2-75 奥迪某型轿车的断开式驱动桥

2.5.4 主减速器

主减速器的功用是降低转速，增大转矩，改变转矩旋转方向。

按参加减速传动的齿轮副数目分，主减速器有单级主减速器和双级主减速器；按主减速器传动比挡数分，主减速器有单速式主减速器和双速式主减速器；按齿轮副结构形式分，主减速器有圆柱齿轮式主减速器、圆锥齿轮式主减速器和准双曲面齿轮式主减速器。常用的齿轮式主减速器有斜齿圆柱齿轮主减速器（特点是主、从动齿轮轴线平行）、曲线齿锥齿轮主减速器（特点是主、从动锥齿轮轴线垂直且相交）、准双曲面锥齿轮主减速器（特点是主、从动锥齿轮轴线垂直但不相交，有轴线偏移），如图 2-76 所示。

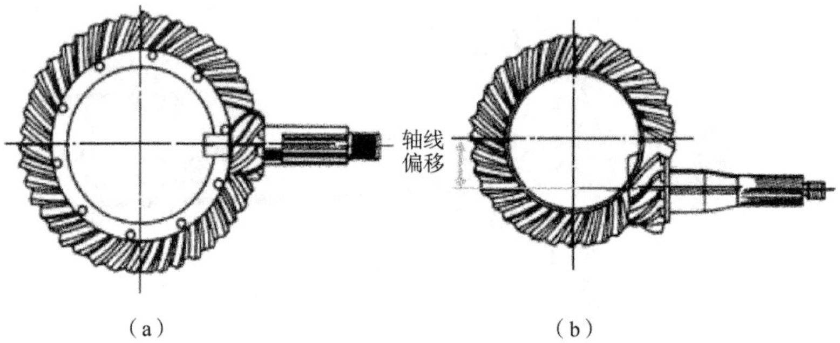

图 2-76 主动和从动锥齿轮轴线位置

（a）曲线齿锥齿轮 （b）准双曲面锥齿轮

准双曲面锥齿轮的旋转方向与轴线偏移的判断如下。

齿轮旋转方向的判断：从齿轮小端向大端看，齿面向左旋为左旋齿轮，向右旋为右旋齿轮，一对准双曲面锥齿轮互为左右旋；上下偏移的判断：将小齿轮置于大齿轮右侧，小齿轮轴线在大齿轮轴线下方为下偏移，反之为上偏移，如图 2-77 所示。

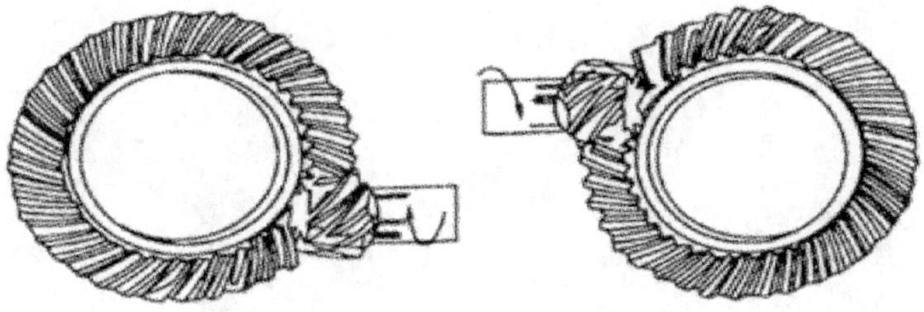

（a）

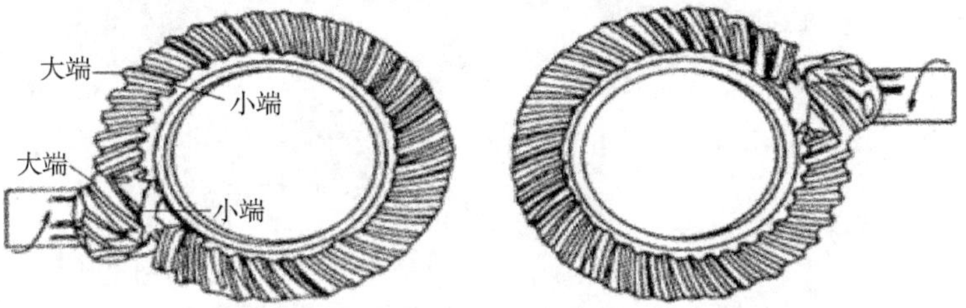

（b）

图 2-77　准双曲面锥齿轮的偏移与旋转方向

（a）小齿轮左旋，大齿轮右旋，下偏移　（b）小齿轮右旋，大齿轮左旋，上偏移

轴线下偏移的作用是在驱动桥离地间隙 h 不变的情况下，可以降低主动锥齿轮的轴线位置，从而使整车车身及重心降低，如图 2-78 所示。

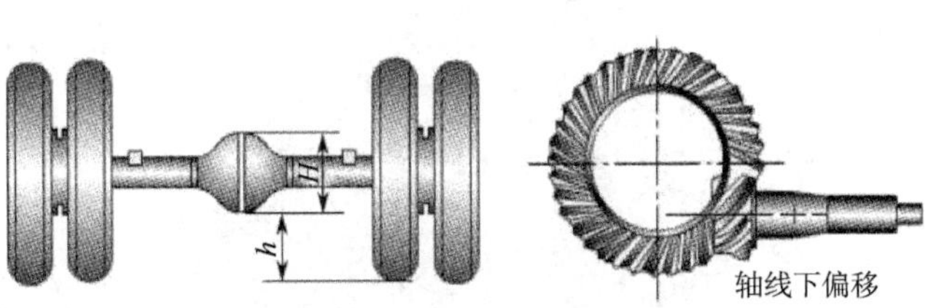

图 2-78　轴线下偏移的作用

1. 单级主减速器

单级主减速器是指主减速传动由一对齿轮传动完成，如图 2-79 所示。

2. 双级主减速器

要求主减速器有较大传动比时，由一对锥齿轮传动将会导致尺寸过大，不能保证最小离地间隙的要求，这时多采用两对齿轮传动，即双级主减速器，如图 2-80 所示。

3. 主减速器的调整

1）主减速器的特点

主减速器传递的转矩较大，受力复杂，具有以下特点：主、从动锥齿轮要有正确的相对位置，可以通过改变齿轮轴的轴向位置进行调整，以啮合印迹和齿侧间隙来检查；要求有较高的支承刚度，以确保传递转矩的过程中主、从动锥齿轮正确的相对位置不发生改变；要用圆锥滚子轴承支承，以承受锥齿轮传动的轴向力；圆锥滚子轴承的预紧度可调。

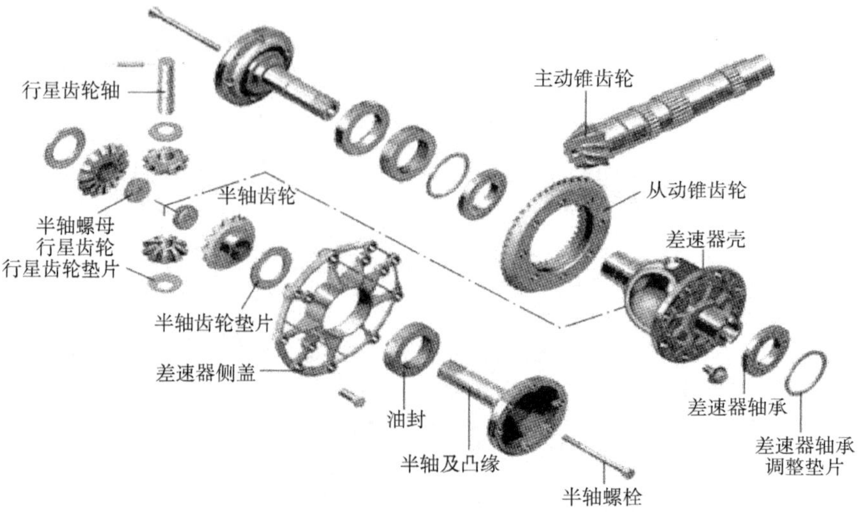

图 2-79　红旗某型轿车单级主减速器总成

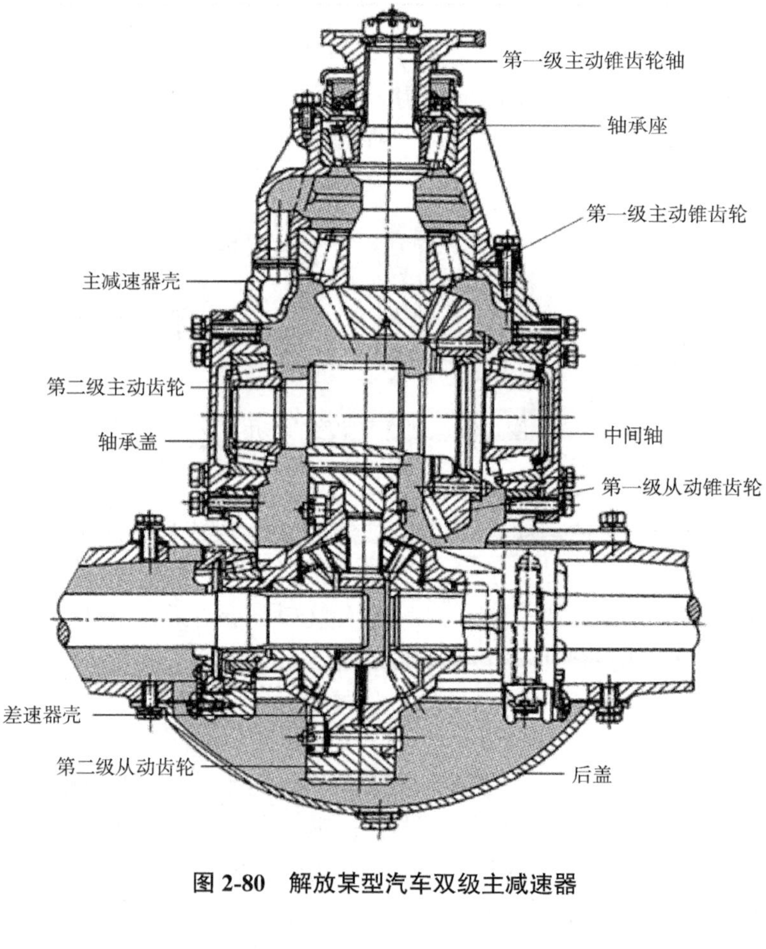

图 2-80　解放某型汽车双级主减速器

2）主减速器的调整

主减速器的调整分为原始调整和使用调整。

（1）原始调整是指一对新齿轮的调整，包括新车使用的新齿轮和旧车成对更换的一对新齿轮，要求保证合适的齿侧间隙和正确的啮合印迹。

（2）使用调整是指齿轮和轴承磨损、齿轮相互位置发生变化时所进行的调整，只要求保证正确的啮合印迹。

当齿侧间隙过大时，就要成对更换主、从动锥齿轮。从动锥齿轮正确的啮合位置如图 2-81 所示。

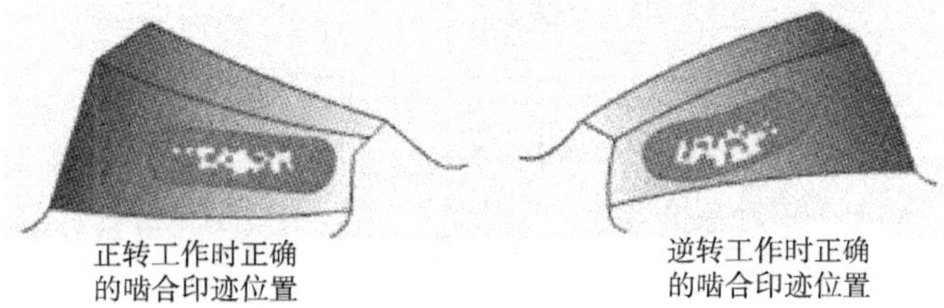

图 2-81　从动锥齿轮正确的啮合位置

3）调整的内容和方法

调整的内容包括小齿轮轴承预紧度、大齿轮轴承预紧度、小齿轮位置、大齿轮位置。调整的部位和方法依车型不同而不同。

4. 轮边减速器

在重型载货车、越野汽车或大型客车上，当要求传动系统的传动比值较大、离地间隙较大时，往往在两侧驱动轮附近再增加一级减速传动，称为轮边减速器，轮边减速也可以看作是主减速器的第二级传动，如图 2-82 所示。

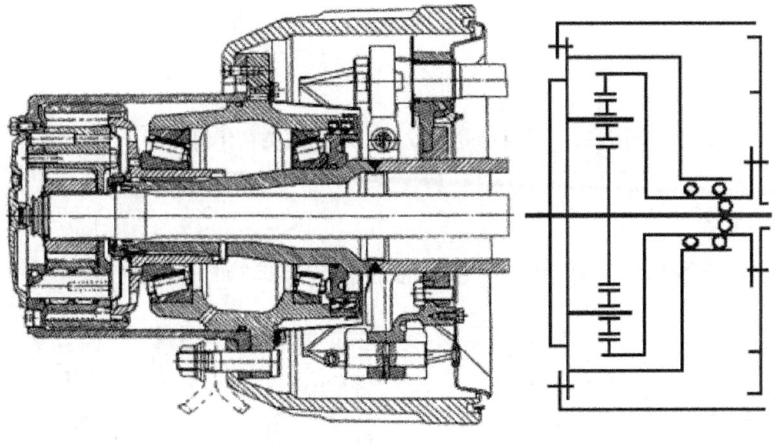

（a）　　（b）

图 2-82　斯太尔某型汽车后驱动桥的轮边减速器

（a）装配图　（b）传动简图

5. 双速主减速器

为了充分提高汽车的动力性和经济性，有些汽车装用了两挡的主减速器，此时主减速器还兼起副变速器的作用，如图 2-83 所示。

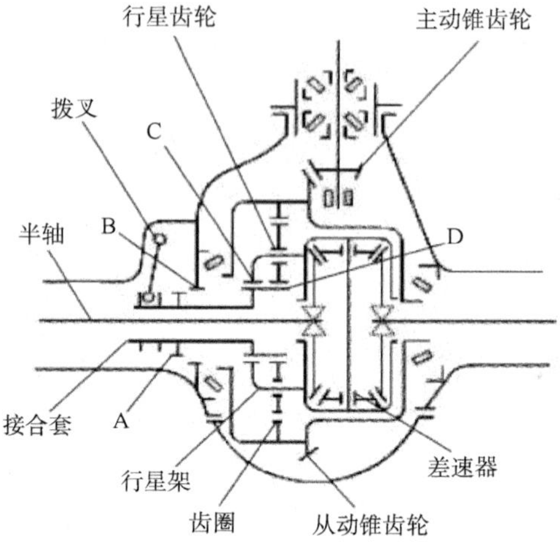

（a）

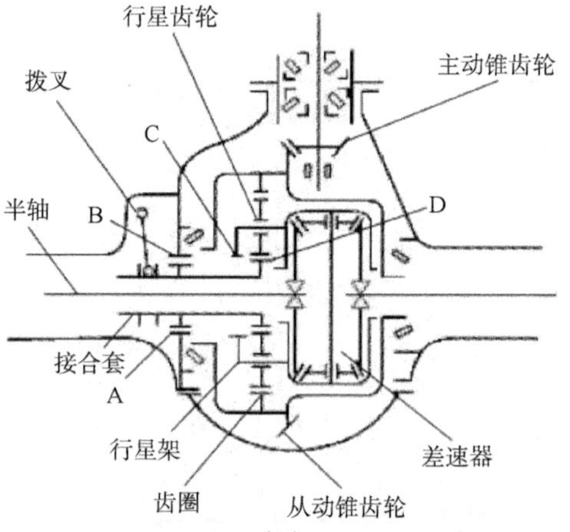

（b）

图 2-83　行星齿轮式双速主减速器结构示意图

（a）高速挡单级传动　（b）低速挡双级传动

6. 其他主减速器

多轴驱动汽车的各驱动桥的布置有非贯通式和贯通式两种，如图 2-84 所示。

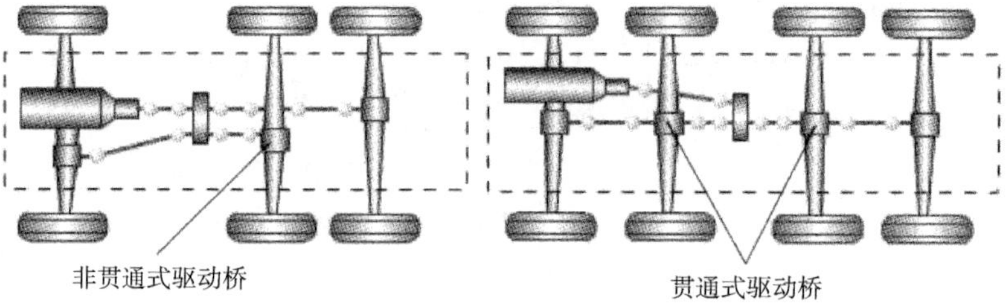

图 2-84　非贯通式驱动桥与贯通式驱动桥的布置简图

采用贯通式驱动桥可以减少分动器的动力输出轴数量，从而简化结构，如图 2-85 所示。

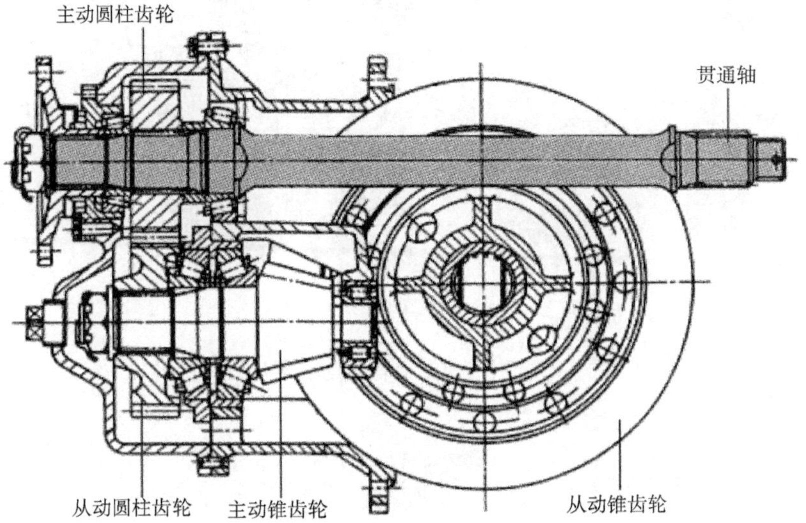

图 2-85　延安某型汽车贯通式主减速器

2.5.5　差速器

差速器的功用是既能向两侧驱动轮传递转矩，又能使两侧驱动轮以不同转速转动，以满足内外驱动轮在转向等情况下以不同转速转动的需要。差速器的基本工作原理如图 2-86 所示。

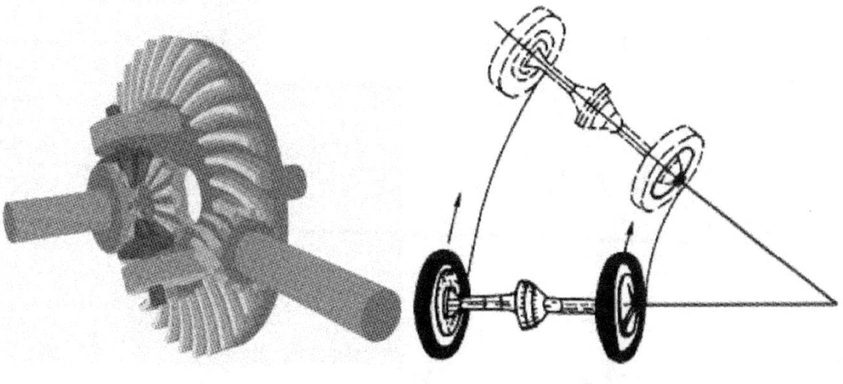

图 2-86　汽车转向时驱动轮运动示意图

从汽车转向时驱动轮的运动示意图可以看出，汽车转向时外侧车轮滚过的路程长，内侧车轮滚过的路程短。因此要求外侧车轮转速快于内侧车轮，即希望内、外侧车轮转速不同。

1. 齿轮式差速器

齿轮式差速器由差速器壳体、行星齿轮、半轴齿轮、行星齿轮轴等组成。图 2-87 所示为对称式锥齿轮差速器零件分解图，图 2-88 所示为桑塔纳某型轿车差速器零件分解图。

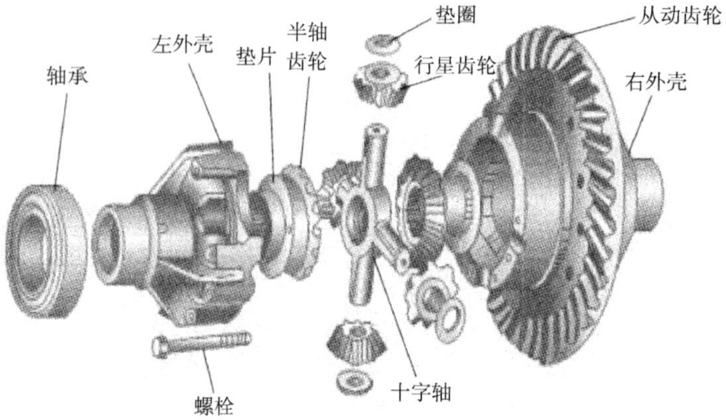

图 2-87　对称式锥齿轮差速器零件分解图

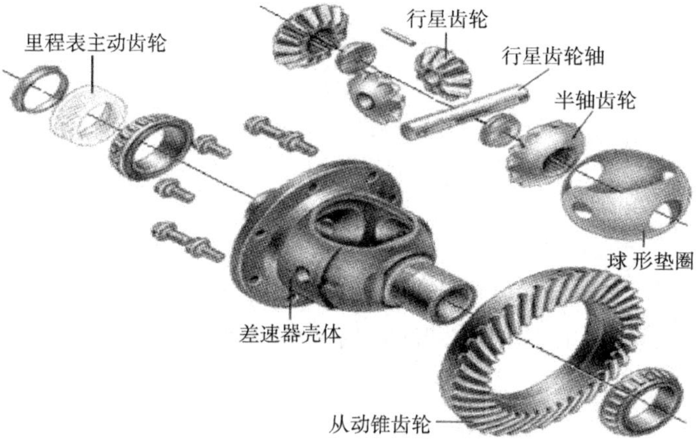

图 2-88　桑塔纳某型轿车差速器零件分解图

通过运动学分析可以掌握差速器的差速原理(见图 2-89),通过动力学分析可以掌握其转矩分配特性(见图 2-90)。内摩擦力矩很小的对称式锥齿轮差速器的运动学和动力学特性可以概括为差速但不差转矩,即差速器可以使两侧驱动轮以不同转速转动,但不能改变传给两侧驱动轮的转矩。

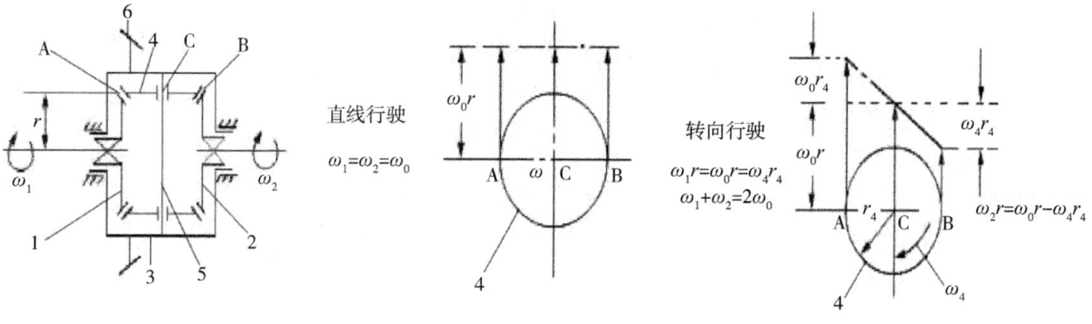

图 2-89　差速器运动学分析

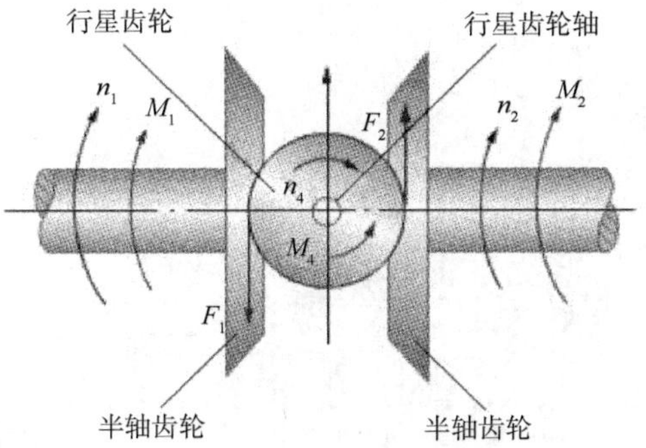

图 2-90　差速器转矩分配特性

2. 强制锁止式差速器

差速器的动力学特性不利于汽车的通过性,可以采用强制锁止式差速器克服其缺点。斯堪尼亚某型汽车强制锁止式差速器(见图 2-91)的特点是外接合器与半轴通过花键相连,内接合器与差速器壳体也通过花键相连。当内外接合器相互接合时,将半轴齿轮与差速器壳体连为一体,差速器失去差速功能,传给两侧驱动轮的转矩可以不同。

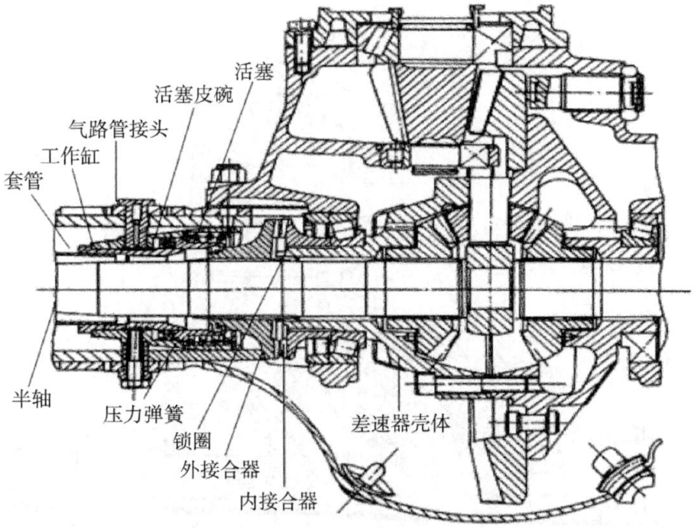

图 2-91　斯堪尼亚某型汽车强制锁止式差速器

3. 防滑差速器

1)防滑差速器的分类

防滑差速器按其工作原理可分为转矩敏感式防滑差速器、转速敏感式防滑差速器和主控制式防滑差速器。

2)转矩敏感式防滑差速器

按结构转矩敏感式防滑差速器可以分为锥盘式、轮齿式和摩擦片式(见图 2-92)三种。大众某型轿车摩擦片式自锁差速器如图 2-93 所示。

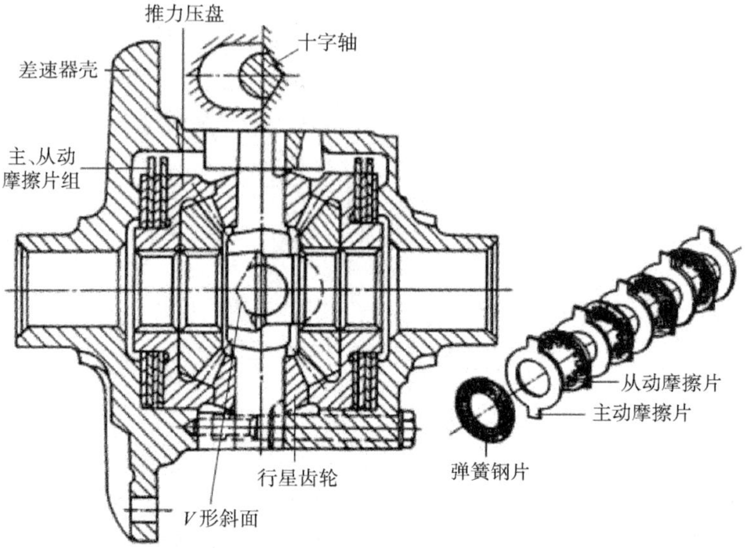

图 2-92　摩擦片式防滑差速器

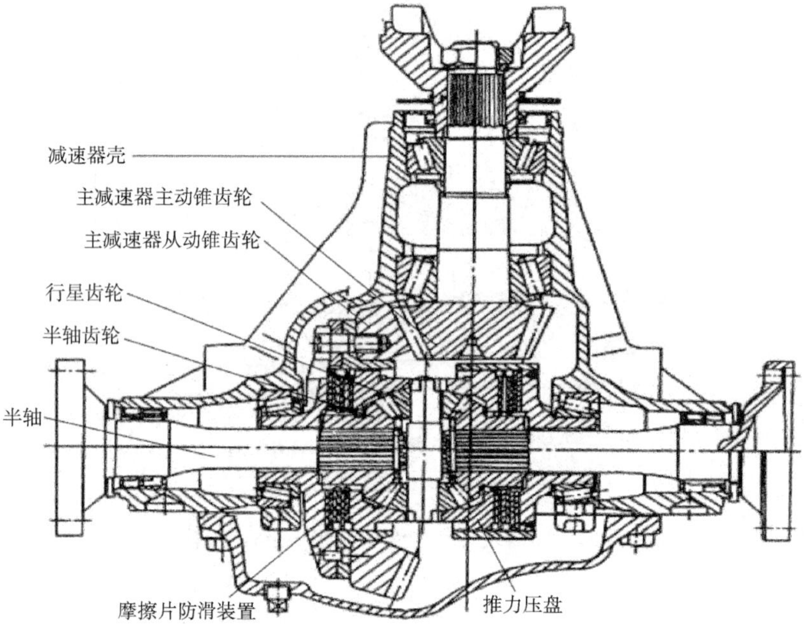

图 2-93　大众某型轿车摩擦片式自锁差速器

3）转速敏感式防滑差速器

转速敏感式防滑差速器利用液体的黏性摩擦特性，即硅油的黏性摩擦特性感知速度差，实现差速器防滑作用，主要构件是黏性联轴器。其结构如图 2-94 所示。

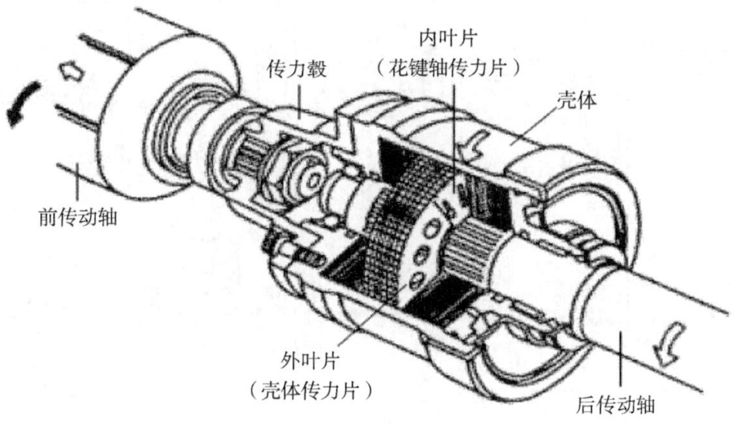

图 2-94　黏性联轴器结构

2.5.6　驱动桥

按功能特点分，驱动桥可以分为独立驱动桥和变速驱动桥。独立驱动桥的特点是主减速器、差速器、半轴等都安装在独立的驱动桥壳内。变速驱动桥的特点是变速器与驱动桥两个动力总成布置在同一壳体内，如图 2-95 所示。变速驱动桥各种安装布置形式如图 2-96 所示。

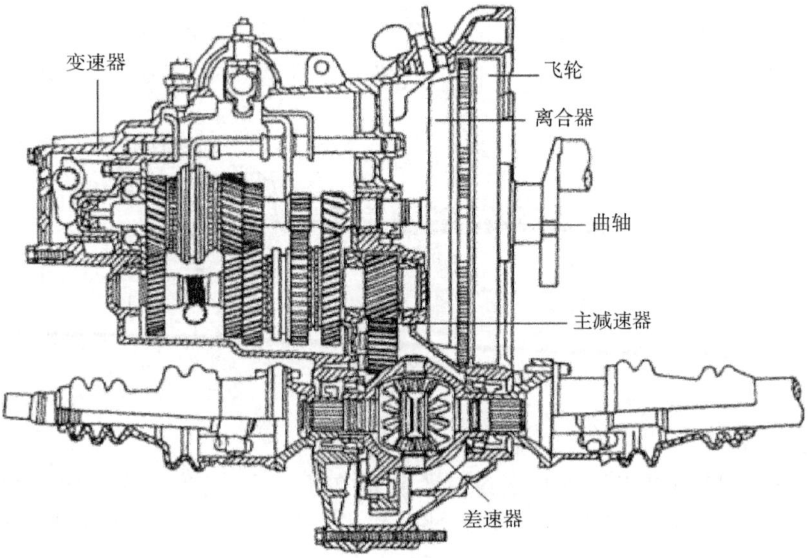

图 2-95　轿车变速驱动桥（发动机横置）

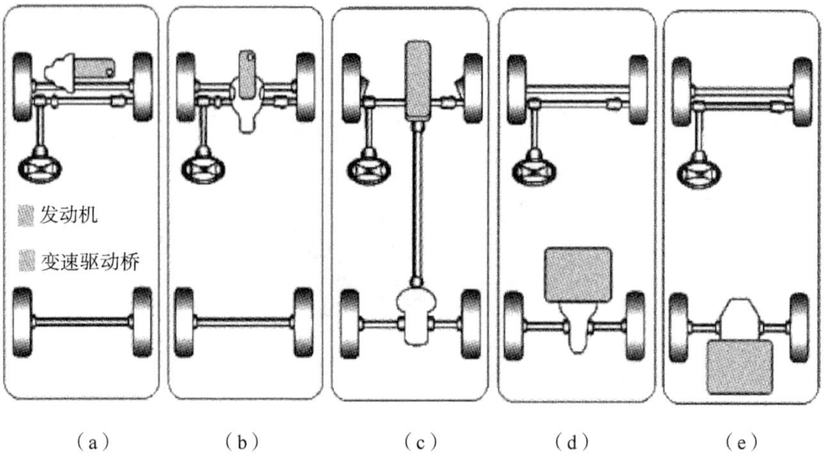

图 2-96　变速驱动桥各种安装布置形式

(a)前置前驱动发动机横置　(b)前置前驱动发动机纵置
(c)前置后驱动变速驱动桥一体式后置　(d)中置后驱动　(e)后置后驱动

2.5.7　驱动车轮的传动装置与桥壳

一、驱动车轮的传动装置

1. 半轴

半轴的内侧通过花键与半轴齿轮相连,外侧用凸缘与驱动轮的轮毂相连。半轴的结构如图 2-97 所示。根据外端受力状况的不同,半轴有半浮式、3/4 浮式和全浮式三种。

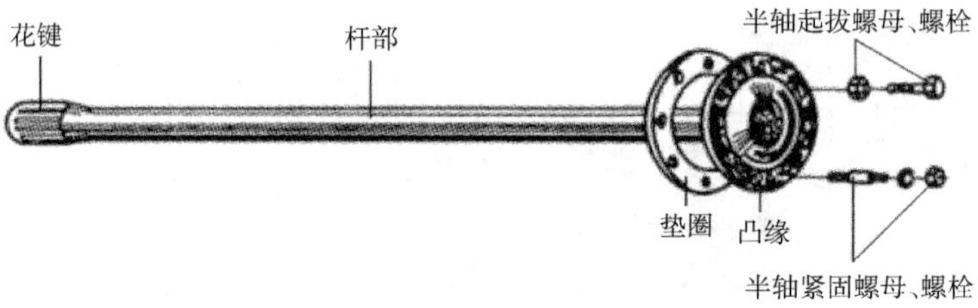

图 2-97　半轴

1)半浮式半轴

半浮式半轴的特点是半轴外端通过轴承支承在桥壳上,将作用在车轮的力都直接传给半轴,再通过轴承传给驱动桥壳体,半轴既受转矩,又受弯矩。这种半轴常用于轿车、微型客车和微型货车。

图 2-98 所示是汽车半浮式半轴的结构与安装。其结构特点是半轴外端通过圆锥面及键与轮毂固定支承在一个圆锥滚子轴承上,向外的轴向力由圆锥滚子轴承承受,向内的轴向力通过滑块传给另一侧半轴的圆锥滚子轴承。图 2-99 所示半浮式半轴的结构特点是半轴用可承受轴向力的向心推力球轴承支承。

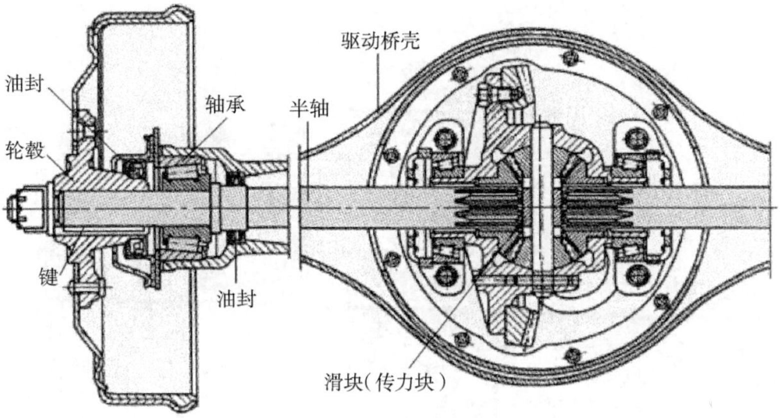

图 2-98　半浮式半轴的结构与安装

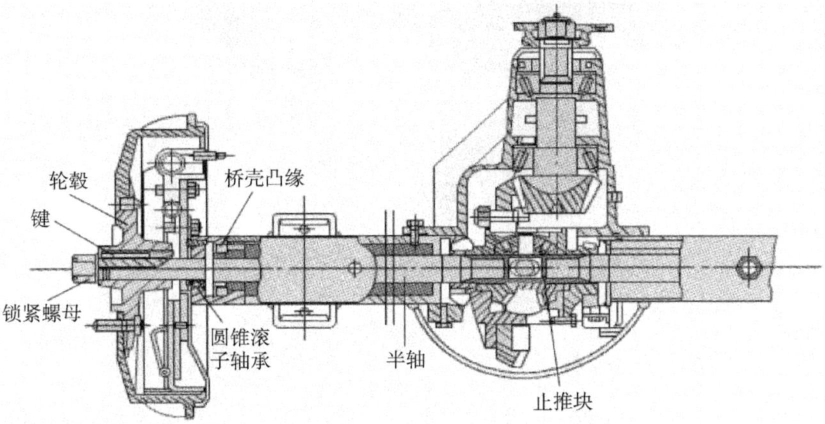

图 2-99　国产某轿车驱动桥及半浮式半轴

2)全浮式半轴

全浮式半轴的特点是半轴外端与轮毂相连接,轮毂通过圆锥滚子轴承支承在桥壳的半轴套管上,将作用在车轮上的力通过半轴传给轮毂,轮毂又通过轴承将力传给驱动桥壳,半轴只受转矩,不受弯矩。北京某型汽车全浮式半轴支承如图 2-100 所示。这种半轴常用于轻型、中型、重型货车,越野汽车和客车上。

2. 驱动车轮传动装置的万向节

转向驱动桥和断开式驱动桥驱动车轮的传动装置必须采用万向节传动,以便使转向车轮能够转向,使断开式驱动桥的摆动半轴能够摆动。其结构如图 2-101 和图 2-102 所示。

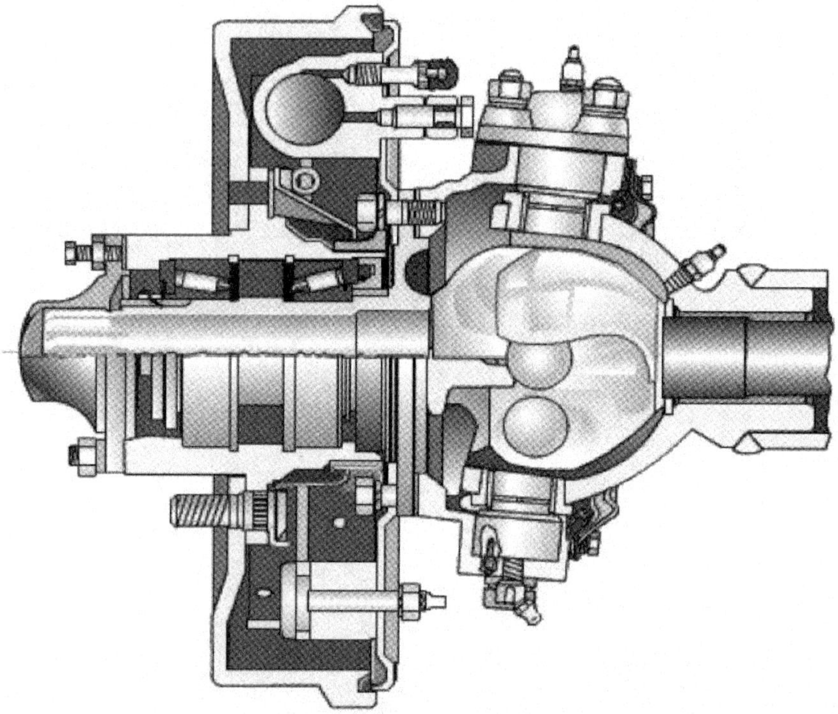

图 2-100　北京某型汽车全浮式半轴支承

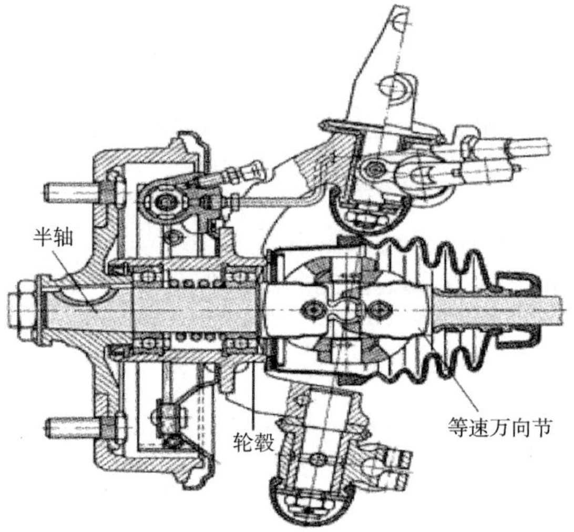

图 2-101　某轿车转向驱动桥的驱动轮传动装置

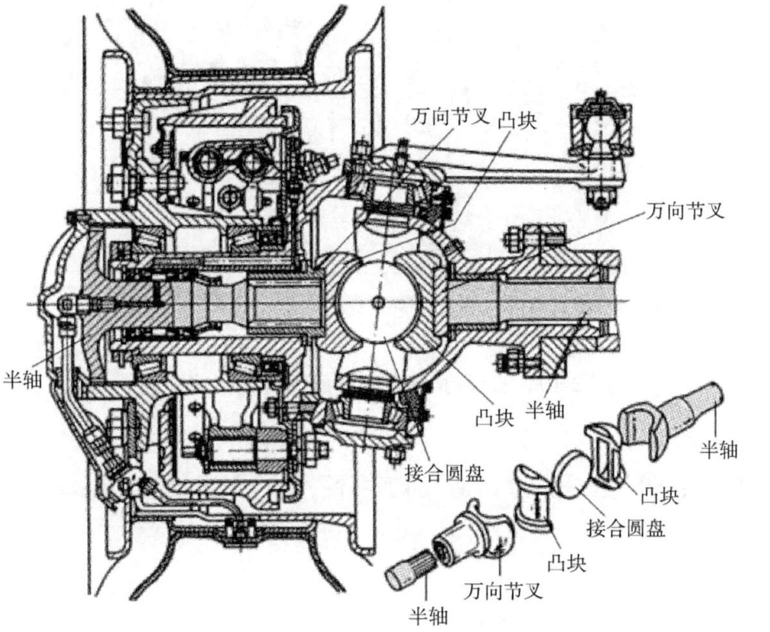

图 2-102　用凸块式万向节的汽车驱动装置

二、桥壳

1)整体式桥壳

整体式桥壳因其强度和刚度性能好,便于主减速器的安装、调整和维修而得到广泛应用。整体式桥壳因制造方法的不同,可分为整体铸造式、中段铸造压入钢管式和钢板冲压焊接式等。具体如图 2-103 和图 2-104 所示。

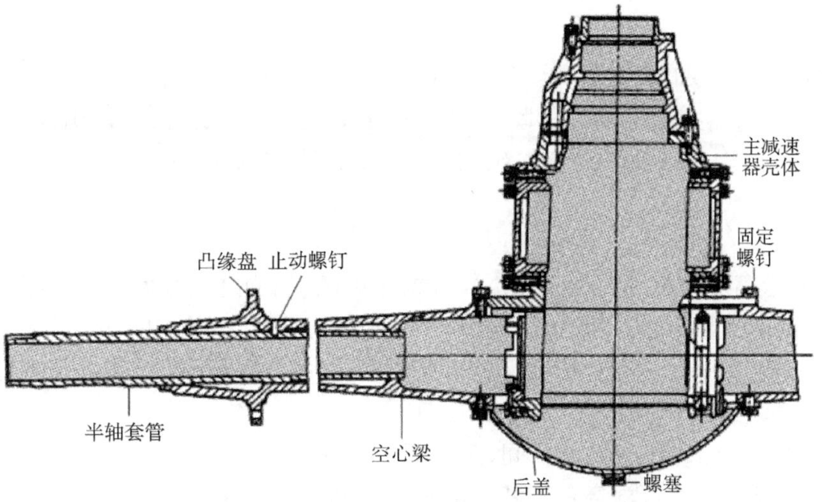

图 2-103　解放某型汽车整体铸造式驱动桥壳

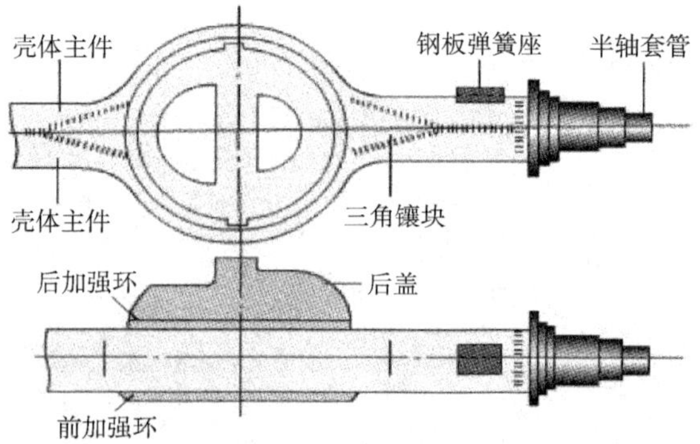

图 2-104　北京某型汽车冲压焊接式驱动桥壳

2)分段式驱动桥壳

分段式驱动桥壳的特点是宜于铸造、加工简便,但装车后不便于驱动桥的维修。其结构如图 2-105 所示。

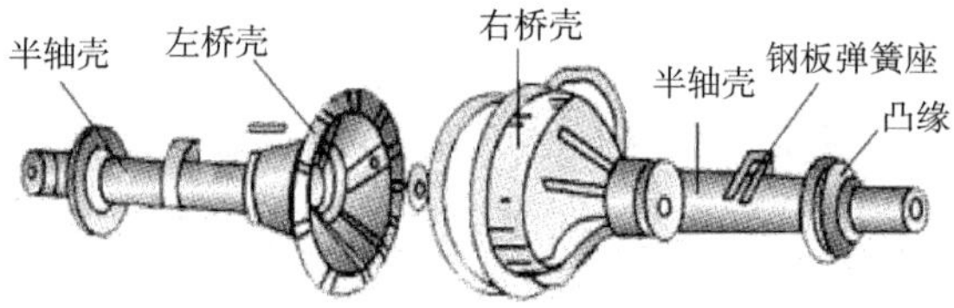

图 2-105　分段式驱动桥壳

2.5.8　驱动桥常见故障

1. 齿轮间隙过大的异响

1)现象

此种异响是无节奏的"咣当、咣当"或"咯噔、咯噔"的撞击声,在车辆行驶速度相对稳定时,一般不易出现,而在变换油门的瞬间或车辆行驶速度不稳定时,较易出现。在车辆起步时,有"咣"的一声响,在汽车上坡时,出现"咣当、咣当"的响声,一般为圆锥主、从动齿轮啮合不良所致。

2)原因

在各部轴承间隙较正常的情况下,各齿轮牙齿间(圆锥主、从动齿轮,行星齿轮与半轴齿轮,半轴齿轮键槽与半轴花键齿,某型车还有圆柱主、从动齿轮)的间隙过大,引起齿面相互撞击而出现异响。此外,从动圆锥齿轮与差速器的固定螺栓松动也会出现类似响声。

3)诊断

车辆行驶时,油门急剧变化的瞬间,若桥壳处出现"咣当、咣当"撞击性较强的声音时,一般是齿轮啮合间隙过大所致;若有"咯噔、咯噔"的声音,则可能是半轴花键副间隙过大,或在大负荷时某型车圆柱从动齿轮固定螺栓松动所致;若响声较为杂乱,说明驱动桥总间隙过大。

4)处理

如果此异响不严重可继续行驶,严重时应找出原因。若属于圆锥主、从动齿轮间隙过大,应适当调整;若属于半轴花键副间隙过大,左右半轴可对换(使用时最好对换),以改变花键齿受力方向。其他各齿轮,只要响得不太严重,仍可继续使用。

2. 齿轮啮合不正常的异响

1)现象

此种响声有点像齿轮啮合间隙过小的声音,但较杂乱,有时带有"哽哽"的声音。车速越快,响得越严重。加油门和收油门时都响,有时驱动桥壳处有发热现象,严重时有震动。

2)原因

(1)齿轮不合规格或加工精度不符合要求。

(2)不是成对更换齿轮。

(3)圆锥主动齿轮的位置不适当,使主、从动齿轮啮合失常。

3)处理

轻微发响时,可继续磨合使用;若响声严重,应详细检查。如因齿轮精度过低,经调整后有好转,可磨合使用。否则,应更换齿轮。

3. 行星齿轮的响声

1)现象

车辆转弯时,行星齿轮因其差速作用而转动,当啮合不正常时,会出现响声。车辆直线行驶时,由于受行驶条件及轮胎状况的影响,行星齿轮除推动半轴齿轮外,其本身也微量地来回转动。当啮合不良时,也会出现响声。

2)原因

(1)齿轮不配套,啮合不良。车辆直线行驶速度达 15 ~ 20 km / h 时,一般出现"嗯嗯"的响声;车速越快,响声越大;收回油门时,响得比较严重一些;转弯时,除此响声外,又出现"咯噔、咯噔"的声音,同时驱动桥处有抖动现象。

(2)齿轮与十字轴咬住(没完全咬死,但转动费力)。车辆转弯时,出现"咔吧、咔吧"的响声,直线低速行驶,有时也能听到一点,车速升高后,响声一般消失。

(3)齿面擦伤。车辆直线行驶,车速为 50 ~ 55 km / h 时,出现"呜呜"的响声,有点像刮大风的声音,收回油门时,响得严重一些,转弯时又变为"嗯嗯"的声音。

3)诊断

将后轮架起,拉紧驻车制动器,将听诊器具接触在差速器壳处,用手扳动一侧车轮,使行星齿轮转动,一般可听出响声。若扳动车轮费力,严重时则扳不动,则属第(2)种故障原因。

4)处理

若为第(1)种故障原因,可换用合适的齿轮。若为第(2)种故障原因,若齿轮与十字轴未烧损,卸下后,用砂布修磨后,仍可使用。若为第(3)种故障原因,响声不太重、润滑良好时,可继续行驶磨合,严重时应卸下齿轮,修磨齿面。

4. 驱动桥过热

1)现象

一辆北京某型汽车,后驱动桥减速器壳体行驶不到 10 km,就有过热现象(高温烫手,润滑油呈乳白色泡沫)。每行驶半个月左右,就要报废一套主传动锥齿轮。经多次反复调整,均无好转。据驾驶员反映,该车是在更换后驱动桥总成后才出现上述现象。原桥壳总成因调整主减速器不当而报废,换用新桥壳总成后,因与原桥壳总成钢板座中心距离不一致,故对钢板座进行移位方能装配,装配以后便出现上述现象。

2)原因及分析

从维修角度来分析,反复维修调整不可能造成行驶 10 km 就有过热现象。从配件质量来考虑,也不可能每次更换的齿轮都不合格,只能从车辆结构方面去找原因。由于该车对新桥壳钢板座进行过移位,只能从钢板座移位后的位置来考虑。经对比新老结构后驱动桥钢板座总成发现,新桥壳钢板座移位后使整个总成向后倾斜 7° 30′,而一般要求应向前倾斜 7° 30′ 方可保证传动轴两端万向节叉在同一平面内以等角速运转。由于钢板座移位时随意焊接,没有按该车总体布置要求施工,使分动箱输出轴与后驱动桥齿轮输入轴轴线不平行,传动时时快时慢,不是等速运转。快时,主动齿轮带动从动齿轮,慢时,从动齿轮带动主动齿轮,齿轮正反啮合面均受力较大,破坏了正常传动,以致产生振动,因而齿轮磨损很快,温度很高。

3)诊断与处理

由于多次调整及更换齿轮无法排除故障,则应在车辆结构及传动角度方面来分析。将后驱动桥顶起,挂挡运转,观察分动箱输出轴轴线与减速器输入轴轴线是否平行,传动轴是否有振摆现象。

5. 驱动桥异响

驱动桥异响一般的识别方法如下。

(1)上坡时发响,表明主减速器主动锥齿轮与从动锥齿轮的啮合靠近齿根部。此时,应将从动圆锥齿轮朝外移动。

(2)下坡时发响,表明主减速器主动锥齿轮与从动锥齿轮的啮合靠近齿顶部。此时,应将主动圆锥齿轮朝里移动。

(3)上、下坡均发响,表明轴承松动。若产生金属敲击及碎裂声,则齿轮已被打坏。

(4)驱动桥异响随速度增加时,噪声也增大,滑行时响声减小或消失,一般为轴承磨损过度或齿轮啮合不良。

(5)改变车速时,产生“嘎啦”声,一般为齿轮啮合间隙过大,高挡小油门行驶时很明显。

(6)加速或减速行驶时,听到有“嗞嗞”的噪声,表明齿轮啮合不良或间隙太小。

(7)直行时不响,转弯时发响,表明差速器、行星齿轮及半轴齿轮啮合间隙过大。

以上响声可通过路试,停车拆除主传动轴与减速器连接的万向节并晃动减速器突缘检查轴承间隙及齿轮啮合间隙,或支起后轮并在挂入高挡时急剧改变油门来听诊驱动桥内异响变化,检查驱动桥总间隙等方法,对异响加以识别和判断。

2.5.9 主减速器与差速器的检修步骤

1. 主减速器与差速器的检修

(1)检查主减速器从动锥齿轮端面圆跳动量。如图 2-106 所示,检查从动锥齿轮端面圆跳动量，最大圆跳动量为 0.007 mm。如果超过最大值，就应更换从动锥齿轮。

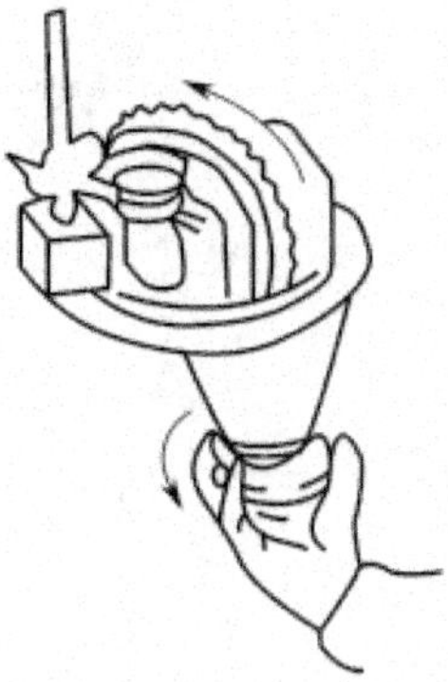

图 2-106　检查主减速器从动锥齿轮端面圆跳动量

（2）检查主减速器齿轮的齿侧间隙。如图 2-107 所示，将百分表触头顶靠在从动锥齿轮的齿面上，前后转动从动锥齿轮，从百分表上可以读得齿侧间隙。齿侧间隙应为 0.13~0.18 mm。如果超过这个范围，就应调整差速器壳两侧轴承的预紧度或进行修理。

（3）检查半轴齿轮的齿侧间隙。如图 2-108 所示，将百分表触头顶在半轴齿轮的齿面上，将一行星齿轮固定，用手指来回轻轻地转动半轴齿轮，即可从百分表上读得齿侧间隙。标准间隙为 0.20~0.50 mm。如果间隙不当，可选择不同厚度的推力垫片进行调整。两侧推力垫片厚度应相等。

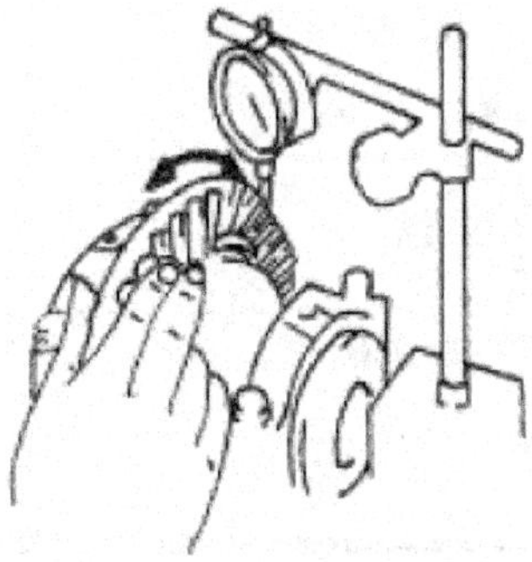

图 2-107　检查主减速器齿轮的齿侧间隙

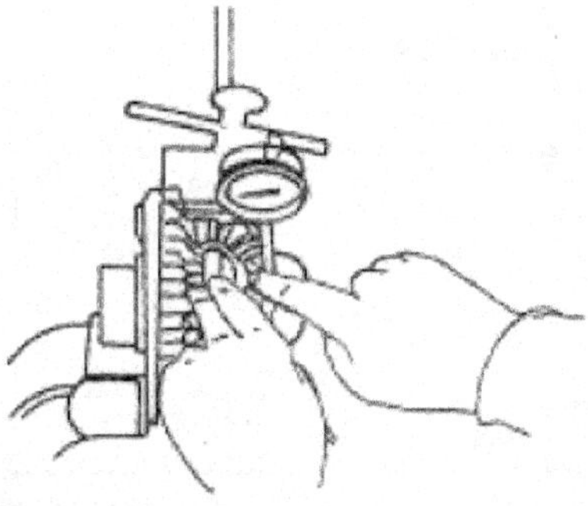

图 2-108 检查半轴齿轮的齿侧间隙

（4）测量主动锥齿轮轴承的预紧度。如图 2-109 所示，用扭力计转动主动锥齿轮轴，当转矩为 0.59 ~ 0.98 N · m 时，轴开始转动，轴承预紧度合适。

（5）拆前轴承隔套。用专用工具（SST：09556~30010）从主减速器壳内拆出前轴承，然后拆出轴承隔套。如果前轴承损坏或磨损，应予以更换。

（6）更换主动锥齿轮后轴承。

①如图 2-110 所示，用压力机和专用工具（SST：09950~00020）将主动锥齿轮后轴承压出。

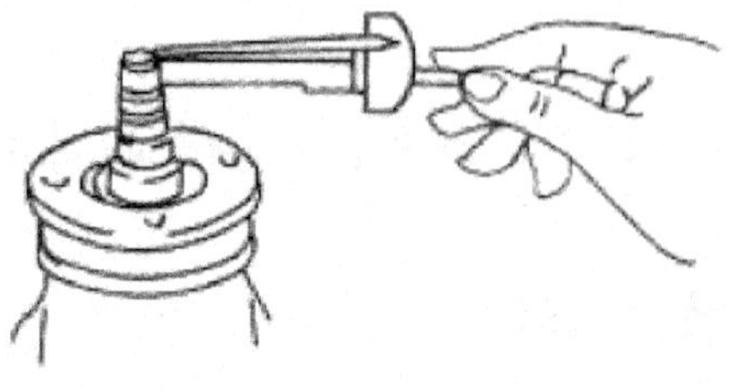

图 2-109　测量主动锥齿轮轴承的预紧度

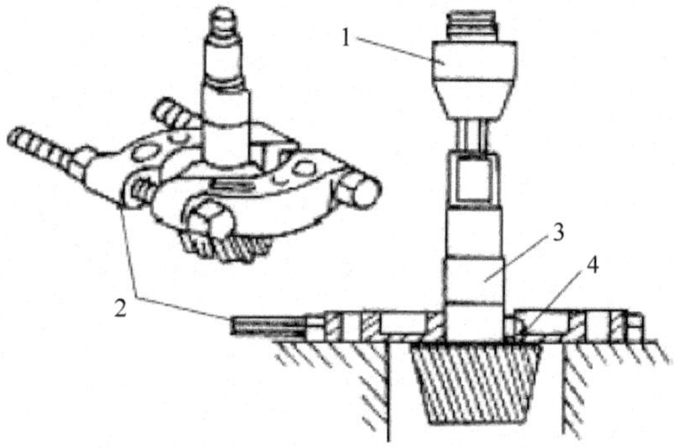

图 2-110　拆主动锥齿轮后轴承

1—压力机；2—专用工具；
3—主动锥齿轮轴；4—后轴承

②在主动锥齿轮轴上装入垫圈，将垫圈有倒角的一端朝向主动锥齿轮。

③用压力机和专用工具（SST：09506~30011）将新的后轴承压入主动锥齿轮轴相应的位置。

（7）更换主动锥齿轮前后轴承外圈。用锤子和铜棒将轴承外圈敲出。装新的外圈时需用专用工具。

（8）拆差速器壳轴承。如图 2-111 所示，用专用工具（SST：09950~20014）将差速器壳轴承拆下。

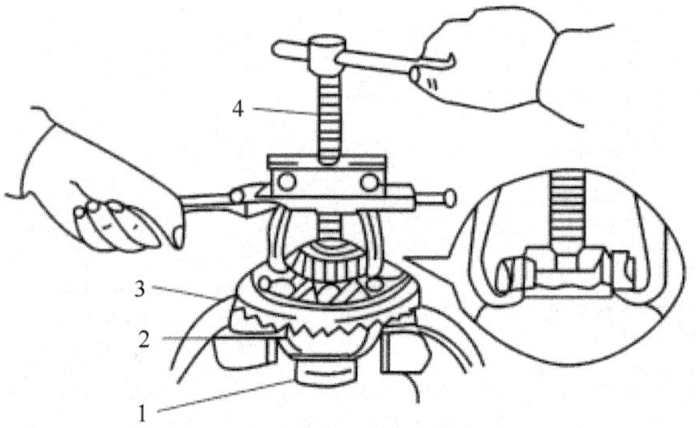

图 2-111　拆差速器壳轴承

1—轴承；2—差速器壳；3—从动锥齿轮；4—专用工具

2. 主减速器与差速器总成的装配

（1）暂时调好主动锥齿轮轴承预紧度，其方法如下。

①装好主动锥齿轮、前轴承，调整好主、从动锥齿轮啮合印迹后，再装轴承隔套、甩油圈和油封。

②用专用工具装好主减速器凸缘，在固定螺母的螺纹上应涂多用途的润滑油。

③用专用工具固定主减速器凸缘，拧紧固定凸缘的螺母。由于没有轴承隔套，每次只允许拧紧一点，并且不能拧得过紧。

④用扭力计测量主动锥齿轮的轴承预紧度，新轴承应为 1.2 ~ 1.9 N · m，旧轴承为 0.6~1.0 N·m。

（2）差速器装上主减速器壳。将轴承外圈装到相应位置，注意不要将左右外围弄错，将差速器装上主减速器壳，装好差速器壳轴承调整螺母。注意螺纹要保持正确接触，主、从动锥齿轮要保持合适的齿侧间隙。将轴承盖和主减速器壳上的装配记号对准，把轴承盖螺栓拧紧 2~3 圈，然后用手将轴承盖压下。如果轴承盖和主减速器壳配合不紧密，且是由于调整螺母螺纹与主减速器壳上的螺纹未配合好所致，就应重新装调整螺母。

（3）调整差速器壳轴承预紧度，其方法如图 2-112 所示。

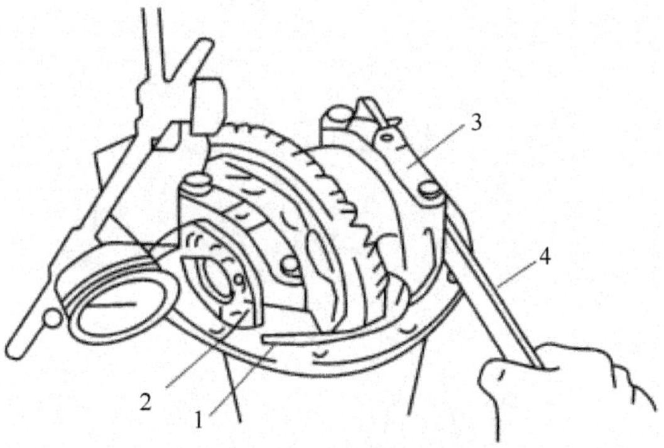

图 2-112　调整差速器壳轴承预紧度

1—主减速器壳；2—调整螺母；3—轴承盖；4—专用工具

①拧紧轴承盖螺栓，直至轴承盖弹性垫片受到一定压力为止。

②用专用工具（SST：09504~00011）拧紧调整螺母，直到主、从动锥齿轮齿侧间隙为 0.2 mm。

③用专用工具拧紧位于主动锥齿轮一侧的调整螺母，检查主、从动锥齿轮的齿侧间隙，如果在拧紧从动锥齿轮时导致齿侧间隙变化，就应放松调整螺母，直到齿侧间隙消除为止。

④将百分表装在从动锥齿轮一侧轴承盖的附近，拧松另一侧的调整螺母，拧紧调整螺母，直到百分表指针开始摆动为止。

⑤将调整螺母再拧紧 1 ~ 1.5 个圆孔位置（1 / 16 ~ 1 / 10 圈），用百分表检查主、从动齿轮齿侧间隙。如果间隙未达到 0.13 ~ 0.18 mm，就需要等量地拧动左、右两个高速螺母进行调整，即一侧调整螺母拧松多少，另一侧调整螺母则要拧紧多少。

⑥以 78 N · m 的力矩拧紧轴承盖螺栓，再检查齿侧间隙，并用扭力计测量主动锥齿轮轴承预紧度，预紧度应为 0.39~0.59 N · m。

（4）检查主、从动锥齿轮的啮合印迹，其方法如下。

①在从动锥齿轮三个或四个不同位置的轮齿上涂以红丹油。

②用手握住主减速器凸缘，朝两个不同方向转动从动锥齿轮。

③检查啮合印迹的情况，如图 2-113 所示。图中 3 的啮合印迹为正确的接触部位，并且轮齿正、反面的啮合印迹应该一样。对于不正确的啮合印迹，可通过移动主、从动齿轮进行调整，也就是通过增减主动锥齿轮与后轴承之间的垫片和调整差速器两端的调整螺母，使

主、从动齿轮各沿自己的轴线移动来达到正常的接触部位。

a. 大端啮合的调整。调整差速器两端的调整螺母，使从动锥齿轮离开主动锥齿轮。若此齿侧间隙增大，则可增加主动锥齿轮与后轴承之间垫片的厚度，使主动锥齿轮内移。

b. 小端啮合的调整。调整差速器两端的调整螺母，使从动锥齿轮接近主动锥齿轮。若此齿侧间隙过小，则应在主动锥齿轮与后轴承之间选用较薄的垫片，使主动锥齿轮外移。

c. 齿顶啮合的调整。主动锥齿轮与后轴承之间选用较厚的垫片，使主动锥齿轮靠近从动锥齿轮。如果此齿轮间隙过小，则应拧动差速器两侧调整螺母，将从动锥齿轮外移。

d. 齿根啮合的调整。选用较薄的垫片，使主动锥齿轮离开从动锥齿轮。如果齿侧间隙过大，则应拧动两侧调整螺母，将从动锥齿轮内移。

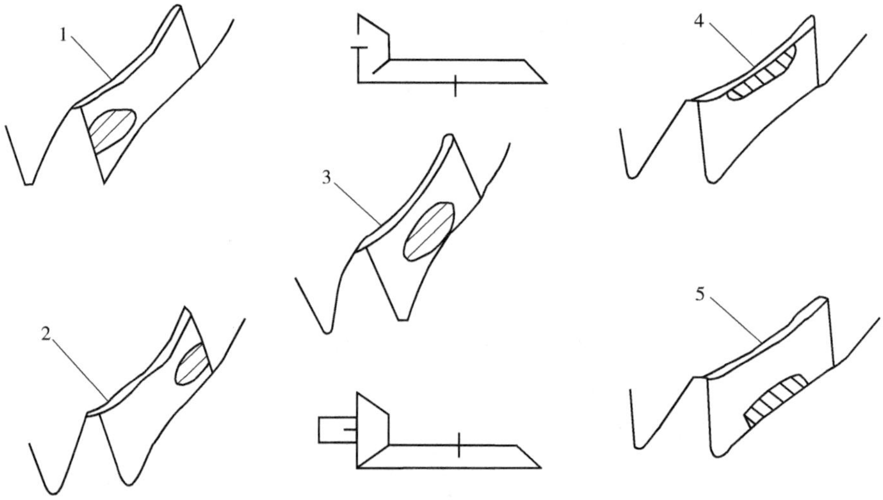

图 2-113　从动锥齿轮的啮合印迹情况

1—大端啮合；2—小端啮合；3—正确啮合；4—齿顶啮合；5—齿根啮合

（5）装轴承隔套、甩油圈和油封，其方法如下。

①用专用工具拆下主减速器凸缘、前轴承。

②装上新轴承隔套和前轴承。

③装好甩油圈，在新油封表面涂上多用途润滑油，用专用工具（SST：09316~60010）将油封压入主减速器壳中，使其外表面距主减速器壳外端面 1.5 cm 为宜。

④将固定主减速器凸缘的螺母涂上多用途润滑油，装好主减速器凸缘，用专用工具（SST：09330~00020）固定凸缘，以 108 N·m 的力矩拧紧螺母。

（6）调整主动锥齿轮轴承预紧度。用扭力计测量主动锥齿轮的轴承预紧度，新轴承应为 1.18 ~ 1.86 N·m，旧轴承应为 0.59 ~ 0.98 N·m。如果预紧度过大，则应更换轴承隔；如果预紧度小于规定值，就应拧紧主减速器凸缘固定螺母，达到规定值为止。拧螺母时，如果超过最大力矩（235 N·m），应更换轴承隔套，再按调整轴承预紧度的方法重新调整。

（7）检查主减速器凸缘的斜度。将百分表触头放在主减速器凸缘表面的边缘，转动凸缘，分别测量最大纵向斜度和横向斜度，不允许超过 0.10 mm。

（8）锁紧螺母。用锤子和冲子将主减速器固定螺母的锁紧垫片敲起，包住螺母。装上差速器壳两侧调整螺母的锁片，以 13 N・m 的力矩将锁片拧紧在轴承盖上。

3. 驱动轴的装配（LS400、CAMRY）

（1）装配内侧联轴器。如果联轴器已拆开，就应按以下顺序重新装配。

①对准拆卸前划好的配合记号。

②使保持架和内座圈朝一侧翘起，将钢球逐一放到保持架上。

（2）暂时装上防护罩和新的夹箍。

①在内侧联轴器盖上加上密封垫料。

②清除内侧联轴器朝向联轴器盖一侧表面上的润滑脂。

③将联轴器盖上的螺栓孔与联轴器的孔对准，然后插入六角螺栓。

④用塑面锤子轻敲内侧联轴器盖的边缘，使之就位。

（3）安装内侧联轴节。

①对准拆卸前划好的配合记号。

②用铜棒和锤子轻敲内侧联轴器，使其固定在驱动轴上。

③用弹性挡圈夹钳装上新的弹性挡圈。

（4）将防护罩装到外侧联轴器上。在装防护罩之前，应加注与被抹掉数量相同的润滑脂。

（5）将防护罩装到内侧联轴器上。在装防护罩之前，应加注润滑脂，润滑脂质量为 100 ~ 110 g。

（6）在每只防护罩上装上新的防护罩夹箍。

①弯起箍条并将其锁紧。

②当驱动轴处于标准长度时，防护罩应没有被拉伸或被压缩情况。

（7）安装端盖。

①在端盖上加注润滑脂，润滑脂质量为 50 ~ 60 g。

②抹掉内侧联轴器朝向端盖表面上的润滑脂。

③粘贴一张新的垫片，使垫片上有黏结剂的一面朝向内侧联轴器的外座圈侧。

④将端盖上的螺栓孔与内侧联轴器上的孔对准，然后插入六角螺栓。

⑤用塑面锤子轻敲端盖的边缘，使之就位。

第3章 行驶系统学习

3.1 行驶系统概述

行驶系统是车辆上至关重要的组成部分,其负责驱动和制动车辆,确保车辆能够在道路上稳定行驶并实现对车辆的控制。

3.1.1 组成及功能

1. 组成

汽车行驶系统由车架、车桥、悬架、车轮(或履带)组成。

车架是整个汽车装配的基体;车桥则通过悬架与车架相连接,传递车架或承载式车身与车轮之间各方向的作用力;悬架是车架与车桥之间所有传力连接装置;车轮是车辆与道路接触的唯一部分,它的性能直接影响到车辆的行驶性能。车轮不仅负责支撑车辆重量,还通过与路面的附着作用产生牵引力,推动车辆前进。

2. 功能

行驶系统的主要功能包括以下几个方面。

(1)支撑车辆。行驶系统为整车提供基本的结构支撑,使车辆能够稳定地行驶在路面上。

(2)驱动车辆。通过发动机、变速器、传动轴等部件的协同工作,行驶系统能够将动力传递到车轮上,驱动车辆前进。

(3)制动车辆。刹车系统能够在需要时减缓或停止车辆行驶,保证驾驶安全。

(4)导向和定位。车轮和悬挂系统的配合,实现了车辆在直线和曲线行驶时的正确导向和定位。

(5)减震缓冲。悬挂系统能够吸收路面传递过来的震动和冲击,保护车内乘员和车辆内部设备免受震动的影响。

(6)保证操纵稳定性。行驶系统与转向系统协调配合工作,实现汽车行驶方向的正确控制,以保证汽车的操纵稳定性。

3.1.2 类型

汽车行驶系统的类型有轮式、半履带式、全履带式和车轮履带式等。不同类型的行驶系统适用于不同的路况和驾驶需求。例如,轮式行驶系统适用于一般道路和高速公路等平坦路面;而履带式行驶系统则更适用于复杂地形和恶劣环境下的行驶需求。

1. 轮式汽车行驶系统

轮式汽车行驶系统由车架、车桥、悬架和车轮组成，绝大部分汽车都采用轮式行驶系统。图 3-1 为轮式汽车行驶系统的组成及部分受力分析。

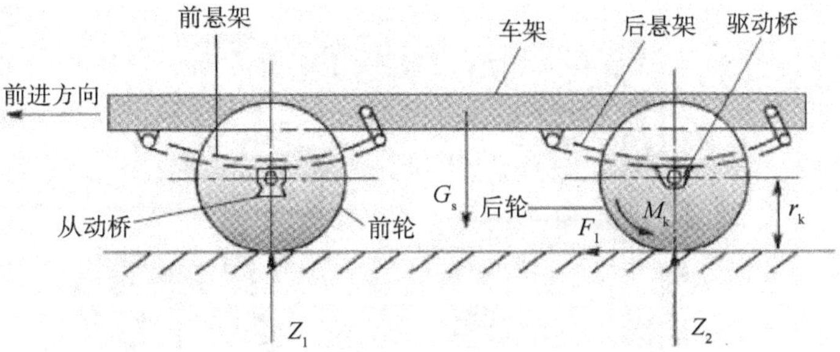

图 3-1　轮式汽车行驶系统的组成及部分受力分析

2. 半履带式汽车行驶系统

半履带式是指汽车的后桥采用履带式，前桥采用车轮式。履带可以减少汽车对地面的挤压，控制汽车下陷，履刺还能加强履带与土壤间的相互作用，增加汽车的附着力，提高汽车通过性，主要用于在雪地或沼泽地带行驶的汽车。图 3-2 为半履带式装甲运兵车。

图 3-2　半履带式装甲运兵车

3. 全履带式汽车行驶系统

全履带式是指汽车的前后桥都用履带，图 3-3 为悍马履带式汽车。

图 3-3　悍马履带式汽车

4. 车轮履带式汽车行驶系统

车轮履带式是指汽车前后桥既可装车轮,也可装履带,图 3-4 为车轮履带式汽车行驶系统示意图。

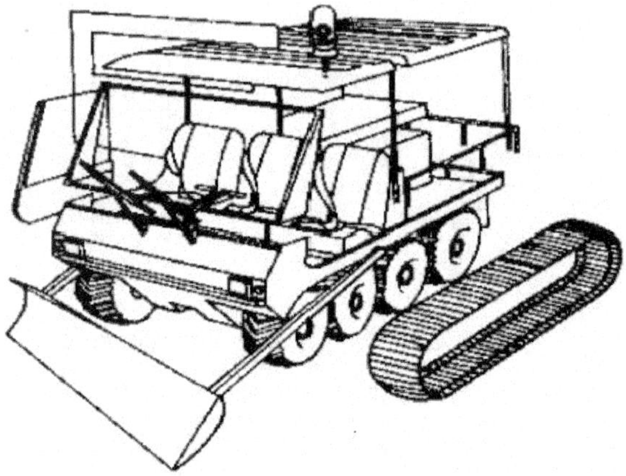

图 3-4　车轮履带式汽车示意图

3.2　车架与车桥

3.2.1　车架

车架的功能主要是支承连接汽车的各零部件,承受来自车内外的各种载荷。现代许多轿车和大客车上没有车架,车架的功能由轿车车身或大客车车身骨架承担,故称其为承载式车身。

车架的类型主要有边梁式车架、中梁式车架(也称脊梁式车架)和综合式车架三种。单从纵梁形状和结构特点来看,又可分为周边式车架(图 3-5)、X 形车架(图 3-6)和梯形车架(图 3-7)。

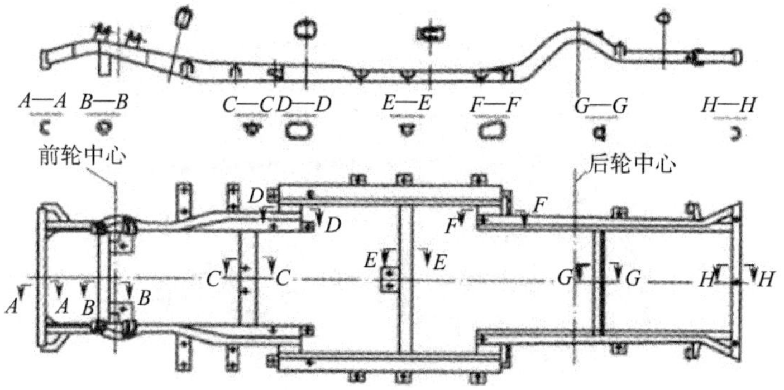

图 3-5　周边式车架

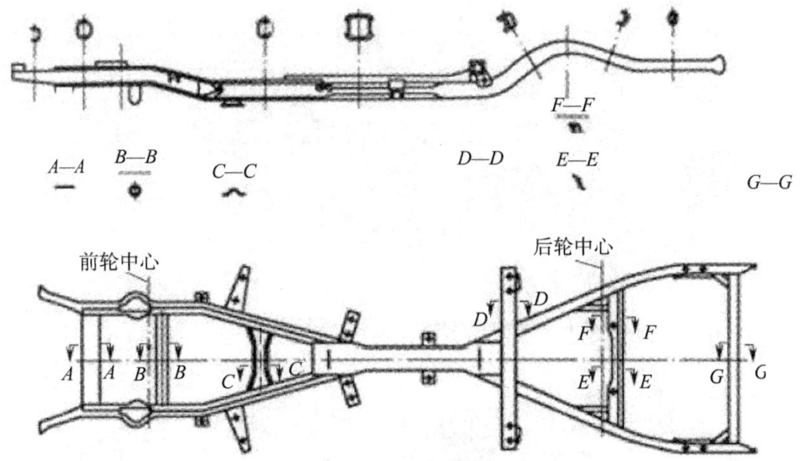

图 3-6　X 形车架

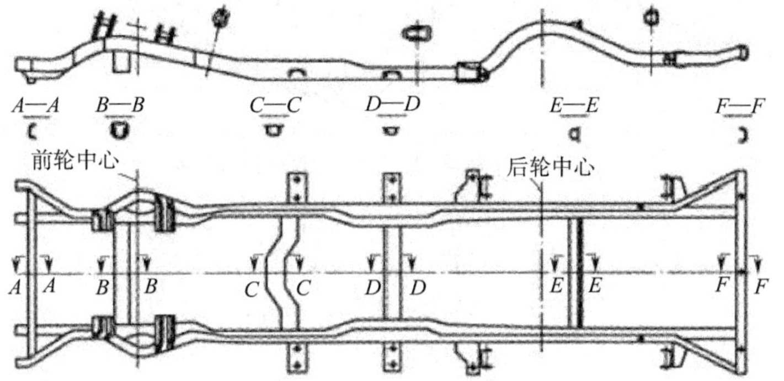

图 3-7　梯形车架

1. 边梁式车架

边梁式车架由两根位于两边的纵梁和若干根横梁组成，用铆接法或焊接法将纵梁与横梁连接成坚固的刚性构架，图 3-8 为雪佛兰开拓者的边梁式车架。采用 X 形高断面的横梁，可以提高车架的扭转刚度，对于短而宽的车架，这种效果尤为显著，所以 X 形横梁一般只用于轿车车架，图 3-9 为丰田皇冠(Crown)轿车车架和车身，图 3-10 为轿车(X 形高断面横梁)车架。各种不同类型汽车车架的结构形式，如图 3-11 所示。车架纵梁剖面形状如图 3-12 所示。

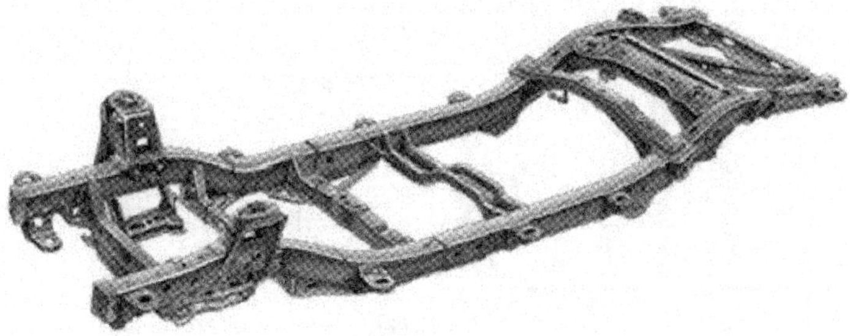

图 3-8　雪佛兰开拓者的边梁式车架

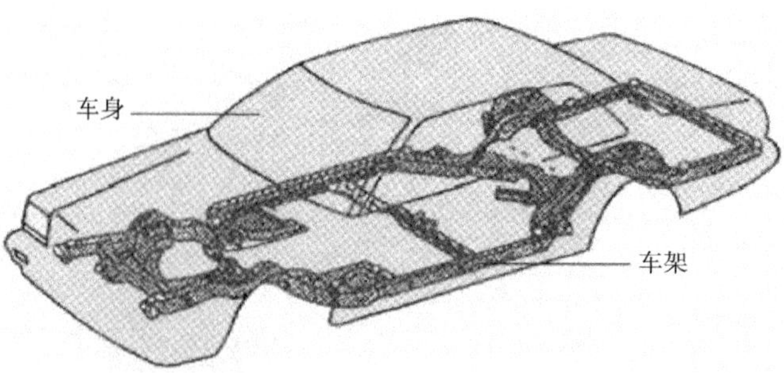

图 3-9　丰田皇冠(Crown)轿车车架和车身

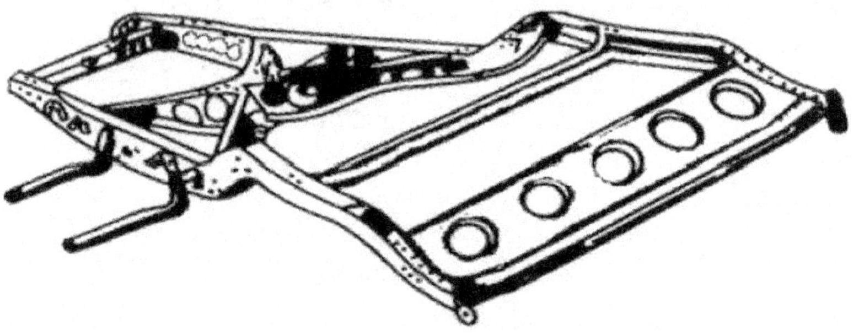

图 3-10　轿车(X 形高断面横梁)车架

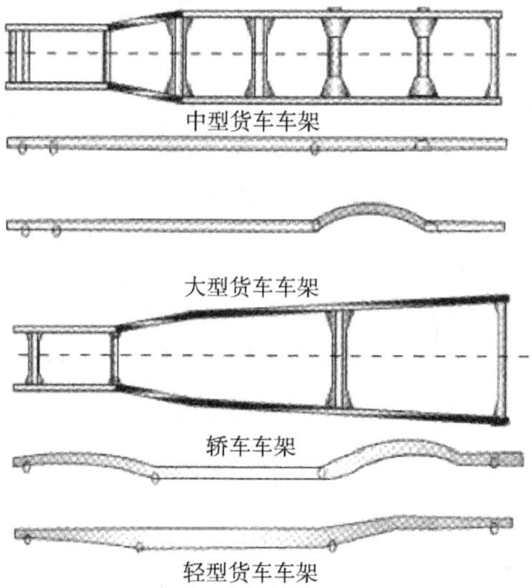

图 3-11　车架的结构类型

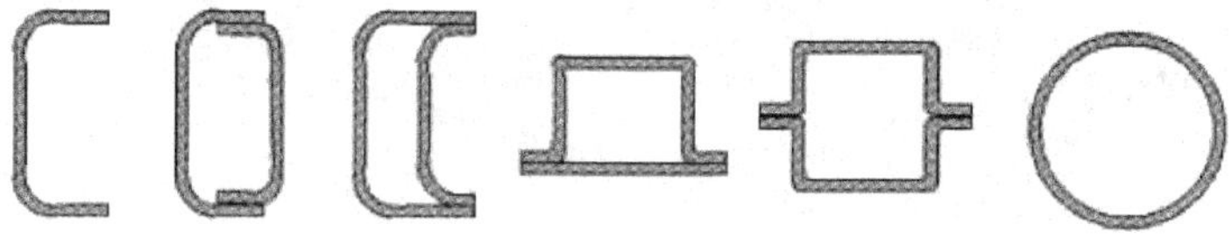

图 3-12　车架纵梁剖面形状

2. 中梁式车架

中梁式车架只有一根位于中央且贯穿前后的纵梁，因此亦被称为脊梁式车架，如图 3-13 和图 3-14 所示。太脱拉 138 型和 148 型越野汽车的中梁式车架是由一根纵梁和若干根横梁组成，如图 3-15 所示。

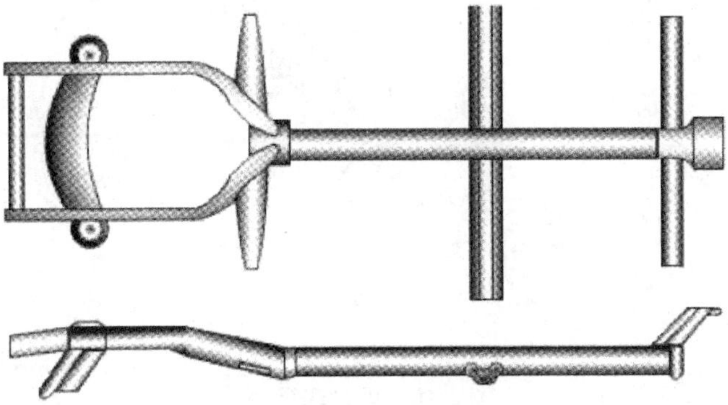

图 3-13　中梁（脊梁）式车架

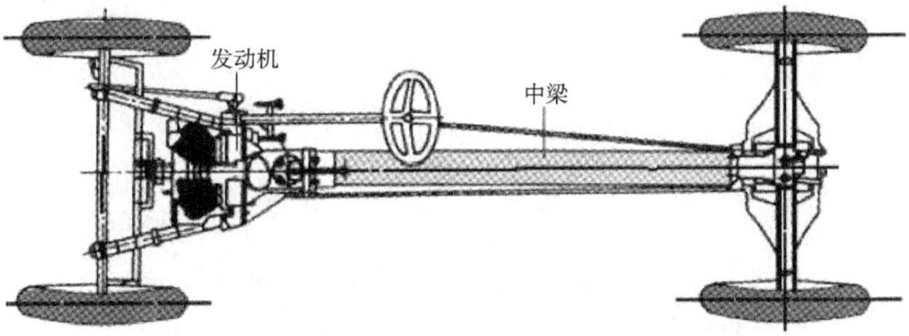

图 3-14　具有中梁式车架的汽车发动机及底盘示意图

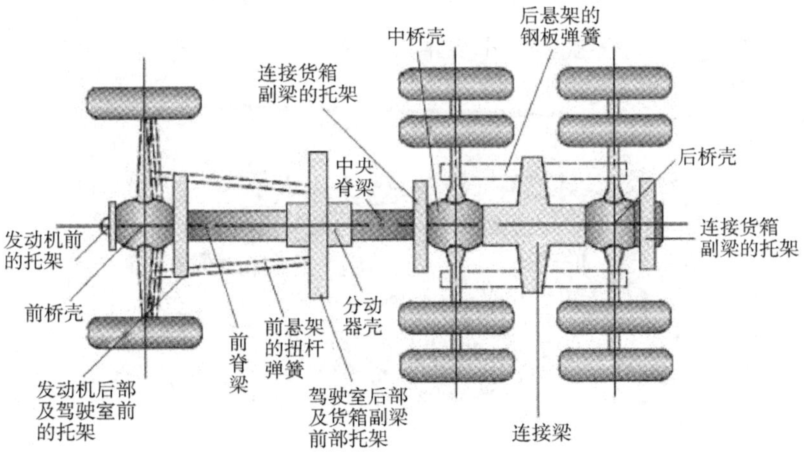

图 3-15　太脱拉 138 型汽车车架示意图

3. 综合式车架

综合式车架（图 3-16）前部是边梁式，而后部是中梁式，也称复合式车架。其同时具有中梁式车架和边梁式车架的特点。

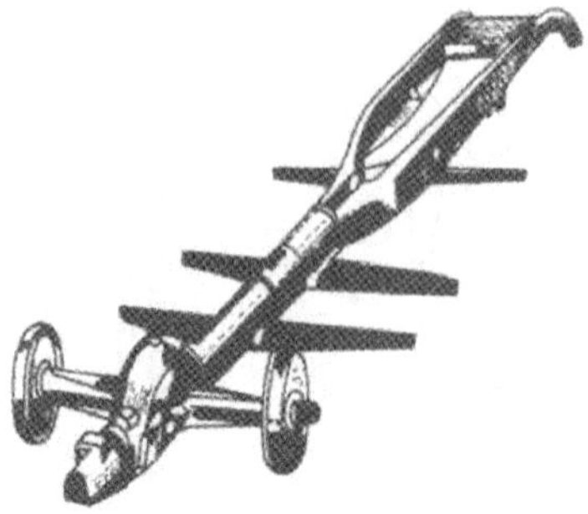

图 3-16　综合式车架

4. 其他类型车架

（1）用于竞赛汽车及特种汽车的桁架式车架，由钢管组合焊接而成。这种车架兼有车架和车身的作用，其结构如图 3-17 所示。

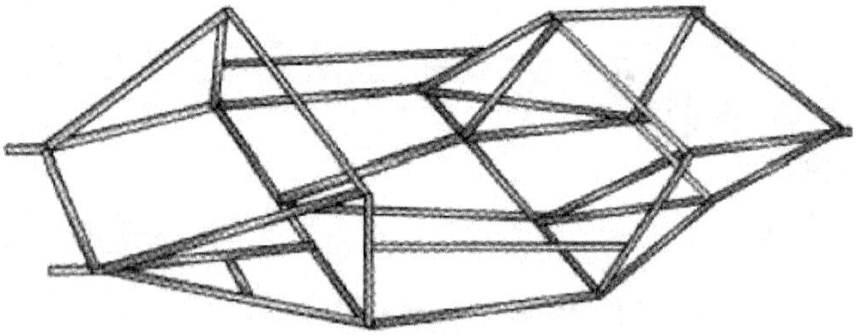

图 3-17　钢管焊接的桁架式车架结构

（2）平台式车架是一种将底板从车身中分出来，而与车架组成一个整体的结构。其车身通过螺栓与车架相连接，如图 3-18 所示。

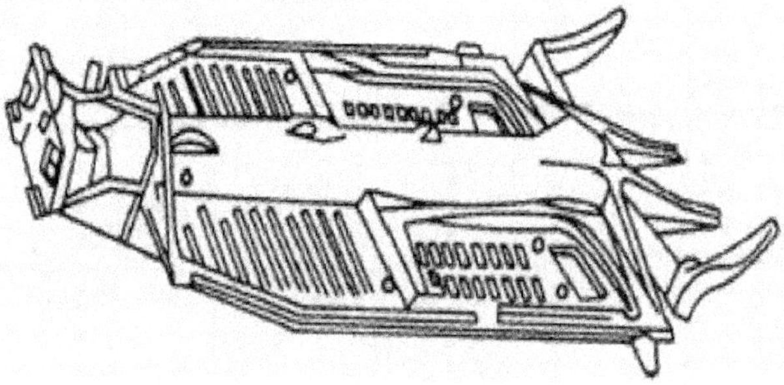

图 3-18　平台式车架

(3)某些高级轿车采用了 IRS 型车架(图 3-19),后部车架与前部车架用活动铰链连接,后驱动桥总成安装在后车架上,半轴与驱动轮之间用万向节连接,后独立悬架连接在后车架上。这样独立悬架不仅可使汽车获得良好的行驶平顺性,活动铰链点处的橡胶衬套也使整车获得一定的缓冲,从而进一步提高了汽车行驶的平顺性。有些轿车为了减轻车架重量,尽量做到轻量化,采用半车架,如图 3-20 所示。

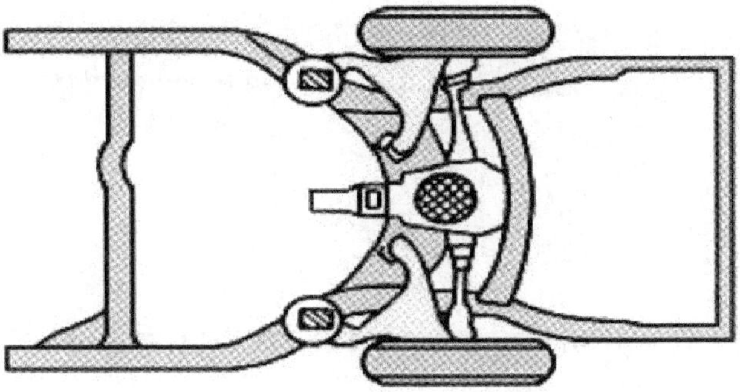

图 3-19　IRS 型车架

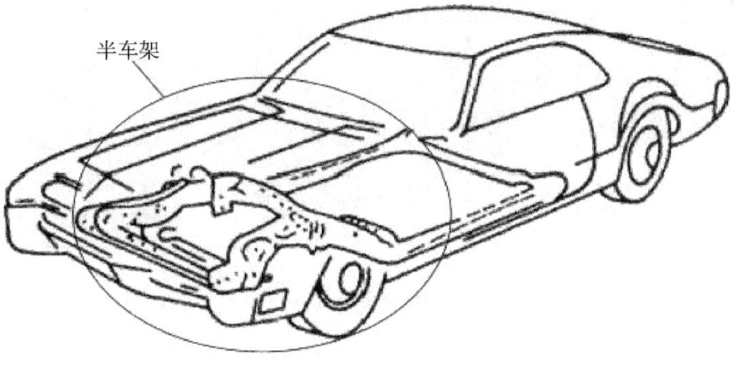

图 3-20　半车架

5. 承载式车身

大多数轿车和部分大型客车取消了车架,以车身兼代车架的作用,即将所有部件固定在车身上,所有的力也由车身承受,这种车身称为承载式车身。承载式车身由于无车架,可以减轻整车重量,使地板高度降低,便于上下车。图 3-21 为承载式轿车车身壳体零件分解图,图 3-22 为大客车整体承载式车身骨架。

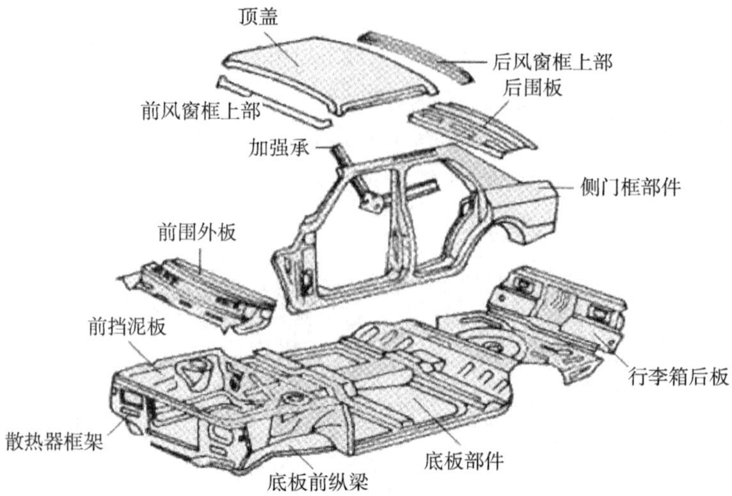

图 3-21　承载式轿车车身壳体零件分解图

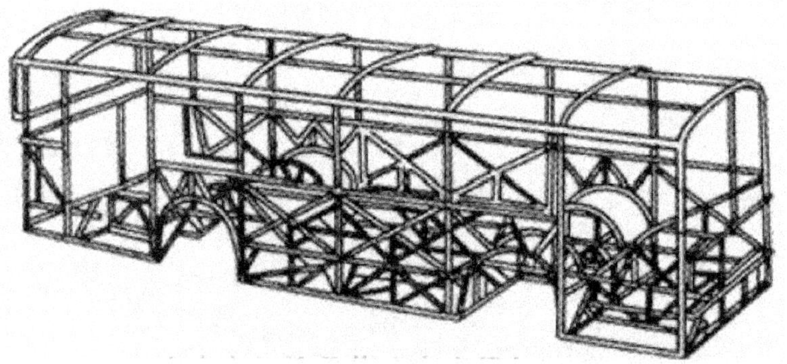

图 3-22　大客车整体承载式车身骨架

3.2.2　车桥

车桥两端安装车轮，通过悬架与车架（或承载式车身）相连，如图 3-23 所示。车桥用于传递车架（或承载式车身）与车轮之间各方向的作用力及其力矩。按悬架结构的不同车桥可分为整体式和断开式两种；按车轮所起作用的不同可分为转向驱动桥、驱动桥（前面已介绍）、转向桥和支持桥。

图 3-23　汽车车桥与悬架的关系

1. 转向驱动桥

许多轿车和全轮驱动越野车的前桥既是转向桥又是驱动桥,称为转向驱动桥。转向驱动桥主要由主减速器、差速器、万向节、转向节、主销等组成。

转向驱动桥为了将动力传给前轮,又能使前轮偏转,必须在转向节内加装万向节,且主销的轴线必须通过万向节中心,以确保不发生运动干涉。前轮轮毂固定在转向节上,汽车转向时转向节绕主销旋转,带动前轮绕主销旋转。

图 3-24 所示为转向驱动桥示意图,图 3-25 至图 3-27 所示为北京某型越野车、上海某型轿车和东风某型汽车转向驱动桥。

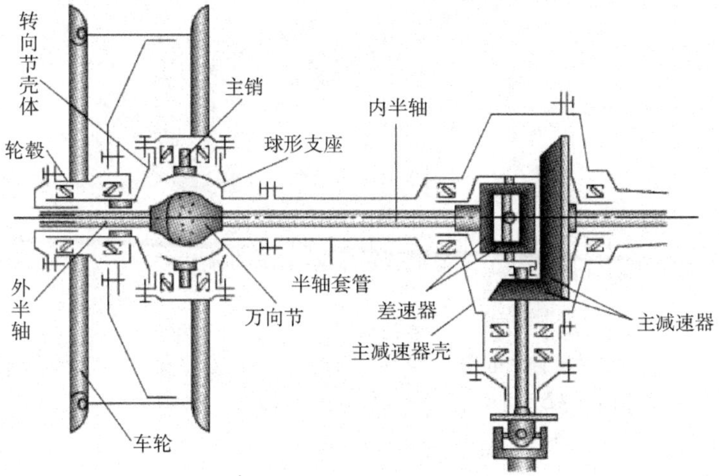

图 3-24　转向驱动桥示意图

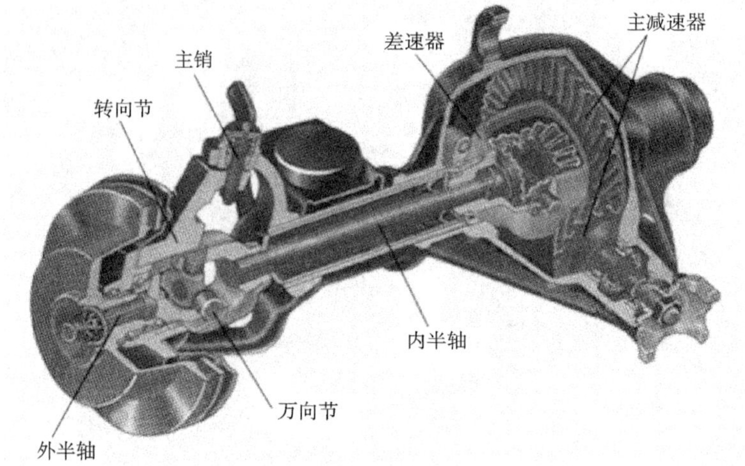

图 3-25　北京某型越野车转向驱动桥

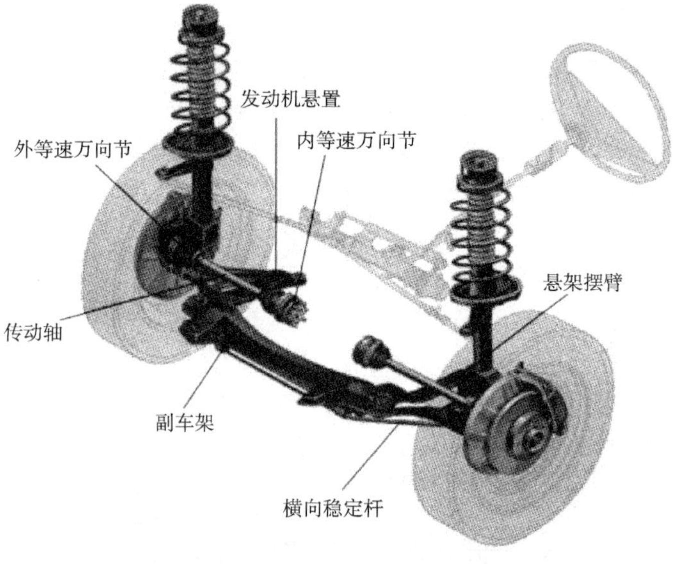

图 3-26　上海某型轿车前桥(转向驱动桥)

2. 转向桥

转向桥的结构比转向驱动桥简单。整体式转向桥主要由前梁、转向节和主销组成,如图 3-28 至图 3-30 所示;断开式转向桥与独立悬架相匹配,其组成与非断开式相比有比较大的不同,主要由转向节、悬臂等组成,如图 3-31 所示。

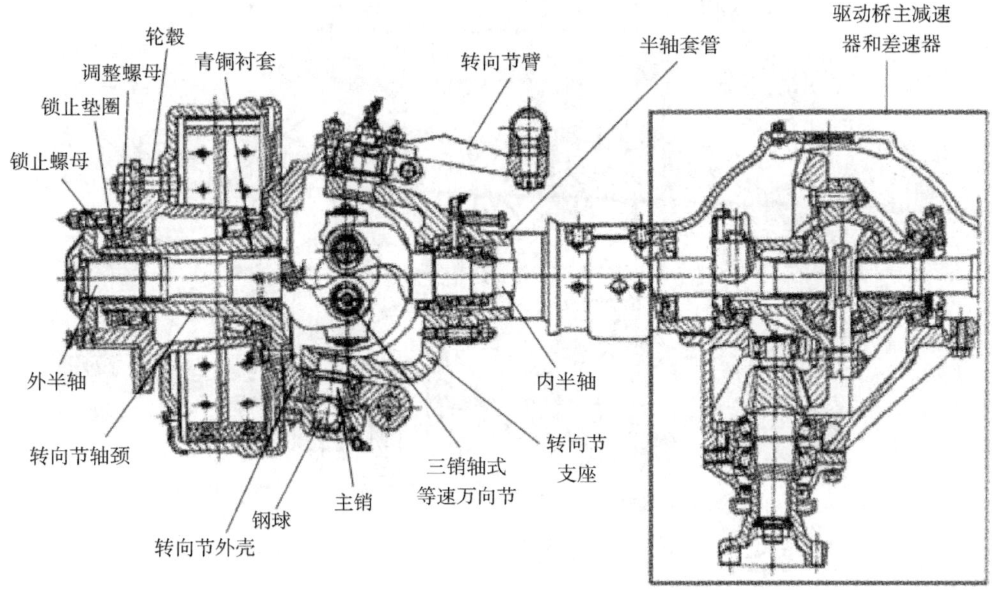

图 3-27　东风某型汽车转向驱动桥

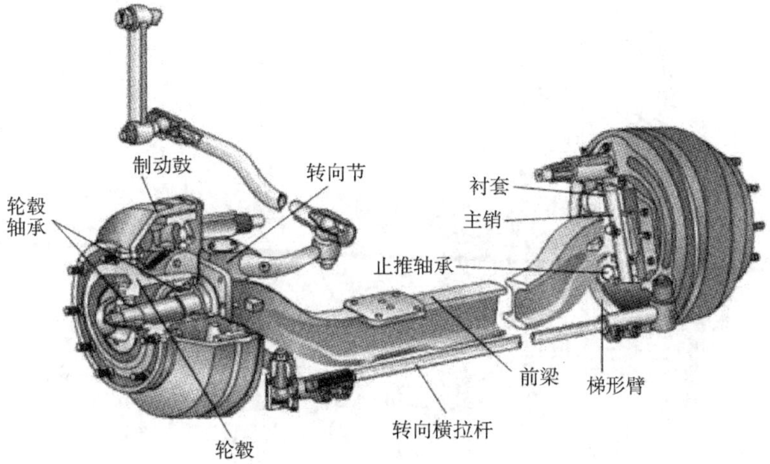

图 3-28　汽车整体式转向桥

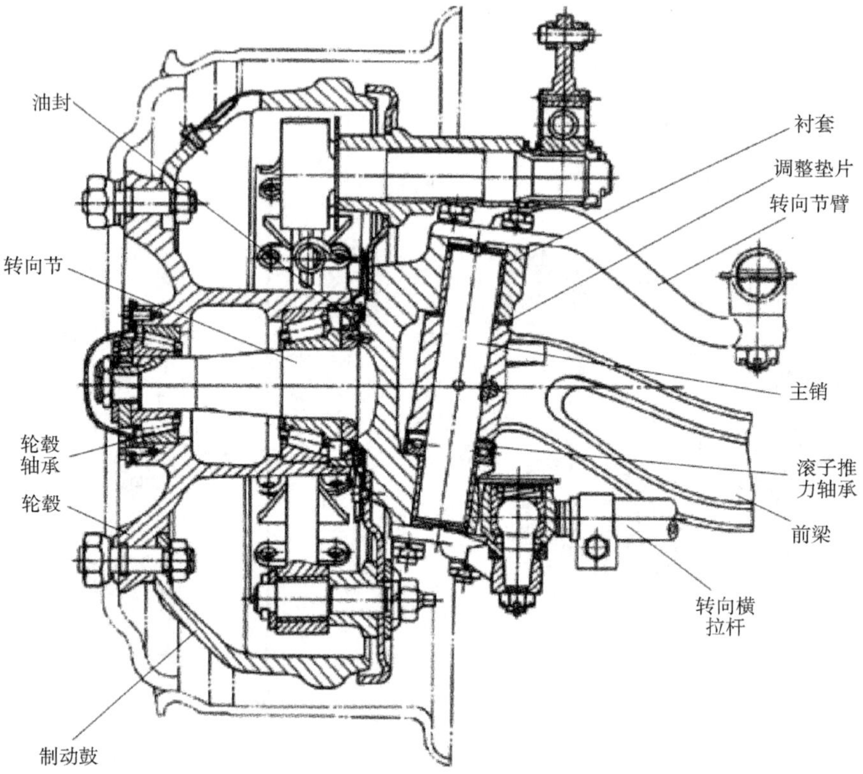

图 3-29　东风某型汽车转向桥（前桥）

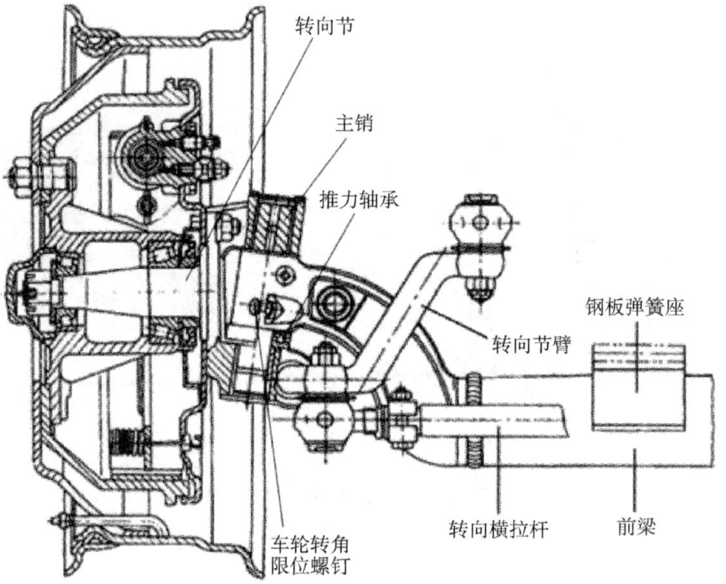

图 3-30　北京某型汽车转向桥

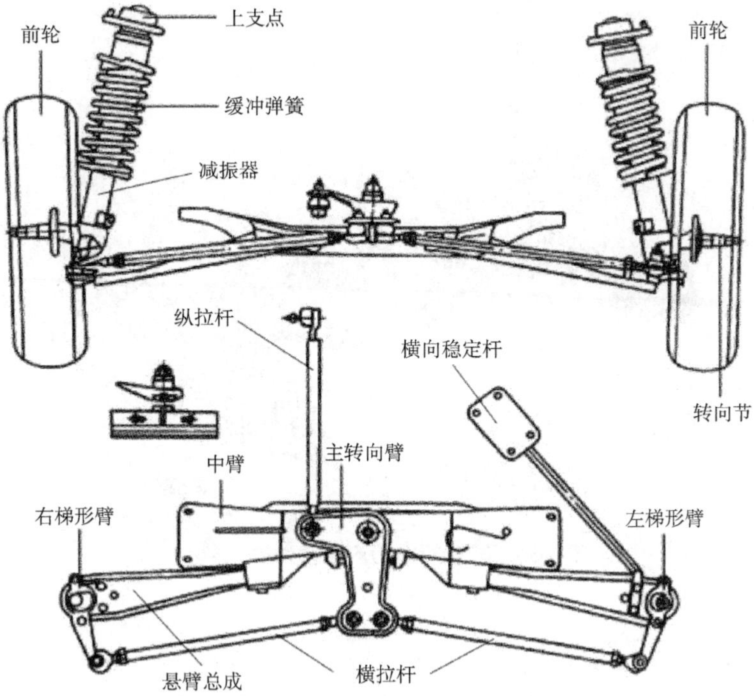

图 3-31　某型微型客车断开式驱动桥

3. 支持桥

既无转向功能又无驱动功能的桥，称为支持桥。前置前驱轿车的后桥为典型的支持桥，如图 3-32 和图 3-33 所示。

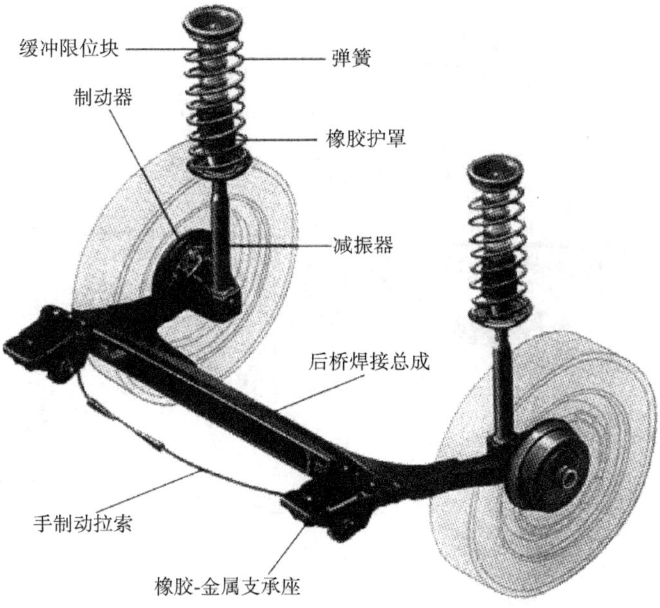

图 3-32　桑塔纳某型轿车后桥与后悬架

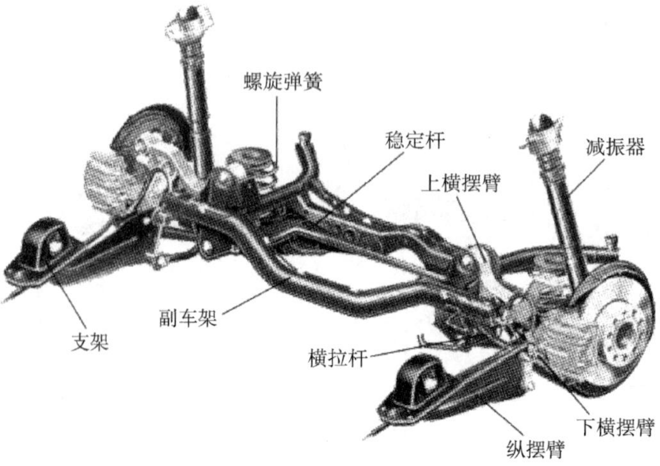

图 3-33　某型轿车后支持桥(螺旋弹簧)

3.3　车轮与轮胎

车轮与轮胎的功用是:支承整车;缓和来自路面的冲击力;产生驱动力、制动力和侧向力;产生回正力矩;承担越障,提高通过性等。车轮与轮胎又称车轮总成,主要由车轮和轮胎两部分组成,如图 3-34 所示。

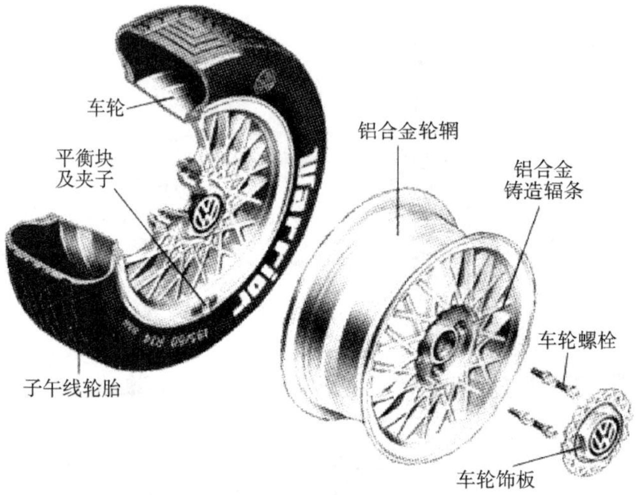

图 3-34　桑塔纳某型轿车车轮

3.3.1　车轮

车轮是介于轮胎和车轴之间承受负荷的旋转组件，主要由轮辋、轮辐和轮毂组成。轮辋用于安装轮胎，轮辐是介于轮毂和轮辋之间的支承部分。

1. 车轮的类型

按轮辐的构造，车轮可分为辐板式和辐条式两种。按车轴一端安装的轮胎数目，车轮可分为单式车轮和双式车轮。辐板式车轮由挡圈、辐板、轮辋和气门嘴伸出口等组成，如图 3-35 和图 3-36 所示。

辐条式车轮的特点是以钢丝辐条或铸造辐条为轮辐，如图 3-37 所示。现代汽车的轮辐多种多样，与汽车造型融为一个整体，对整车起到了很好的装饰作用。采用少辐板的轮辐，也有利于制动器的散热。

2. 轮辋

轮辋的常见类型有深槽轮辋、平底轮辋，其他类型还有对开式轮辋，如图 3-38 和图 3-39 所示。其中，深槽轮辋用于轿车和轻型越野车，平底轮辋用于中型货车，对开式轮辋用于中重型越野车。

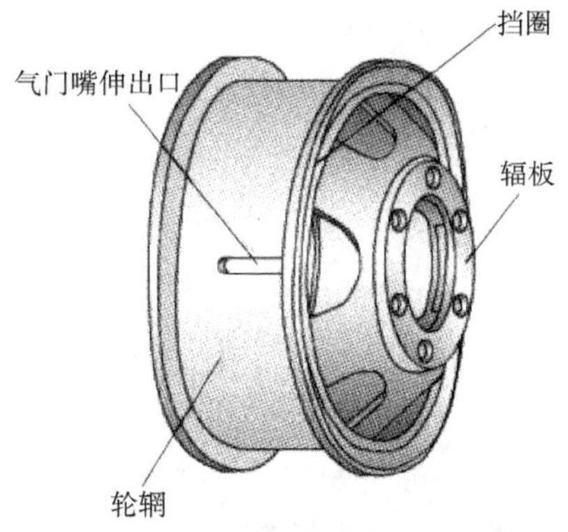

图 3-35　辐板式车轮

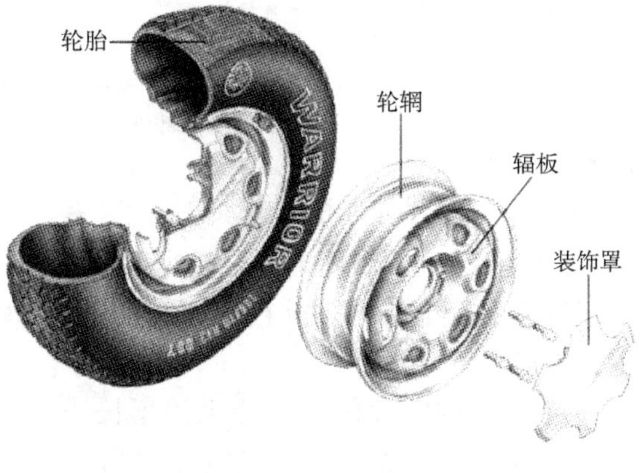

图 3-36　桑塔纳某型轿车辐板式车轮和轮胎

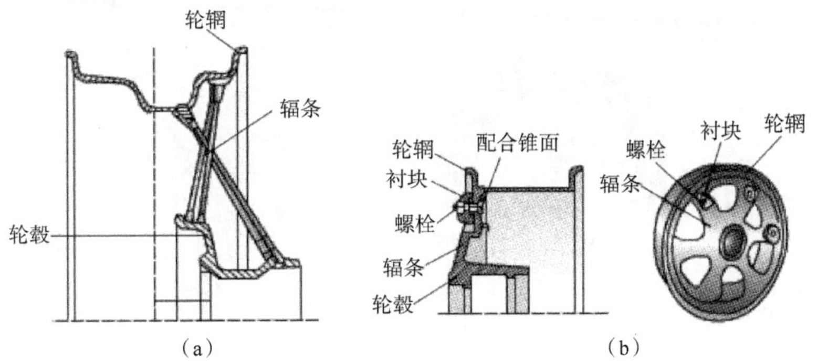

图 3-37　辐条式车轮

(a)钢丝辐条　(b)铸造辐条

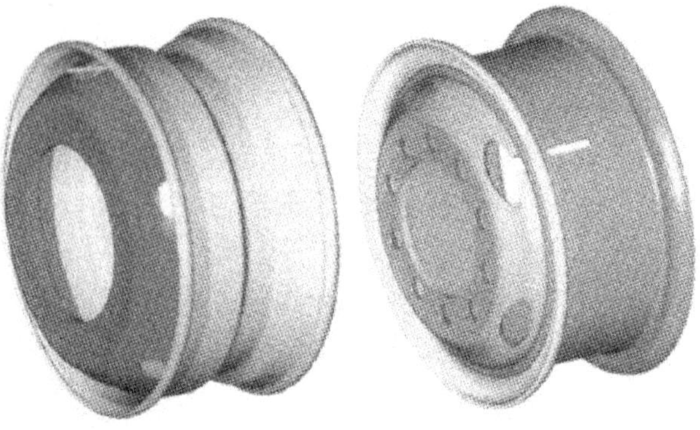

图 3-38　轮辋

(a)深槽轮辋车轮　(b)平底轮辋车轮

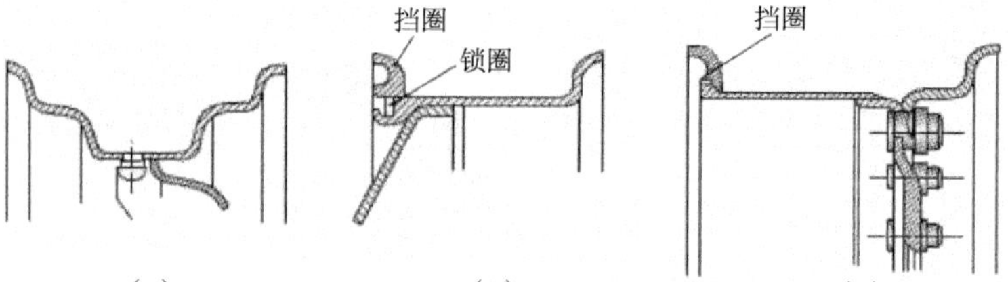

图 3-39　轮辋断面

(a)深槽轮辋　(b)平底轮辋　(c)对开式轮辋

4. 转向轮定位

1. 转向轮定位的功用和定位参数

(1)转向轮定位的功用是保证转向后转向轮(前)轮可以自动回正。

(2)转向轮的定位参数包括主销后倾角、主销内倾角、前轮外倾角和前束、后轮外倾角和前束。

2. 主销后倾角(y)

主销有一定的后倾角(γ),使主销延长线与地面的交点 a 向前偏移了一段距离 1,转向后地面作用在车轮上的侧向力 F,对主销形成一个转矩,该转矩具有使前轮回正的作用。主销后倾角如图 3-40 和图 3-41 所示。

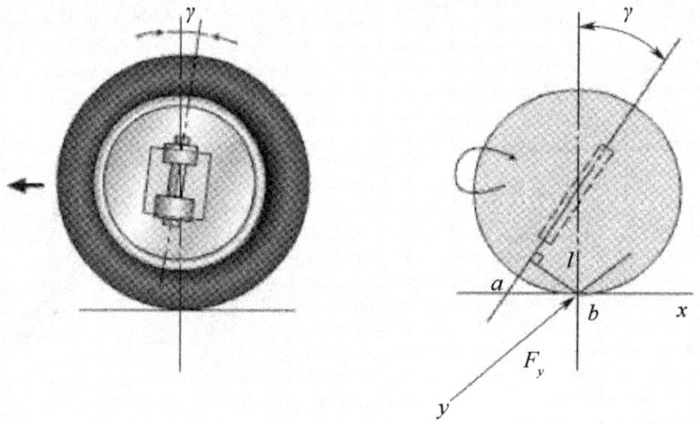

图 3-40　主销后倾角示意图

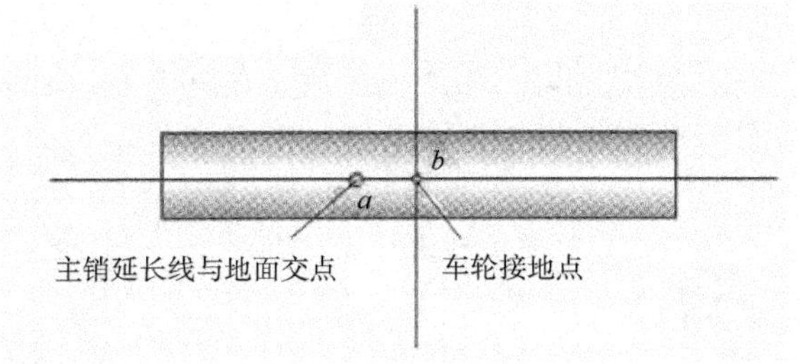

图 3-41　主销后倾角作用示意图

3. 主销内倾角（β）

主销内倾角（β）是主销轴线和地面垂直线在横向断面内夹角，如图 3-42 所示。主销内倾角的作用是使前轮自动回正，使转向操纵轻便，减小转向盘上的冲击力。

4. 前轮外倾角（α）

前轮外倾角（α）是通过车轮中心的横向平面的交线与地面垂线间的夹角，如图 3-42 所示。前轮外倾角的作用是：防止车轮出现内倾；减少轮毂外侧小轴承的受力，防止轮胎向外滑脱；便于与拱形路面接触，如图 3-43 所示。

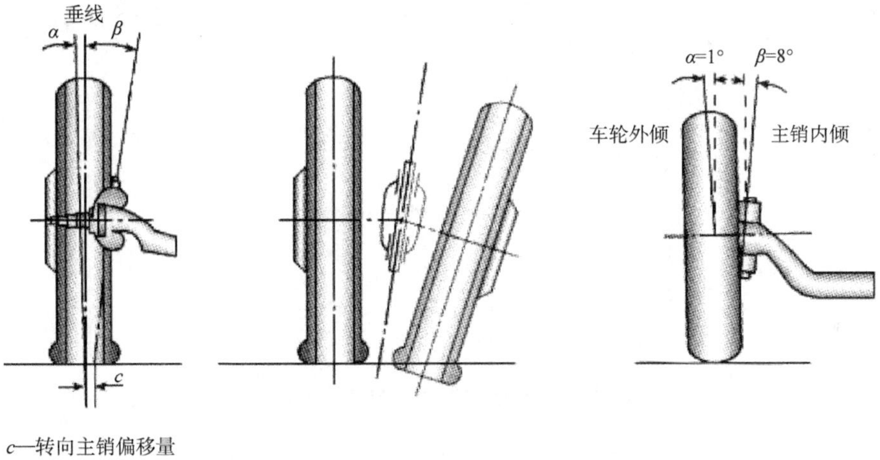

c—转向主销偏移量

图 3-42　主销内倾角作用示意图及前轮外倾

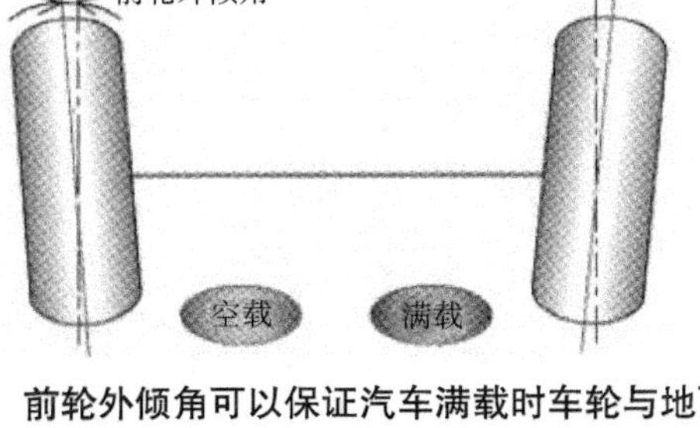

图 3-43　前轮外倾角可以保证汽车满载时车轮与地面垂直

5. 前轮前束

从俯视图看，两侧前轮最前端的距离 B 小于后端的距离 A，(A-B)称为前轮前束，如图 3-44 所示。前轮前束的作用是消除前轮外倾造成的前轮向外滚开趋势，并减轻轮胎磨损。

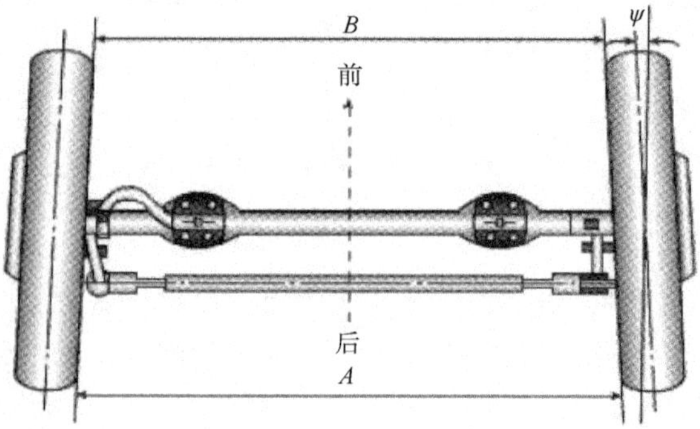

图 3-44　前轮前束(俯视图)

6. 后轮外倾角和前束

后轮的外倾角可增加车轮接地点的跨度，增加汽车的横向稳定性；前束可抵消汽车高速行驶且驱动力 F 较大时，车轮出现的负前束，减少轮胎的磨损，如图 3-45 所示。

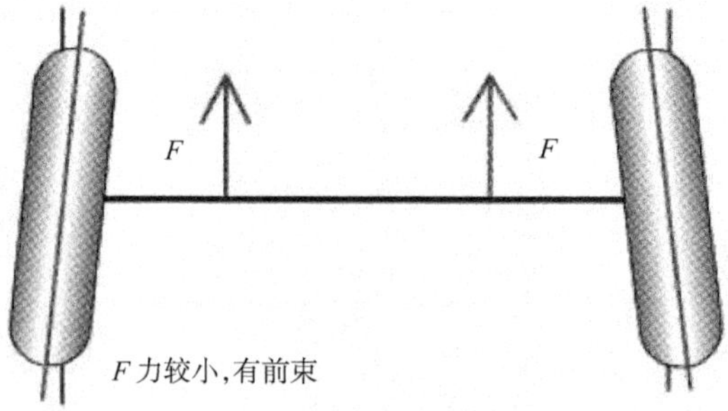

图 3-45　驱动力作用在后轴上的示意图

3.3.2　轮胎

1. 轮胎的作用

轮胎的作用如下几方面。

①缓冲减振。

②与路面相互作用产生驱动力、制动力和侧向力。

③保证汽车通过性。

④承受汽车重力。

2. 轮胎的类型和结构

按胎体结构不同，汽车轮胎可分为充气轮胎和实心轮胎，现代汽车绝大多数采用充气轮胎。按组成结构不同，充气轮胎又分为有内胎轮胎和无内胎轮胎两种；按胎体中帘线排列方向不同，充气轮胎还可分为普通斜交胎和子午线胎。内胎是一个环形橡胶管，应具有良好的弹性，并能耐热和不漏气。内胎上装有充放气的气门嘴，其构造如图 3-46 所示。

1）有内胎的充气轮胎

有内胎的车轮和轮胎如图 3-47 所示，轮胎（外胎）各部分的名称和结构如图 3-48 所示。

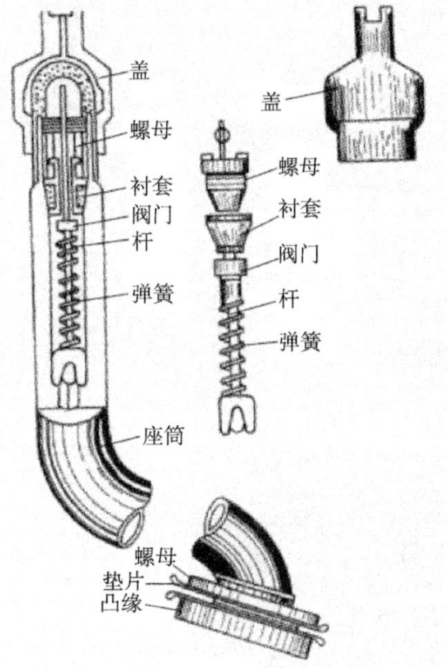

图 3-46　气门嘴结构

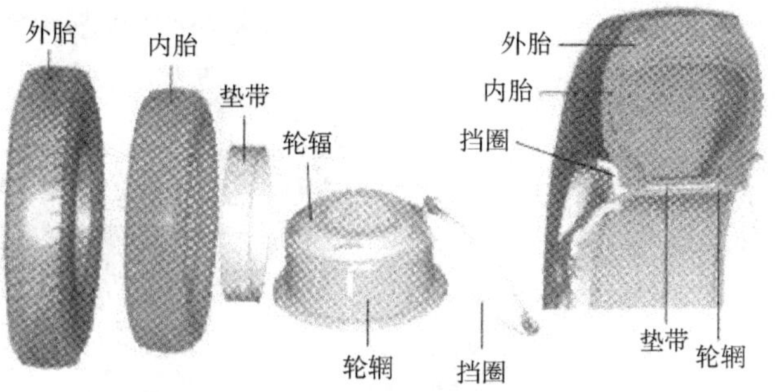

图 3-47　有内胎的车轮和轮胎

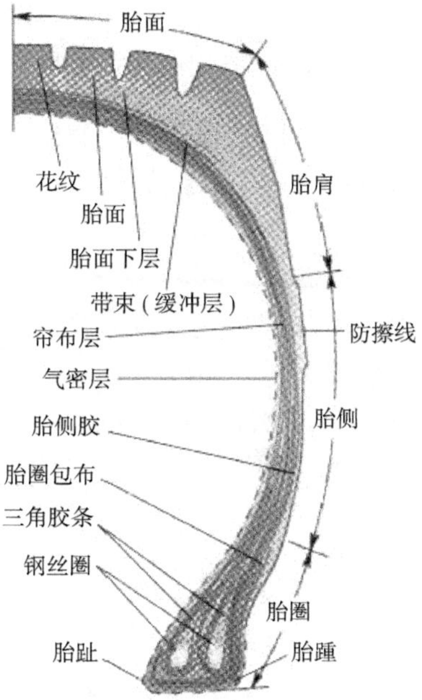

图 3-48　轮胎各部分名称和结构

2)无内胎的充气轮胎

无内胎的充气轮胎如图 3-49 和图 3-50 所示。

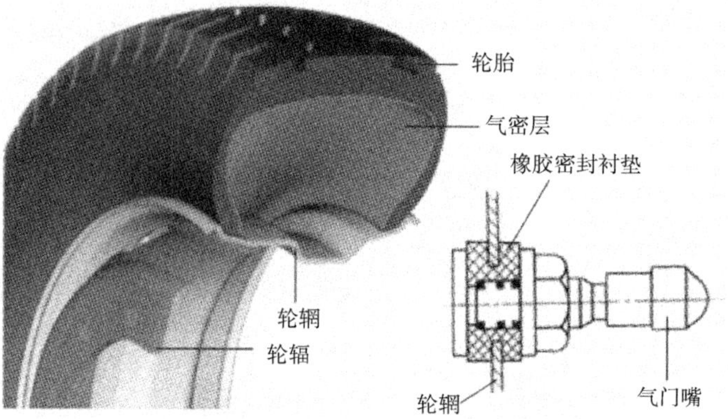

图 3-49　无内胎的充气轮胎

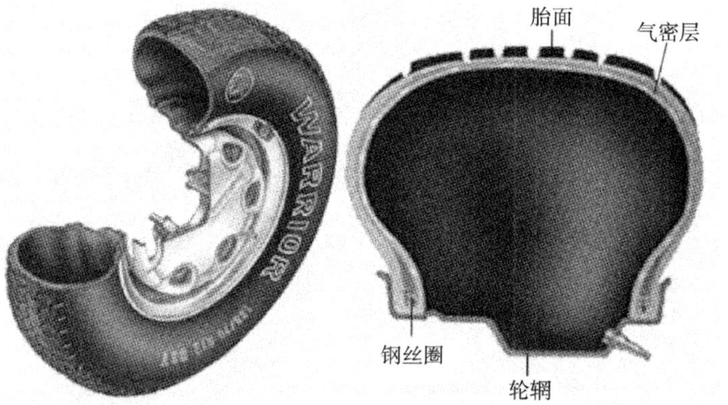

图 3-50　桑塔纳某型轿车无内胎充气轮胎

无内胎充气轮胎的优点是:轮胎穿孔时,压力不会急剧下降,能安全地继续行驶;不存在因内外胎之间摩擦和卡住而引起的损坏;气密性较好,可以直接通过轮辋散热,工作温度低,使用寿命长;结构简单,质量较小。

3. 普通斜交轮胎

帘布层和缓冲层各相邻层帘线交叉,且与胎中心线呈小于 90° 角排列的充气轮胎,称为普通斜交轮胎,如图 3-51 所示。帘布层是外胎的骨架,用以保持外胎的形状和尺寸,通常由成双数的多层帘布用橡胶贴合而成。帘布的帘线与轮胎子午断面的交角(胎冠角)一般为 52°~54°,相邻层帘线相交排列。帘布层数愈多,强度愈大,但弹性降低。在外胎表面上注有帘布层数。

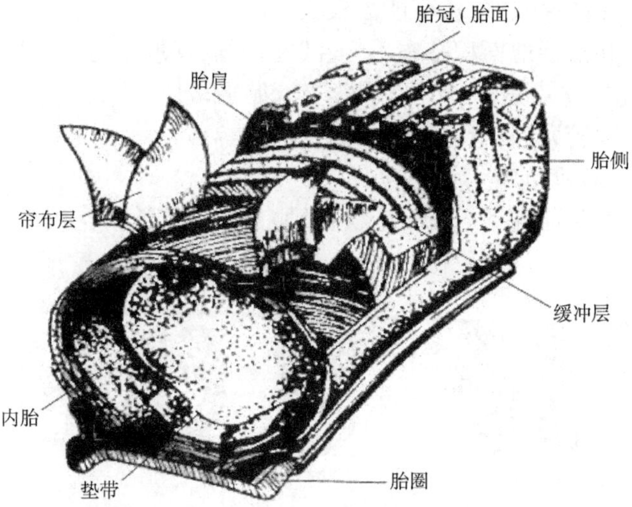

图 3-51　有内胎的普通斜交轮胎的构造

普通斜交轮胎的优点是：轮胎噪声小，外胎面柔软，制造容易，价格较子午线轮胎便宜。普通斜交轮胎的缺点是：转向行驶时，接地面积小，胎冠滑移大，抗侧向力能力差；高速行驶时稳定性差，滚动阻力较大，油耗偏高，承载能力不如子午线轮胎。

4. 子午线轮胎

子午线轮胎(图 3-52)的帘布层帘线排列的方向与轮胎的子午断面一致，使帘线的强度能得到充分利用。子午线轮胎的帘布层数比普通斜交轮胎少 40%～50%，胎体较柔软，弹性好。

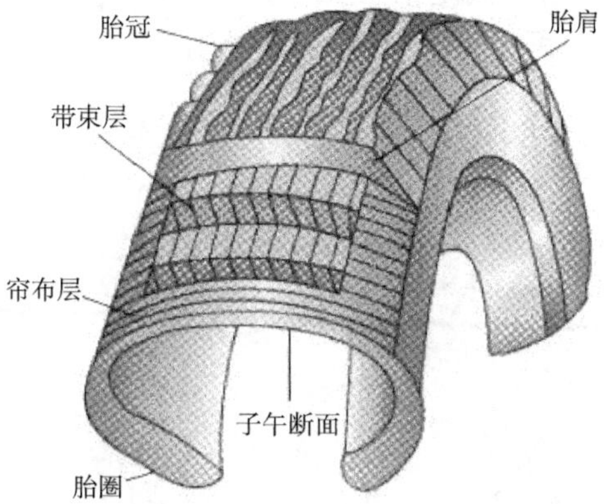

图 3-52　子午线轮胎

(1)子午线轮胎的优点如下。

①接地面积大，附着性能好，胎面滑移小，对地面单位压力也小，因而滚动阻力小，使用寿命长。

②胎冠较厚且有坚硬的带束层，不易刺穿，行驶时变形小，可降低油耗 3%~8%。

③因帘布层数少，胎侧薄，所以散热性能好。

④径向弹性大,缓冲性能好,负荷能力较大。

⑤在承受侧向力时,接地面积基本不变,故在转向行驶和高速行驶时稳定性好。

(2)子午线轮胎的缺点是:因胎侧较薄柔软、胎冠较厚,在其与胎侧过渡区易产生裂口;吸振能力弱,胎面噪声较大;制造技术要求高,成本也高。

3. 轮胎花纹和活胎面轮胎

轮胎花纹可分为普通花纹、混合花纹、越野花纹、拱形胎花纹和低压特种花纹,如图3-53所示。

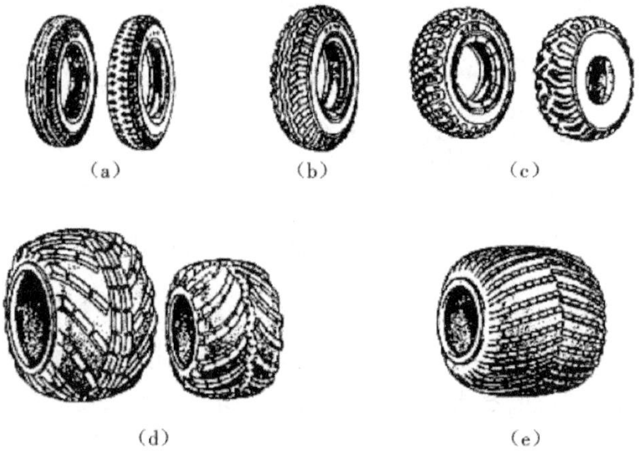

图 3-53　轮胎花纹

(a)普通花纹　(b)混合花纹　(c)越野花纹　(d)拱形胎花纹　(e)低压特种花纹

活胎面轮胎(图3-54)的胎面是可更换的。其最大优点是在花纹严重磨损或磨光后,可以单独更换胎面,也可以根据不同使用条件更换不同花纹的胎面;其缺点是质量较大,使用中可能出现胎体和胎面环之间的磨损,胎面环橡胶与钢丝体脱层。

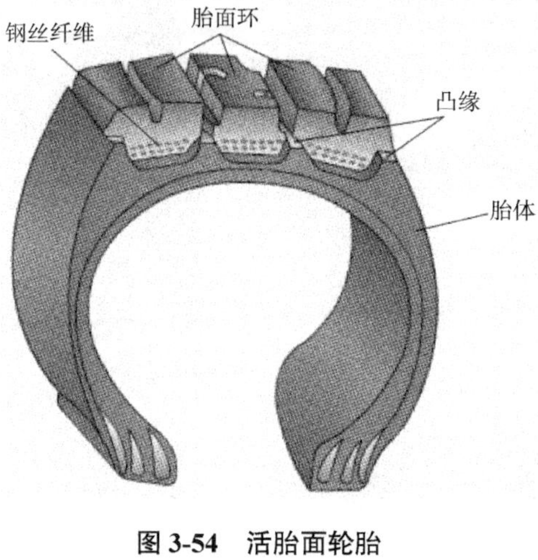

图 3-54　活胎面轮胎

4. 轮胎尺寸和规格标记方法

轮胎尺寸标记如图 3-55 所示。轮胎断面高度 H 与宽度 B 之比以百分比表示,称为轮胎的扁平率。轮胎规格标记如图 3-56 所示。

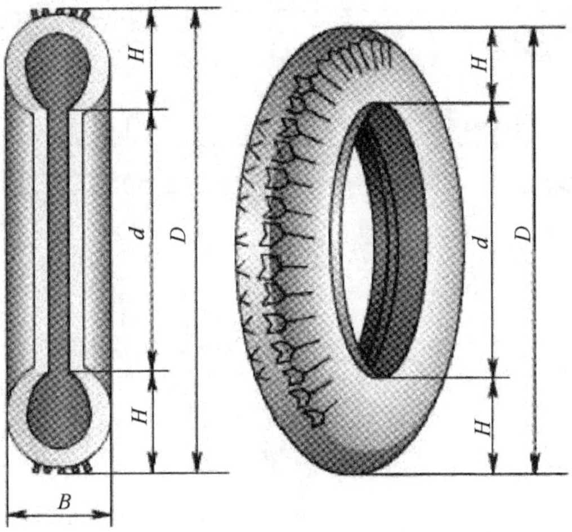

图 3-55 轮胎尺寸标记

D—轮胎外径;d—轮胎内径;H—轮胎断面高度;B—轮胎断面宽度

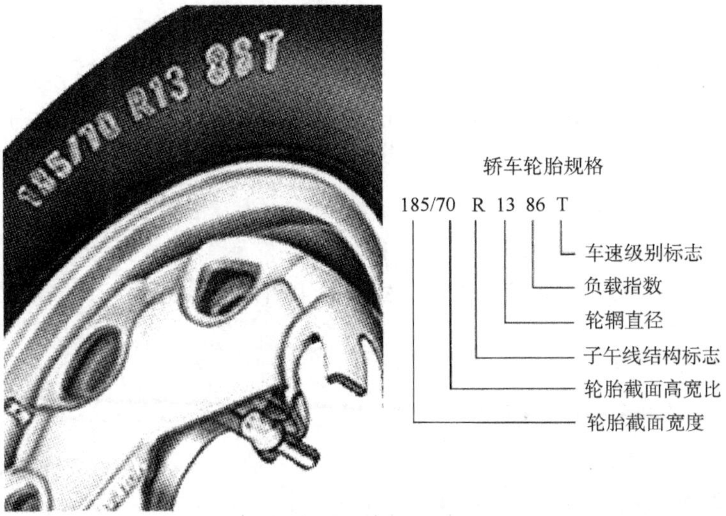

图 3-56 轮胎规格标记

5. 轮胎气压调节系统

轮胎气压调节系统的布置简图如图 3-57 所示。轮胎气压调节系统的功用如下。

①汽车在松软地面上行驶时,可降低轮胎气压,增大轮胎的接地面积,减小其单位面积载荷,从而提高汽车的通过性。

②当轮胎穿孔而漏气时,可为轮胎充气而使汽车继续行驶,不需马上更换轮胎。

③使轮胎保持所需要的气压，有效提高汽车行驶安全性和燃油经济性。

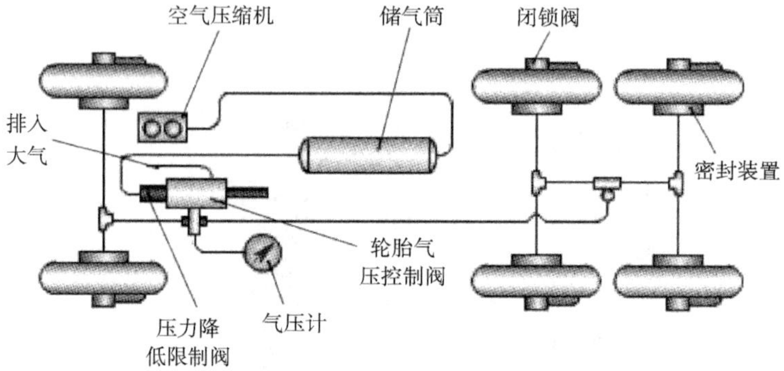

图 3-57　轮胎气压调节系统的布置简图

3.4　悬架

悬架是车架（或承载式车身）与车桥（或车轮）之间的所有传力连接装置的总称。

3.4.1　悬架的功用和组成

1. 悬架的功用

悬架的功用有以下几点。

①把路面作用于车轮上的垂直反力、纵向反力和侧向反力以及这些反力所造成的力矩传递到车架（或承载式车身）上，保证汽车的正常行驶，即起传力作用。

②利用弹性元件和减振器起到缓冲减振的作用。

③利用悬架的某些传力构件使车轮按一定轨迹相对于车架或车身跳动，即起导向作用。

④利用悬架中的辅助弹性元件横向稳定器，防止车身在转向等行驶情况下发生过大的侧向倾斜。

2. 悬架的组成

①弹性元件：起缓冲作用。

②减振元件：起减振作用。

③传力机构或称导向机构：起传力和导向作用。

④横向稳定器：防止车身产生过大侧倾。

3.4.2　悬架系统的自然振动频率

悬架系统的自然振动频率与汽车的平顺性（也称舒适性）有直接关系，其计算公式为：

$$n=\frac{1}{2\pi}\sqrt{\frac{K}{M}}=\frac{1}{2\pi}\sqrt{\frac{g}{f}}$$

式中　n——悬架频率；

M——簧载质量；

K——悬架刚度，$K=Mg/f$，g 为重力加速度，f 为挠度。

悬架频率 n 随簧载质量的变化而变化，人体最舒适的频率范围为 1 ~ 1.6 Hz。如果要将汽车行驶过程中的频率保持在 1 ~ 1.6 Hz，最好采用变刚度悬架。

3.4.3　汽车悬架的类型

1. 非独立悬架

非独立悬架（图 3-58）的特点是两侧车轮通过整体式车桥相连，车桥通过悬架与车架或车身相连。如果行驶中路面不平，一侧车轮被抬高，整体式车桥将迫使另一侧车轮产生运动。

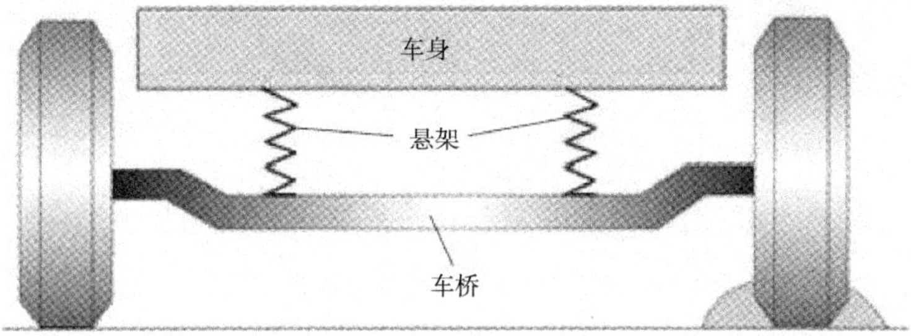

图 3-58　非独立悬架

2. 独立悬架

独立悬架（图 3-59）的特点是车桥是断开的，每一侧车轮单独地通过悬架与车架（或车身）相连，每一侧车轮可以独立跳动。

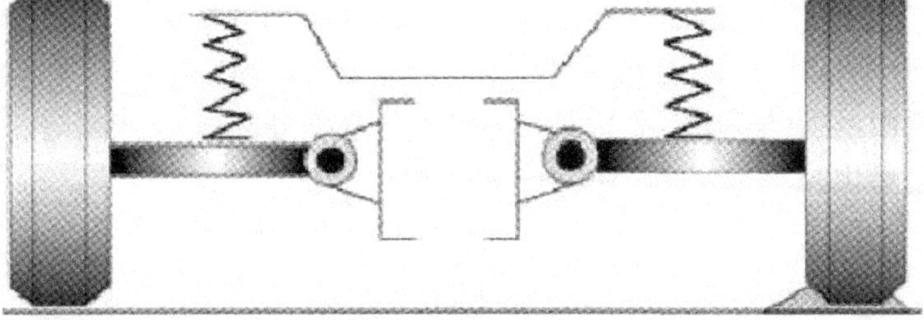

图 3-59　独立悬架

3.4.4　弹性元件

弹性元件在车架和车桥之间作弹性联系，承受和传递垂直载荷，缓和及抑制不平路面所引起的冲击。弹性元件包括钢板弹簧、螺旋弹簧、扭杆弹簧、气体弹簧和橡胶弹簧。

1. 钢板弹簧

钢板弹簧是由若干片等宽但不等长的合金弹簧片组合而成的一根近似等强度的弹性梁，多数情况下由多片弹簧组成。钢板弹簧的主片为第一片也是最长的一片。其两端弯成卷耳，内装衬套，以便用弹簧销与固定在车架上的支架或吊耳作铰链连接。中心螺栓用以连接各弹簧片，并保证装配时各片的相对位置。除中心螺栓以外，还有若干个弹簧夹（亦称回弹夹）将各片弹簧连接在一起，以保证当钢板弹簧反向变形（反跳）时各片不致互相分开，以免主片单独承载变形，还可防止各片横向错动。

中心螺栓距两端卷耳中心的距离相等时，称为对称式钢板弹簧（图 3-60）；不相等时，称为非对称式钢板弹簧（图 3-61）。

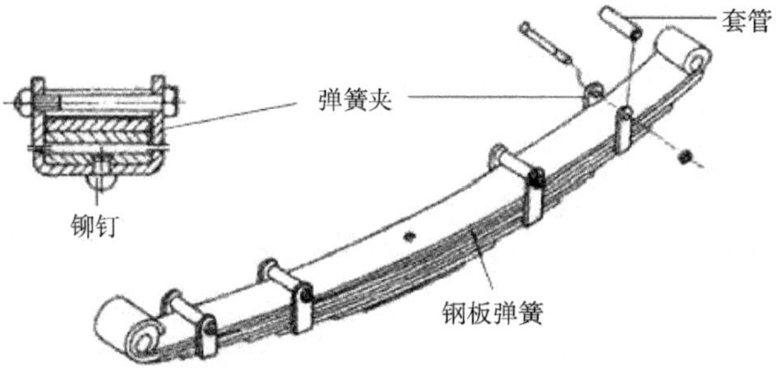

图 3-60　对称式钢板弹簧

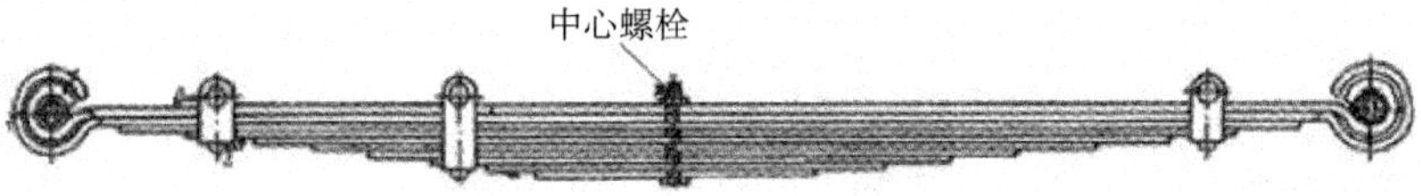

图 3-61　非对称式钢板弹簧

多片式钢板弹簧可以同时起到缓冲、减振、导向和传力的作用，用于货车后悬架时可以不装减振器。

一些轻型货车和客车采用由单片（图 3-62）或 2～3 片（图 3-63）变厚度断面的弹簧片构成的少片变截面钢板弹簧。其弹簧片的断面尺寸沿长度方向是变化的，片宽保持不变，可以实现汽车的轻量化。

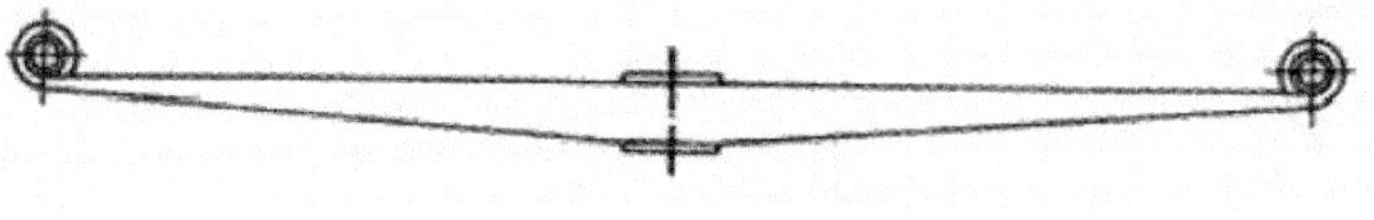

图 3-62　单片钢板弹簧

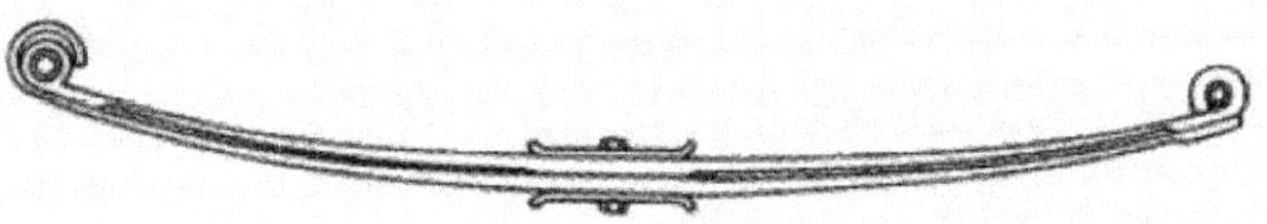

图 3-63　2 片钢板弹簧

2. 螺旋弹簧

螺旋弹簧用弹簧钢棒料卷制而成，常用于各种独立悬架。其特点是没有减振和导向功能，只能承受垂直载荷。在螺旋弹簧悬架中必须另装减振器和导向机构，前者起减振作用，后者用以传递垂直力以外的各种力和力矩，并起导向作用。

3. 扭杆弹簧

扭杆弹簧本身是一根由弹簧钢制成的杆。扭杆断面通常为圆形，少数为矩形或管形。其两端形状可以做成花键、方形、六角形或带平面的圆柱形等，以便一端固定在车架上，另一端固定在悬架的摆臂上。摆臂还与车轮相连，当车轮跳动时，摆臂便绕着扭杆轴线摆动，使扭杆产生扭转弹性变形，借以保证车轮与车架的弹性联系。扭杆弹簧连接情况如图3-64所示。

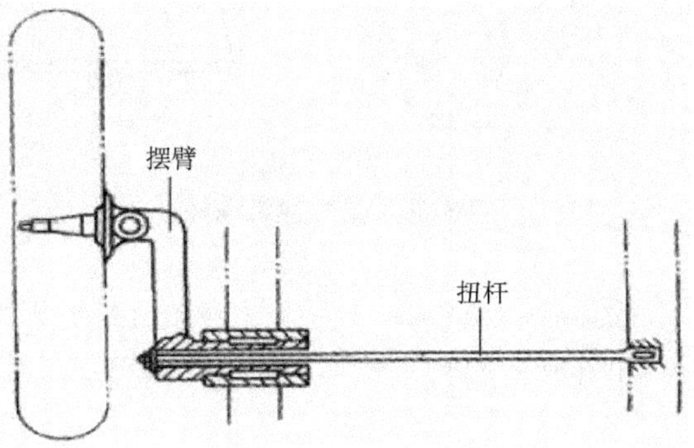

图3-64　扭杆弹簧

4. 气体弹簧

气体弹簧是在一个密封的容器中充入压缩气体，利用气体的可压缩性实现弹簧的作用。气体弹簧的特点是当作用在弹簧上的载荷增加时，容器中气压升高，弹簧刚度增大；反之，当载荷减小时，气压下降，刚度减小。气体弹簧具有理想的变刚度特性。气体弹簧可分为空气弹簧和油气弹簧。

1)空气弹簧

空气弹簧可分为囊式空气弹簧和膜式空气弹簧。

(1)囊式空气弹簧。囊式空气弹簧(图3-65)由夹有帘线的橡胶气囊和密闭在其中的压缩空气组成。气囊有单节式和多节式，节数越多，弹性越好，密封性越差。

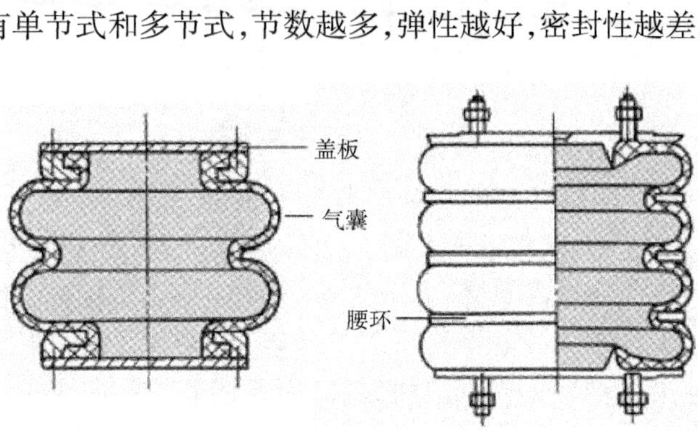

图3-65　囊式空气弹簧

（2）膜式空气弹簧。膜式空气弹簧（图 3-66）的密闭气囊由橡胶膜片和金属压制件组成。与囊式空气弹簧相比，其刚度较小，车身自然振动频率较低，尺寸较小，在车上便于布置，故多用在轿车上。

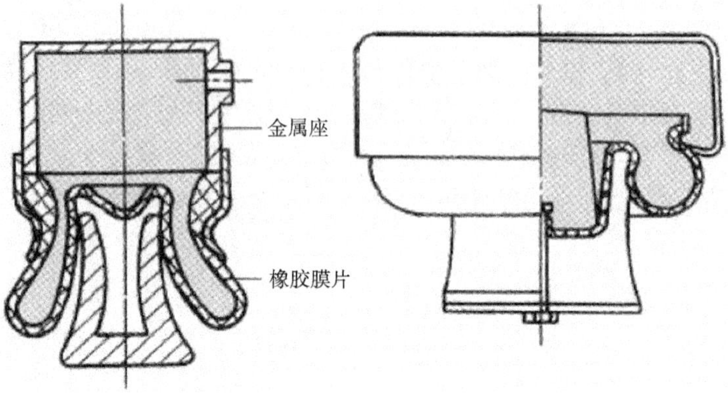

图 3-66 膜式空气弹簧

2）油气弹簧

油气弹簧（图 3-67）一般以惰性气体氮气为弹性介质，以油液为传力介质。其由气体弹簧和相当于减振器的液压缸组成。油气弹簧可分为单气室油气弹簧、双气室油气弹簧和两级压力式油气弹簧。

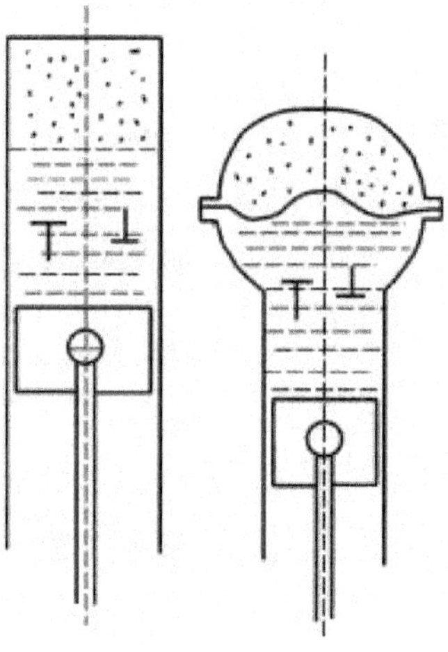

图 3-67 油气弹簧简图

（1）单气室油气弹簧。单气室油气弹簧分油气分隔式和油气不分隔式两种，前者可防止油液乳化，且便于充气。单气室油气分隔式油气弹簧（图 3-68）中，上半球室、下半球室和橡胶油气隔膜构成了油气分隔式弹簧，工作缸、活塞和阻尼阀等构成了减振器。单气室油气不分隔式油气弹簧（图 3-69）中，工作缸固定在车架上，管形活塞的下端与转向节相连。该油气弹簧不仅是前悬架的弹性元件和减振元件，而且还兼作转向主销。管形活塞内腔以及活塞与工作缸壁间形成的环形腔内都充满着工作油液。在管形活塞头的上面有一油层，既可以润滑活塞又可以作为气室的密封。油层上方的空间即为高压气室，其中充满高压氮气，气体和油液之间没有任何隔离装置。

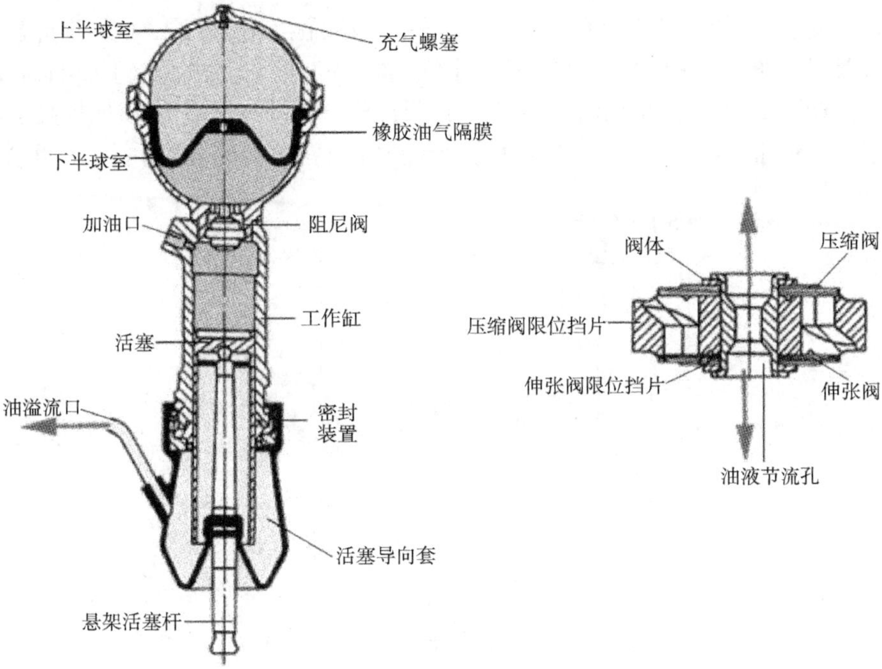

图 3-68　单气室油气分隔式油气弹簧

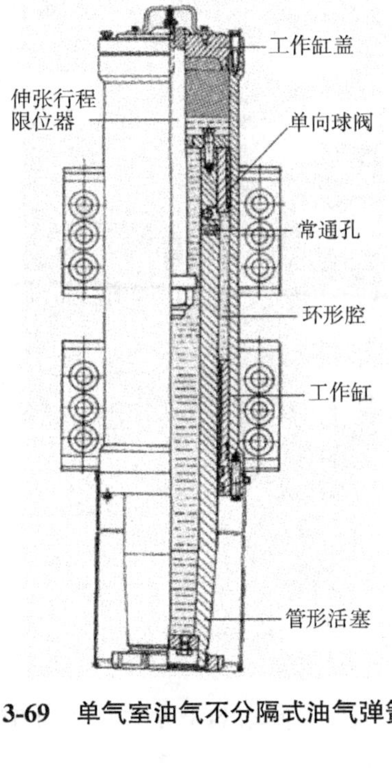

图 3-69　单气室油气不分隔式油气弹簧

（2）双气室油气弹簧。双气室油气弹簧（图 3-70 和图 3-71）比单气室油气弹簧多一个作用力方向相反的反压气室和一个浮动活塞。当弹簧处于压缩行程时，主气室中的活塞上移，使主气室内的气压增高，弹簧的刚度增大。此时浮动活塞下面的油液，在反压气室的气体压力作用下经通道流入主气室的活塞下面，补充活塞上移后空出的容积，而反压气室内的气压下降。当弹簧处于伸张行程时，主活塞下移，主气室内的气压降低，主活塞下面的油液受挤压，经通道流回浮动活塞的下面，推动活塞上移，而使反压气室内的气压增高，从而提高了伸张行程的弹簧刚度。这种油气弹簧消除了弹簧在伸张行程中活塞与缸体底部发生撞击的可能性。

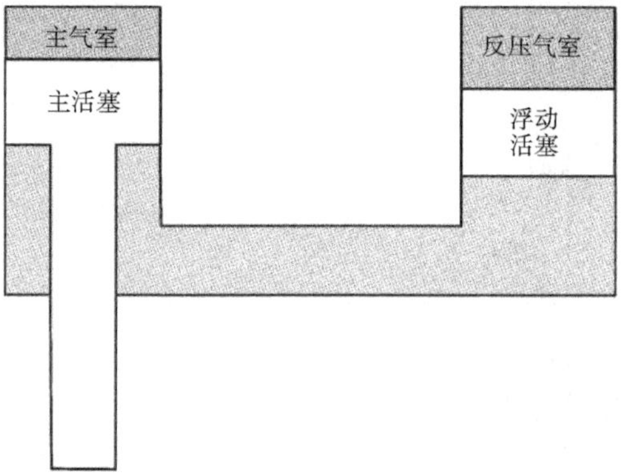

图 3-70　双气室油气弹簧工作原理示意图

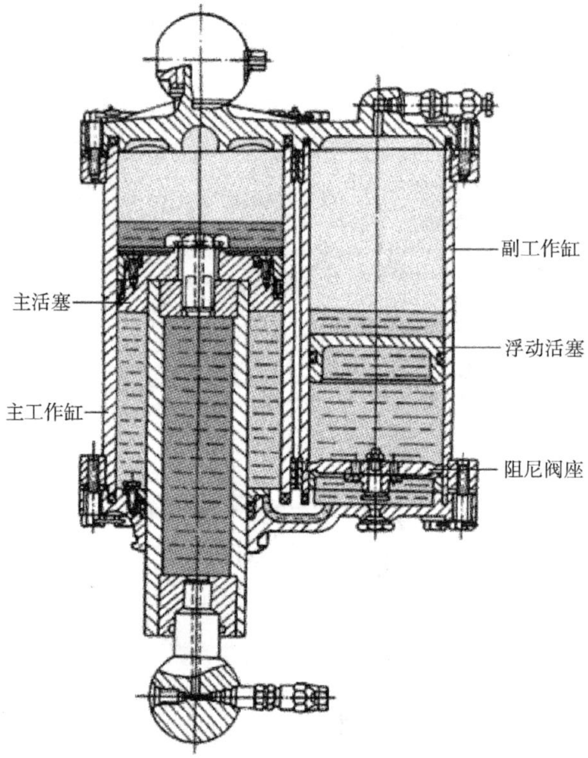

图 3-71　双气室（带反压气室）的油气弹簧

(3)两级压力式油气弹簧。两级压力式油气弹簧(图 3-72)的特点是在工作活塞的上方设有两个并列的气室,但两个气室的工作压力不同,主气室内的气压与单气室油气弹簧的气压相近,而补偿气室内的气压则较高,从而使两级压力式油气弹簧具有了变刚度特性。

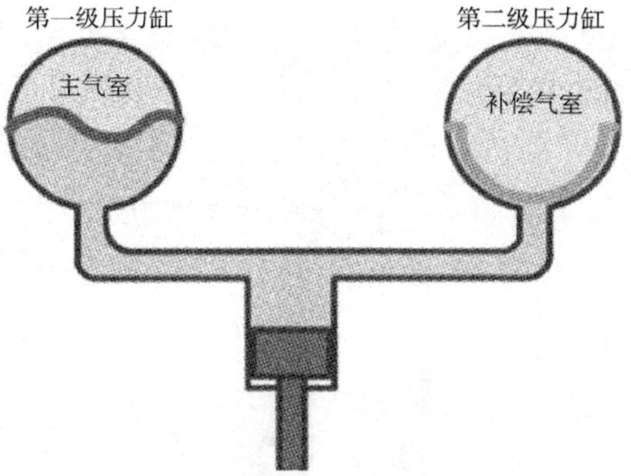

图 3-72　两级压力式油气弹簧示意图

5. 橡胶弹簧

橡胶弹簧利用橡胶本身的弹性起弹性元件的作用,可以承受压缩载荷和扭转载荷(图 3-73)。由于橡胶的内摩擦较大,橡胶弹簧还具有一定的减振能力。橡胶弹簧多用做悬架的副簧和缓冲块。

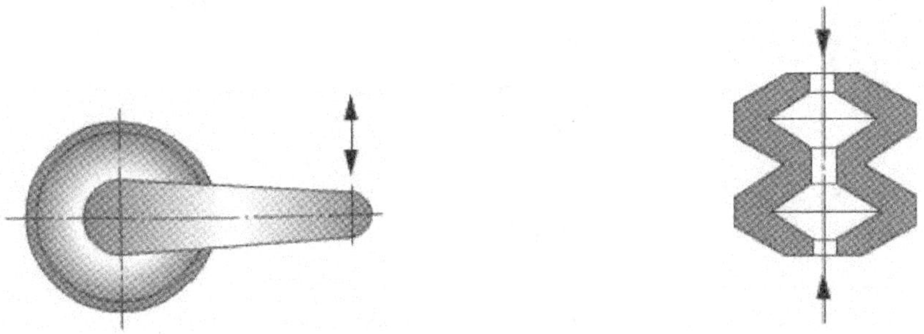

(a)　　(b)

图 3-73　橡胶弹簧

(a)受压缩载荷　(b)受扭转载荷

3.4.5　减振器

为加速车架与车身振动的衰减,改善汽车的行驶平顺性(舒适性),在大多数汽车的悬架系统内部装有减振器。减振器从产生阻尼的材料角度划分主要有液力和充气两种,还有一种可变阻尼的减振器。

1. 液力减振器

汽车悬架系统中广泛采用液力减振器。液力减振器的作用原理是当车架与车桥做往复相对运动时,减振器中的活塞在缸筒内也作往复运动,减振器壳体内的油液便反复地从一个内腔通过一些窄小的孔隙流入另一个内腔。孔壁与油液间的摩擦及液体分子内的摩擦便形成对振动的阻尼力,使车身和车架的振动能量转化为热能,被油液和减振器壳体吸收,并散到大气中。

汽车上广泛采用双向作用筒式减振器。双向作用筒式减振器一般由几个同心缸筒、活塞、若干个阀门组成,如图 3-74 所示。其工作原理示意图如图 3-75 所示。

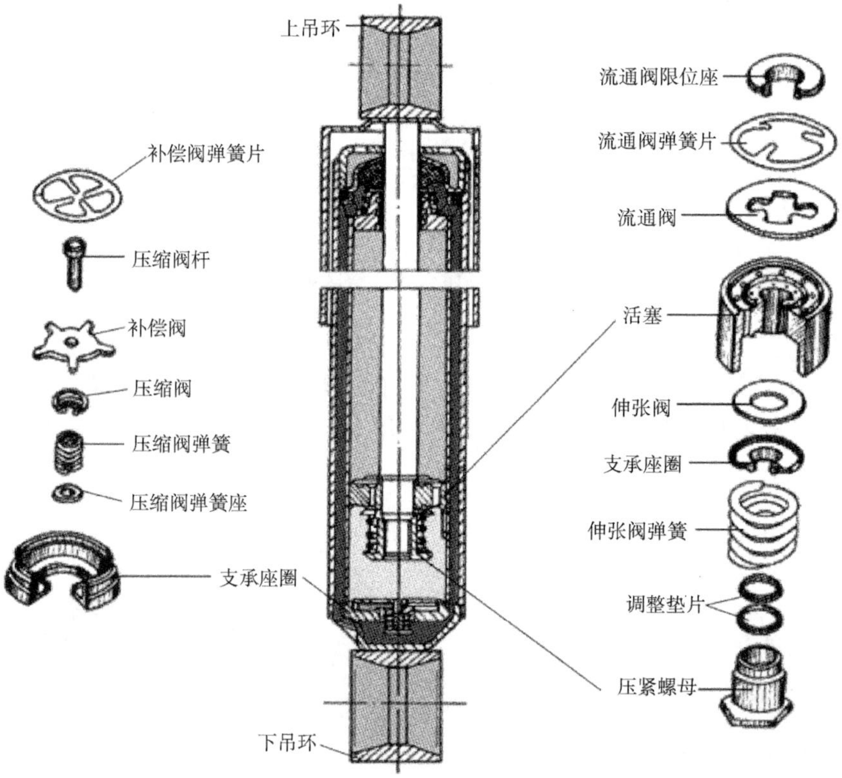

图 3-74　双向作用筒式减振器结构

2. 充气式减振器

充气式减振器(图 3-76)的结构特点是在缸筒的下部装有一个浮动活塞(也称为封气活塞)。浮动活塞与缸筒形成的密闭气室中充有高压氮气,浮动活塞之上是减振器油液,浮动活塞上装有大断面的 O 形密封圈,把油和气完全分开。由于活塞杆进出而引起的缸筒容积的变化由浮动活塞的上下运动来补偿,因此这种减振器不需储液缸筒,所以亦称单筒式减振器。

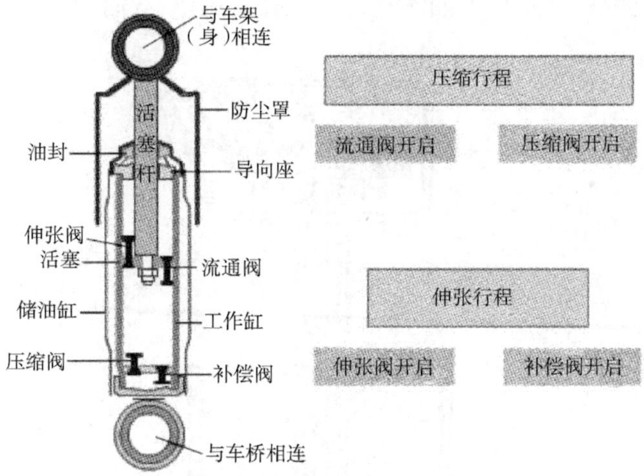

图 3-75　双向作用筒式减振器工作原理示意图

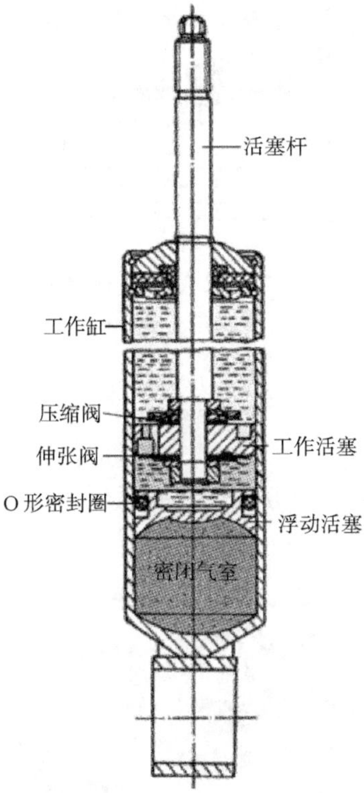

图 3-76　充气式减振器

3. 阻力可调式减振器

阻力可调式减振器（图 3-77）的工作过程是当汽车的载荷增加时，空气囊中的气压升高，气室内的气压也随之升高，使膜片向下移动与弹簧产生的压力相平衡；与此同时，膜片带动与它相连的柱塞杆和柱塞下移，使得柱塞相对空心连杆上的节流孔的位置发生变化，减小了节流孔的通道截面积，即减少了油液流经节流孔的流量，从而增加了油液流动阻力。

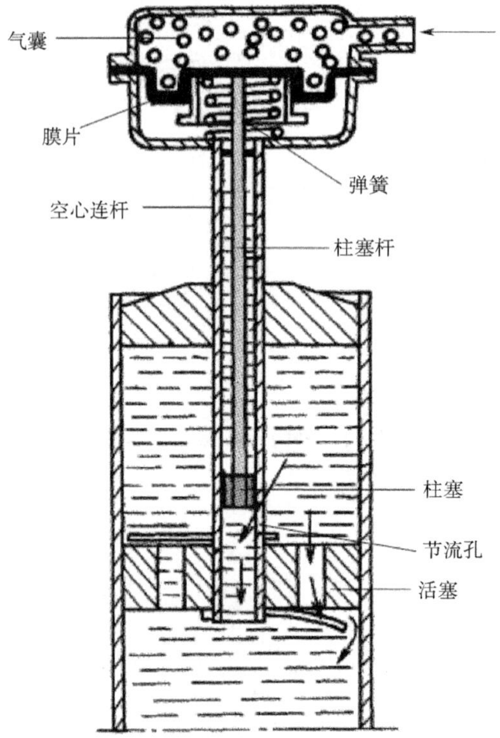

图 3-77　阻力可调式减振器

3.4.6　非独立悬架

1. 钢板弹簧式非独立悬架

钢板弹簧式非独立悬架主要由钢板弹簧和减振器组成，如图 3-78 所示。

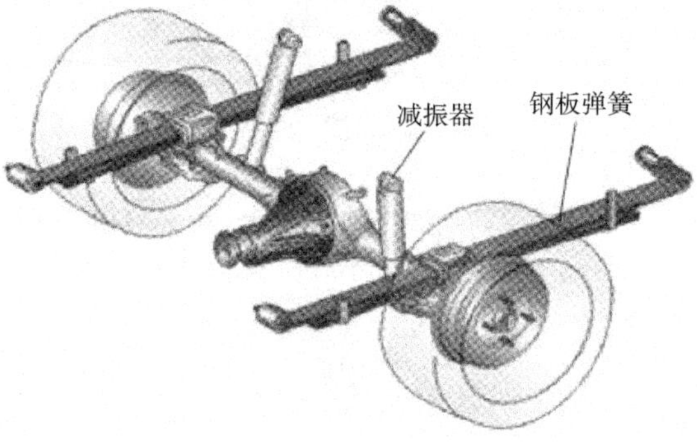

图 3-78　钢板弹簧式非独立悬架

图 3-79 为解放某型汽车前悬架。其钢板弹簧的中部用两个 U 形螺栓固定在车桥上，钢

板弹簧前端卷耳用钢板弹簧销与前支架相连,形成固定铰链支点;后端卷耳通过钢板弹簧吊耳销与吊耳相连接。由于吊耳可以前后摆动,保证了弹簧变形时两卷耳中心线间的距离可以改变。

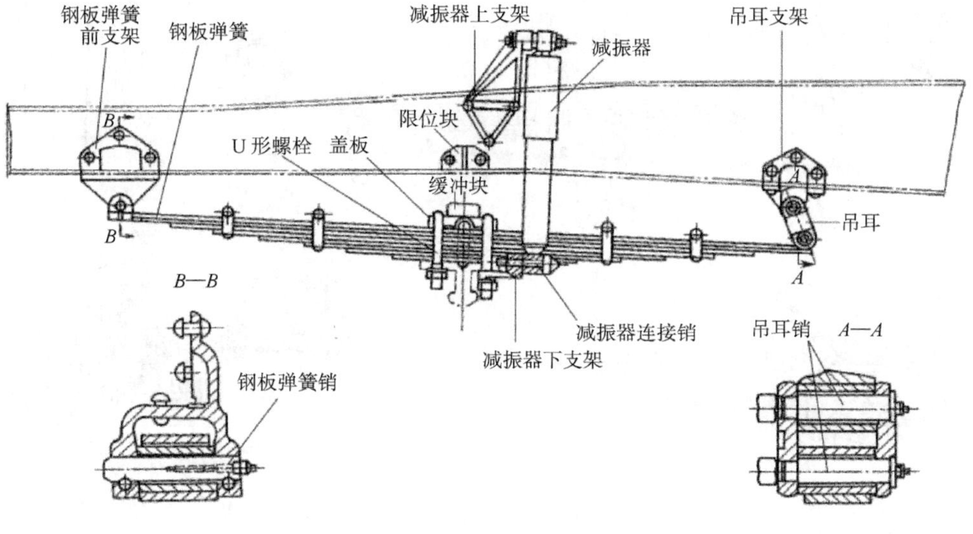

图 3-79 解放某型汽车的前悬架

图 3-80 所示东风某型汽车前悬架中,钢板弹簧的后端采用滑块式支承,前端为固定铰链连接。钢板弹簧变形时,主片与弧形滑块的接触点是变动的,从而使弹簧工作长度发生变化,刚度略有变化。第二片弹簧后端带有直角弯边,防止弹簧中部下落时钢板弹簧从支架中脱出。

为提高汽车的行驶平顺性,有的轻型货车后悬架采用将副簧置于主簧之下的渐变刚度钢板弹簧,如图 3-81 所示。载荷小时,主簧起作用;当载荷增加到一定值时,副簧开始与主簧接触,悬架刚度随之相应提高,弹簧特性变为非线性;当副簧与主簧全部接触后,弹簧特性又变为线性。

2. 螺旋弹簧式非独立悬架

螺旋弹簧式非独立悬架(图 3-82)由螺旋弹簧、减振器、纵向推力杆和横向推力杆组成,常用于轿车的后悬架。

3. 空气弹簧式非独立悬架

空气弹簧式非独立悬架(图 3-83)主要由囊式空气弹簧、压气机、车身高度控制阀、控制杆等组成。采用空气弹簧悬架容易实现车身高度的自动调节。

4. 油气弹簧式非独立悬架

油气弹簧式非独立悬架(图 3-84)主要由油气弹簧(兼起减振器作用)、横向推力杆、纵向推力杆等组成。推力杆起导向和传力作用。

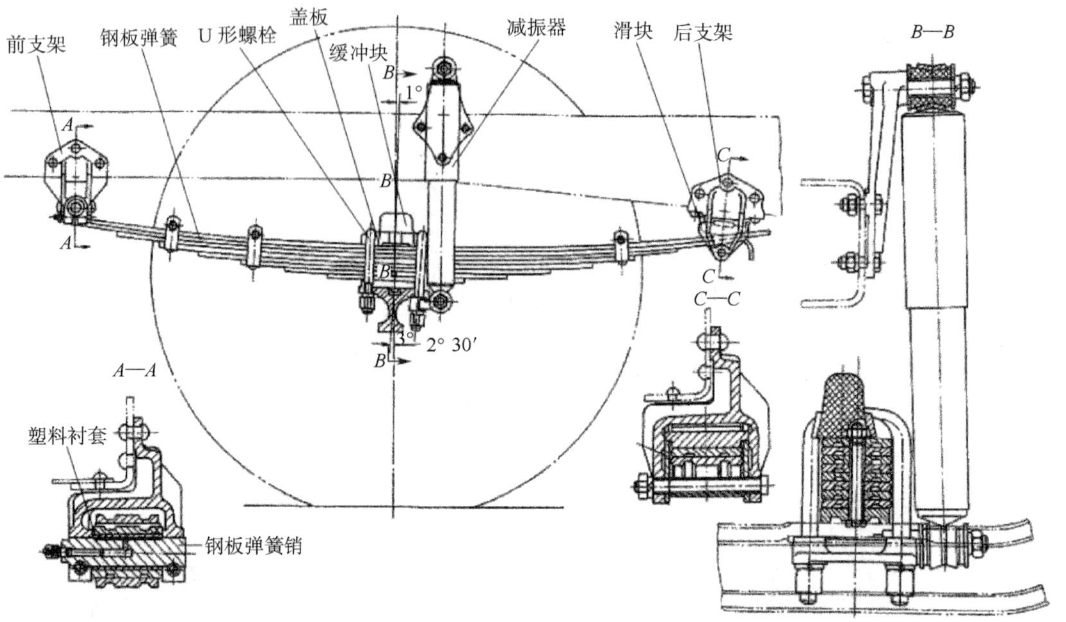

图 3-80　东风某型汽车的前悬架

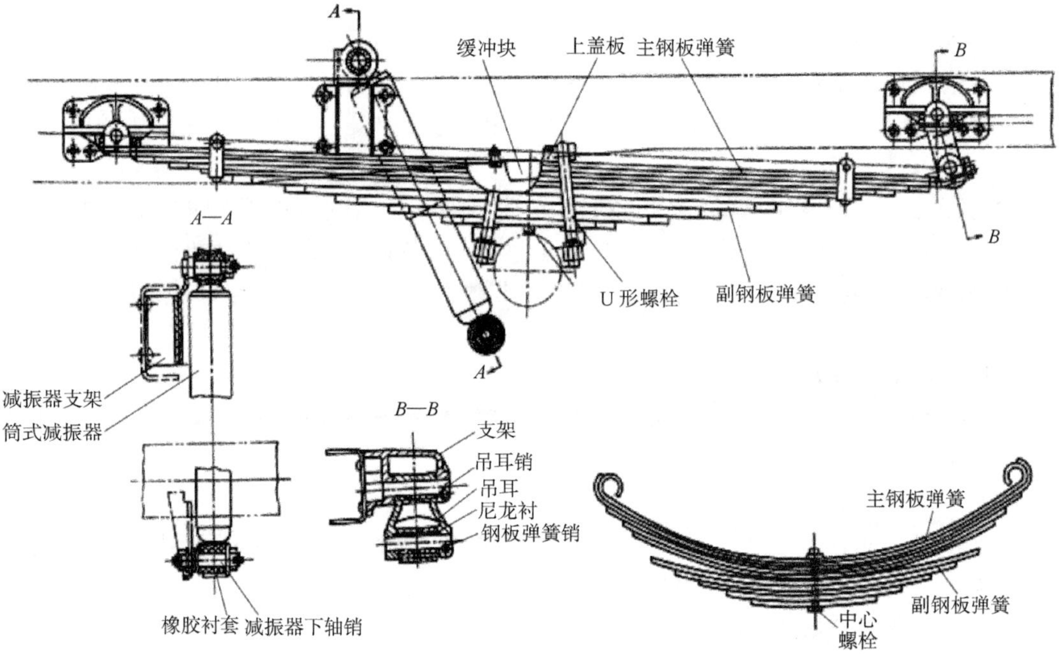

图 3-81　渐变刚度钢板弹簧

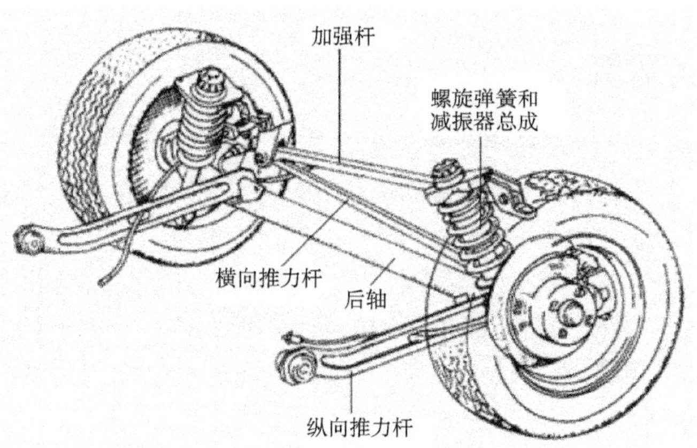

图 3-82　螺旋弹簧式非独立悬架

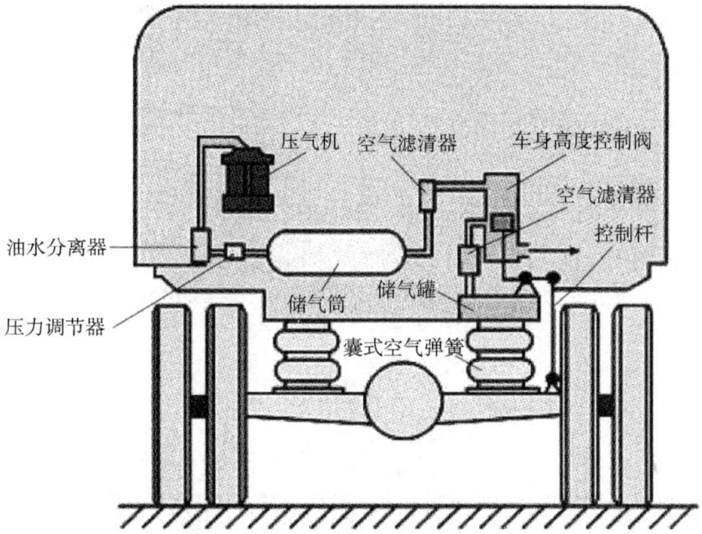

图 3-83　空气弹簧式非独立悬架

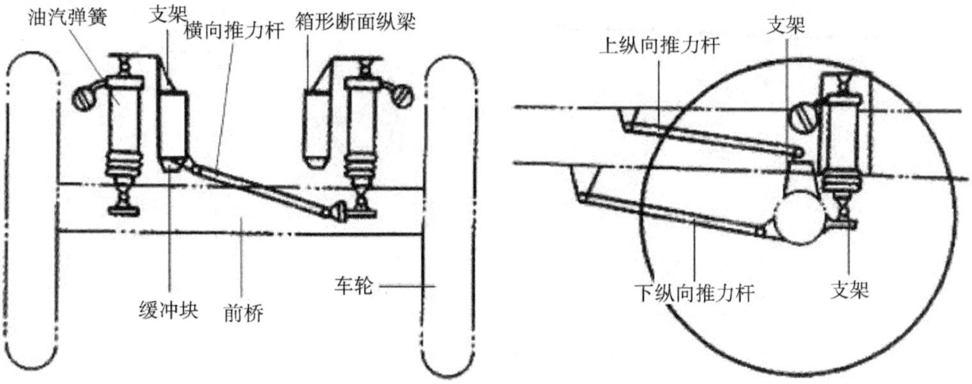

图 3-84　油气弹簧式非独立悬架

3.4.7 独立悬架

独立悬架的优点是两侧车轮可以单独运动互不影响;减小了非簧载质量,有利于汽车的平顺性。采用断开式车桥,可以降低发动机位置和整车重心;车轮运动空间较大,可以降低悬架刚度,改善平顺性。

独立悬架可以分为横臂式独立悬架(车轮在汽车横向平面内摆动的悬架,图 3-85)、纵臂式独立悬架(车轮在汽车纵向平面内摆动的悬架,图 3-86)、滑柱连杆式悬架(车轮沿主销移动的悬架,图 3-87)、单斜臂式独立悬架(车轮在汽车斜向平面内摆动的悬架,图 3-88)。

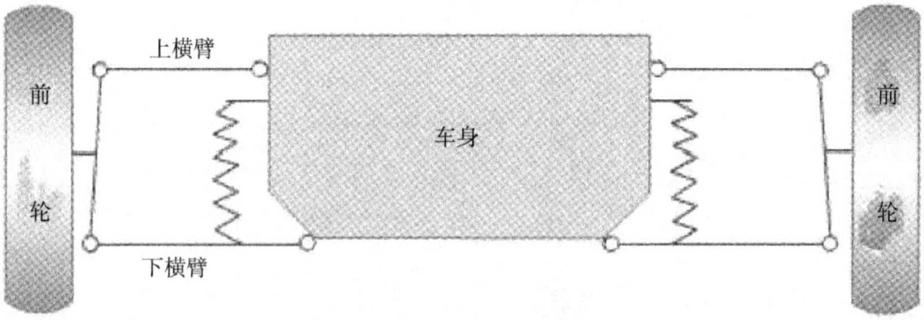

图 3-85 横臂式独立悬架

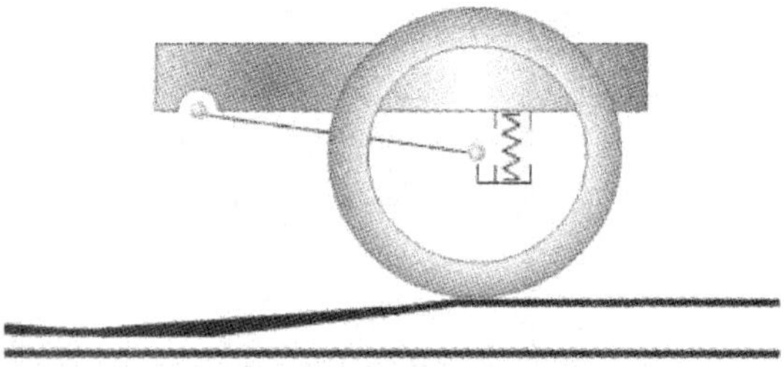

图 3-86 纵臂式独立悬架

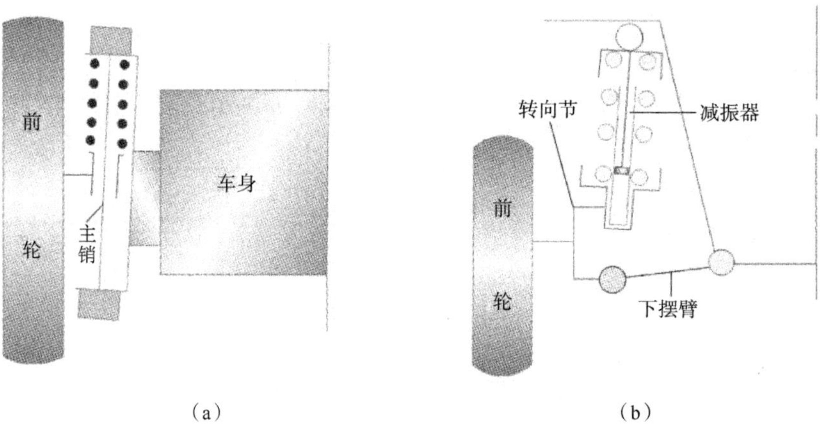

图 3-87 滑柱连杆式悬架

(a)烛式悬架 (b)麦弗逊式悬架

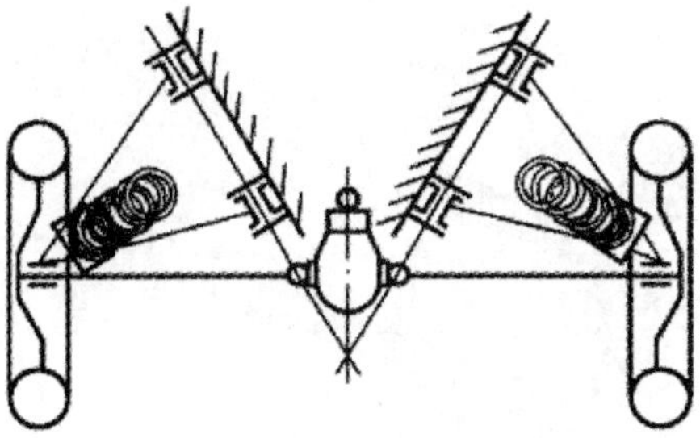

图 3-88　单斜臂式独立悬架

1. 横臂式独立悬架

1)单横臂式独立悬架

单横臂式独立悬架(图 3-89)的特点是当悬架变形时车轮平面将产生倾斜,从而改变两侧车轮与路面接触点间的距离(轮距),致使轮胎相对于地面侧向滑移,破坏轮胎和地面的附着。这种悬架用于转向轮时,会使主销内倾角和车轮外倾角发生较大的变化,对于转向操纵有一定影响,故目前在前悬架中很少采用。

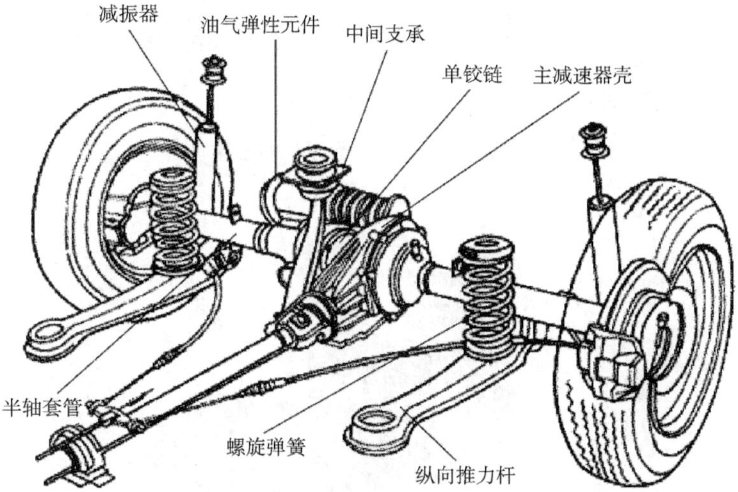

图 3-89　戴姆勒-奔驰轿车单横臂后独立悬架示意图

2)双横臂式独立悬架

双横臂式独立悬架分为两摆臂等长的悬架(图 3-90)和两摆臂不等长的悬架(图 3-91)。其中两摆臂不等长的双横臂式独立悬架广泛应用于中高级轿车,如图 3-92、图 3-93、图 3-94 所示。

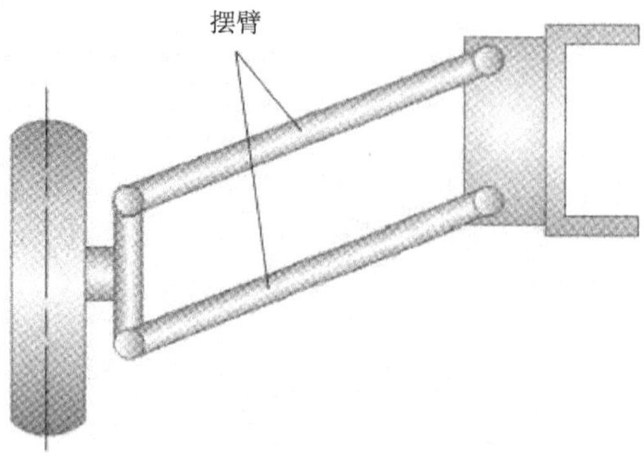

图 3-90　两摆臂等长的悬架

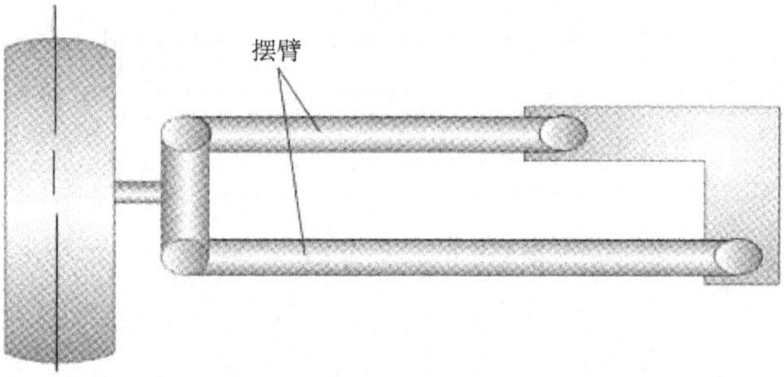

图 3-91　两摆臂不等长的悬架

图 3-92　法拉利跑车的两摆臂不等长双横臂式独立悬架

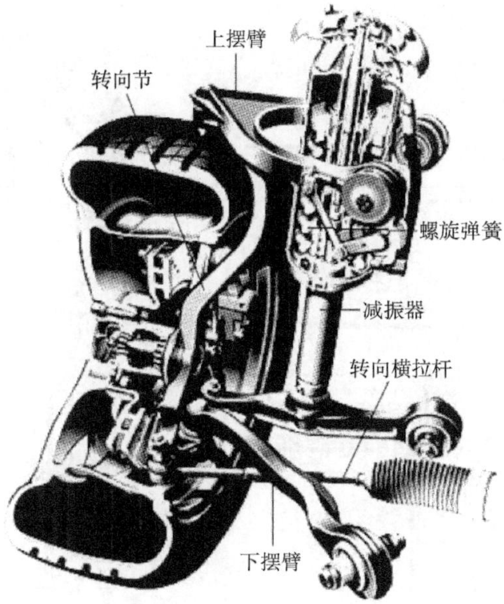

图 3-93　奔驰轿车的两摆臂不等长双横臂式独立悬架

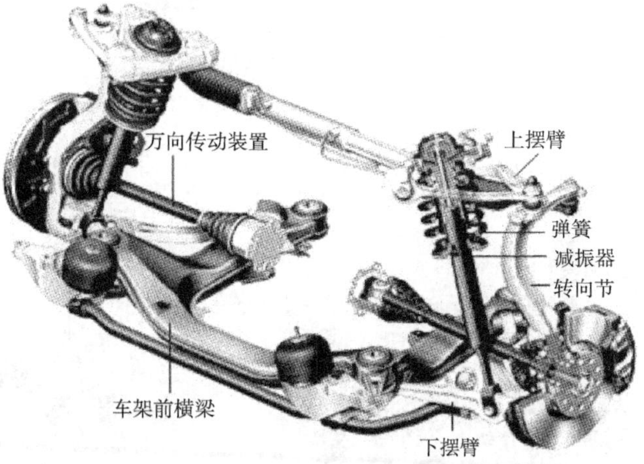

图 3-94　奥迪某型轿车的两摆臂不等长双横臂式螺旋弹簧独立悬架

2. 纵臂式独立悬架

1)单纵臂式独立悬架

如果转向轮采用单纵臂式独立悬架,车轮上下跳动将使主销后倾角产生很大变化。因此,单纵臂式独立悬架一般多用于不转向的后轮。

按车轮运动形式分类,捷达轿车的后悬架(图 3-95)属于单纵臂式扭杆弹簧独立悬架。

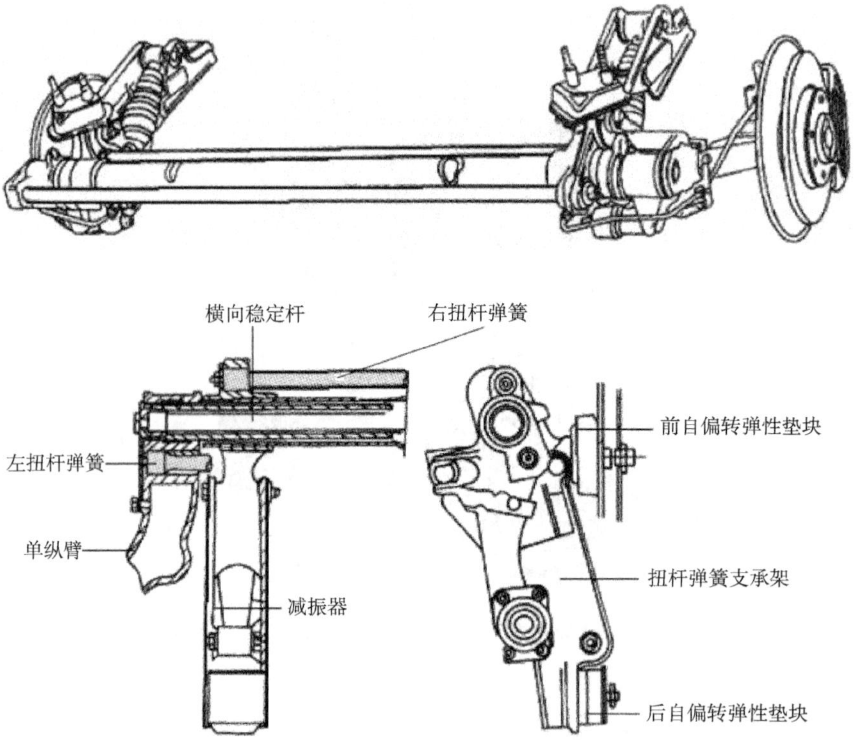

图 3-95　捷达轿车后悬架

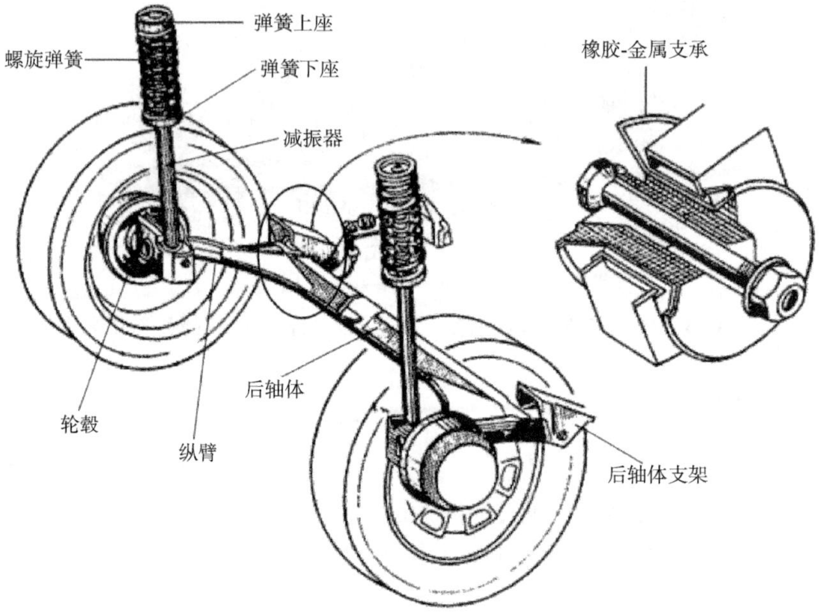

图 3-96　桑塔纳轿车后悬架

桑塔纳和捷达轿车的后悬架(图 3-96)结构相同,属于单纵臂式独立悬架。有一根整体的 V 形断面横梁,在梁两端焊接着变截面的管状纵臂,从而形成了一个整体构架——后轴体。纵臂前端通过橡胶-金属支承与车身做铰接式连接。纵臂后端与轮毂、减振器相连。汽车行驶时,车轮连同后轴体相对车身以橡胶-金属支承为支点作上下摆动,相当于单纵臂式独立悬架。当两侧悬架变形不等时,后轴体的 V 形断面横梁发生扭转变形,由于该横梁有较大的弹性,可起横向稳定器的作用。该悬架不像普通带有整体轴的非独立悬架那样,一侧车轮的跳动会直接影响另一侧车轮,因此其又被称单纵臂扭转梁式独立悬架。

2)双纵臂式独立悬架

双纵臂式独立悬架(图 3-97)的两个纵臂长度一般做成相等的,形成平行四连杆机构。当车轮上下跳动时,此悬架的主销后倾角保持不变,这种形式的悬架适用于转向轮。

3. 滑柱连杆式悬架

1)烛式悬架

烛式悬架采用车轮沿主销轴方向移动的悬架形式,形状似烛形而得名。

烛式悬架(图 3-98)优点是当悬架变形时,主销的定位角不会发生变化,仅轮距、轴距稍有改变,这有利于汽车的转向操纵性和行驶稳定性;缺点是侧向力全部由套筒和主销承受,二者间的摩擦阻力大,磨损严重。因此,这种结构形式目前很少采用。

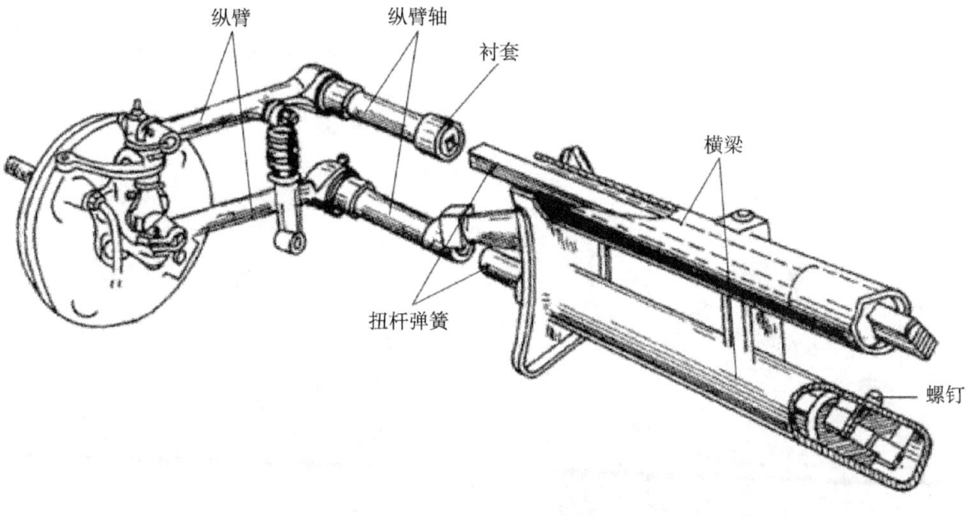

图 3-97　双纵臂式扭杆弹簧独立悬架

2)麦弗逊式悬架

麦弗逊式悬架(图 3-99 和图 3-100)是前置前驱轿车和某些轻型客车应用比较普遍的悬架结构形式。此结构以筒式减振器为滑动立柱,横摆臂的内端通过铰链与车身相连,外端通过球铰链与转向节相连。减振器的上端与车身相连,下端与转向节相连。车轮所受的侧向力大部分由横摆臂承受,剩余部分由减振器活塞和活塞杆承受。一般情况下,筒式减振器上铰链的中心与横摆臂外端球铰链中心的连线为主销轴线。此结构为无主销结构。

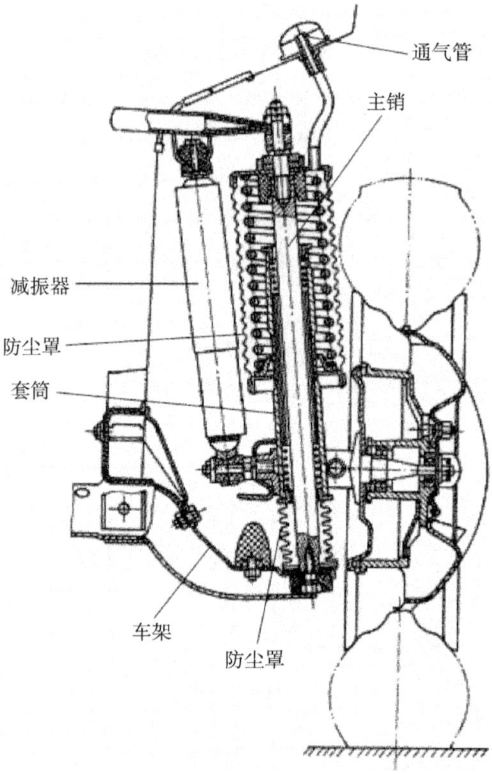

图 3-98　烛式悬架

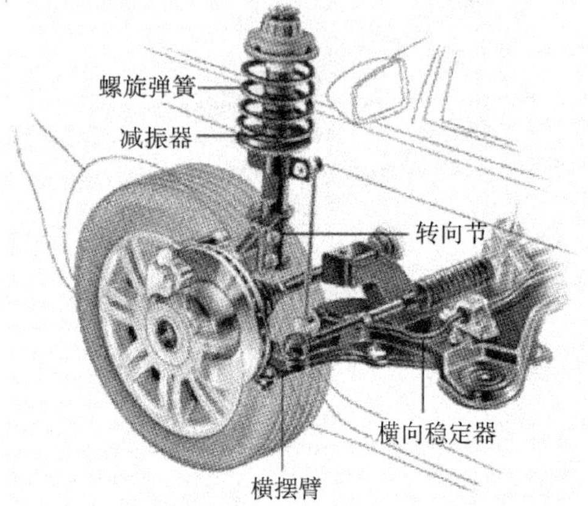

图 3-99　麦弗逊式独立悬架

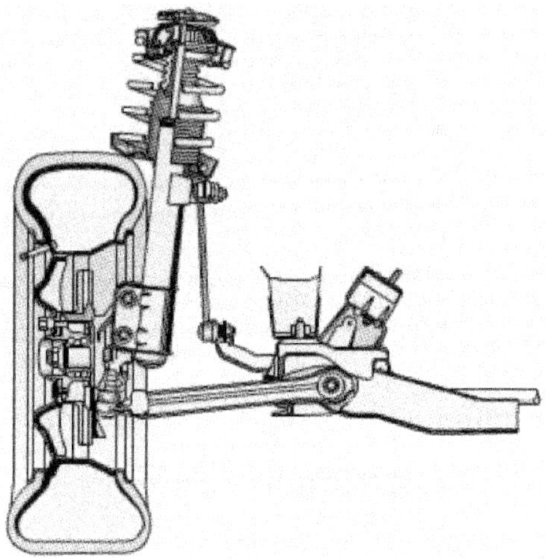

图 3-100　麦弗逊式悬架

4. 单斜臂式独立悬架

单斜臂式独立悬架(图 3-101 和图 3-102)的结构介于单横臂式和单纵臂式之间,多用于后轮驱动汽车的后悬架上。

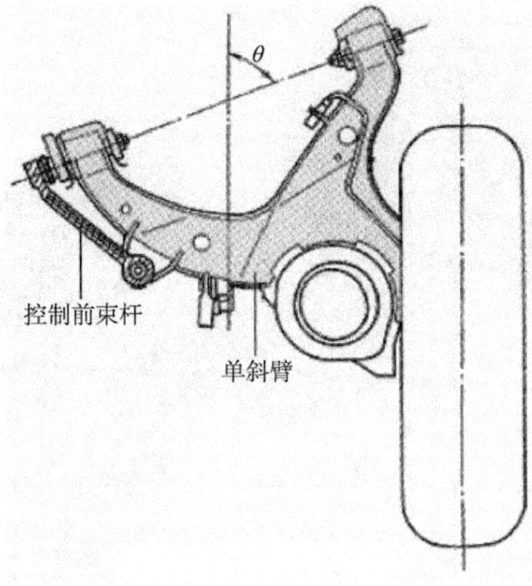

图 3-101　单斜臂式独立悬架

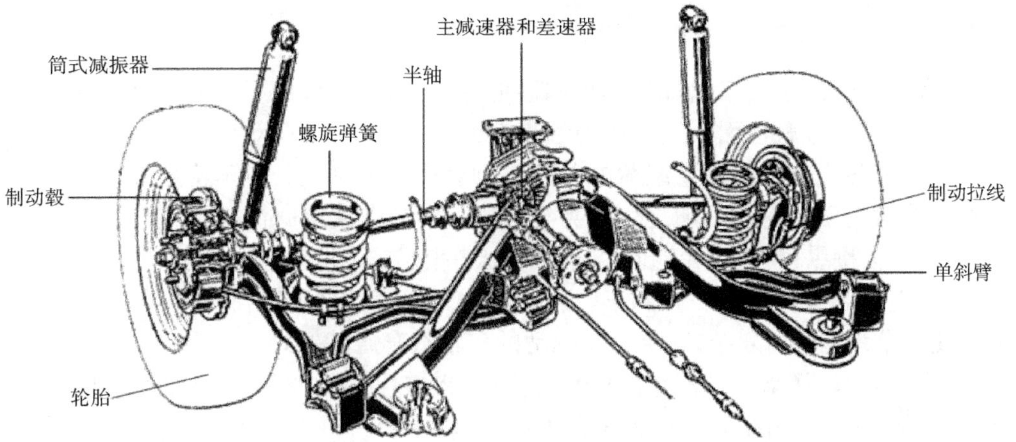

图 3-102　福特 Sicrra 轿车后悬架

3.4.8　横向稳定器

横向稳定器（图 3-103）主要由 U 形横向稳定杆、连接杆和支座组成。其中支座固定在车身上，稳定杆两端通过连杆与下摆臂相连。当车身只做垂直移动而两侧悬架变形相等时，横向稳定杆在支座的套筒内自由转动，横向稳定杆不起作用。当两侧悬架变形不等而车身相对于路面横向倾斜时，稳定杆一端向上运动，另一端向下运动，从而被扭转。弹性稳定杆所产生的扭转内力矩妨碍了悬架弹簧的变形，因而减小了车身的横向倾斜和横向角振动。

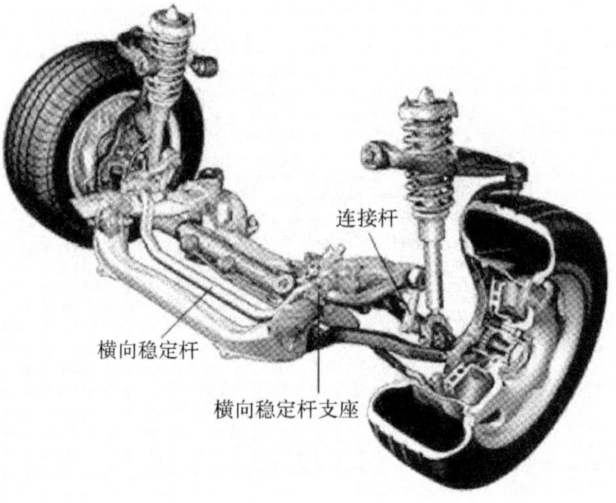

图 3-103 横向稳定器

3.4.9 多轴汽车的平衡悬架

如果多轴车辆的全部车轮都是单独刚性地悬挂在车架上,在不平道路上行驶时将不能保证所有车轮同时接触地面。当使用弹性悬架而道路不平度较小时,虽然不一定会出现车轮悬空现象,但各个车轮间垂直载荷的分配比例会有很大改变。当车轮垂直载荷变小甚至为零时,车轮对地面的附着力随之变小甚至为零。转向车轮遇此情况将使汽车操纵能力大大降低以致失去操纵;驱动车轮遇此情况将不能产生足够的驱动力。此外,此情况还会使其他车桥及车轮有超载的危险。全部车轮采用独立悬架,可以保证所有车轮与地面的良好接触,但会使汽车结构变得复杂,对于全轮驱动的多轴汽车尤其如此。

如果将两个车桥(如三轴汽车的中桥与后桥)装在平衡杆的两端,将平衡杆的中部与车架做铰链连接,一个车桥抬高将使另一个车桥下降。由于平衡杆两臂等长,两个车桥上的垂直载荷在任何情况下都相等,这种能保证中后桥车轮垂直载荷相等的悬架称为平衡悬架。图 3-104 为三轴汽车在不平道路上行驶情况示意图。

图 3-104 三轴汽车在不平道路上行驶情况示意图

(a)各个车轮独立刚性地悬挂在车架上 (b)车轮通过平衡悬架悬挂在车架上

1. 等臂式平衡悬架

等臂式平衡悬架是三轴和四轴越野汽车上普遍采用的一种平衡悬架结构形式,如图 3-105 所示。钢板弹簧的两端自由地支承在中、后桥半轴套管上的滑板式支架内。钢板弹簧相当于一根等臂平衡杆，它以平衡悬架心轴为支点转动，从而可保证汽车在不平道路上行驶时，各轮都能着地，且能使中、后桥车轮的垂直载荷平均分配。

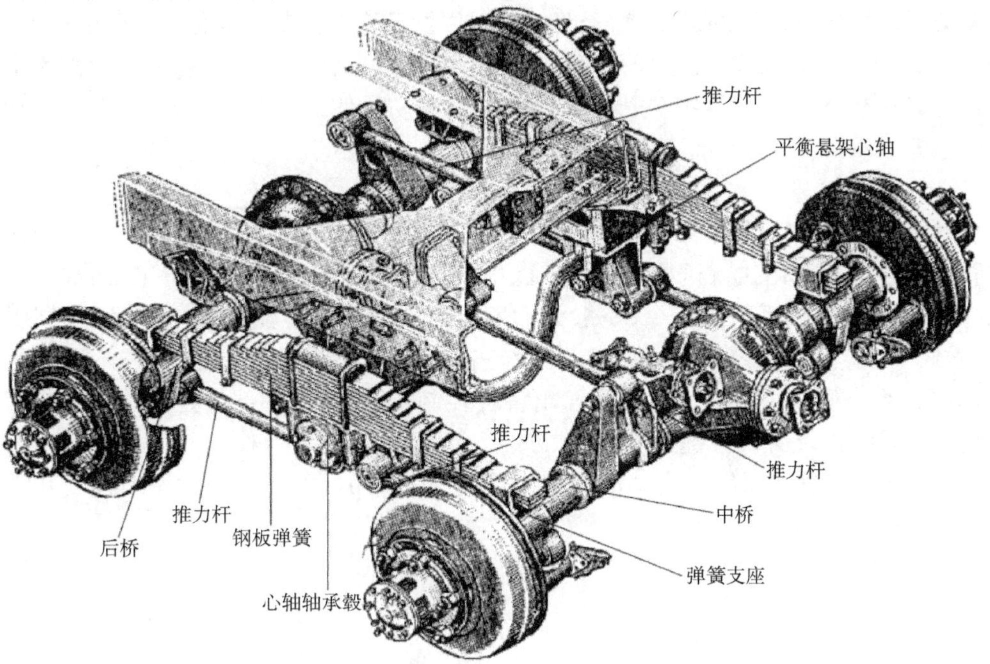

图 3-105　三轴越野汽车中、后桥的等臂式平衡悬架

2. 摆臂式平衡悬架

摆臂式平衡悬架（图 3-106）主要用于 6 m×2 m 的货车上。这种货车的结构特点是前桥为转向桥，中桥为驱动桥，后桥是可以升降的支持桥。当汽车在轻载或空载行驶时，可操纵举升油缸，通过杠杆机构将后轮（支持轮）举起，使 6 m×2 m 汽车变为 4 m×2 m 汽车。这不仅可减少轮胎的磨损，降低油耗，同时还可以增加空车行驶时驱动轮的附着力。为适应这种汽车总体布置的需要，中桥（驱动桥）和后桥（支持桥）就有必要采用摆臂式平衡悬架。中桥的悬架采用普通纵置半椭圆钢板弹簧，后吊耳不与车架相连接，而是与摆臂的前端相连，摆臂轴支架固定在车架上，摆臂的后端与汽车的后桥（支持桥）相连，左、右后支持轮之间无整轴联系。

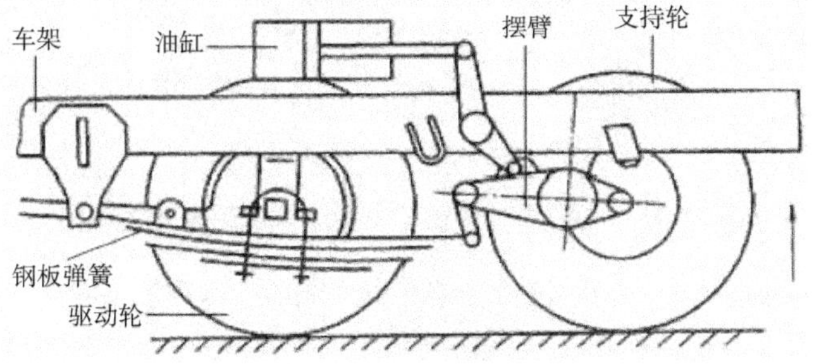

图 3-106　摆臂式平衡悬架

3.4.10 主动悬架与半主动悬架

悬架系统可根据汽车的运动状态、路面状况以及载荷等参数的变化，对悬架的刚度和阻尼进行动态的自适应调节，使悬架系统始终处于最佳减振状态。这种悬架系统称为主动悬架系统。其中包含动力源的主动悬架系统称为全主动悬架或有源主动悬架，不包含动力源的主动悬架系统称为半主动悬架或无源主动悬架。

1. 全主动悬架

主动悬架是在被动悬架系统（弹性元件、减振器、导向装置）中附加一个可控制作用力的装置。该装置通常由执行机构、测量系统、反馈控制系统和能源系统四部分组成。执行机构的作用是执行控制系统的指令，一般为力发生器或转矩发生器（液压缸、汽缸、伺服电动机、电磁阀等）。测量系统的作用是测量系统各种状态，为控制系统提供依据，包括各种传感器。控制系统的作用是处理数据和发出各种控制指令，其核心部件是电子计算机。能源系统的作用是为以上各部分提供能量。

（1）主动油气悬架系统。主动油气悬架系统（图 3-107）特点是通过调节油气弹簧的刚度达到主动调节的目的。

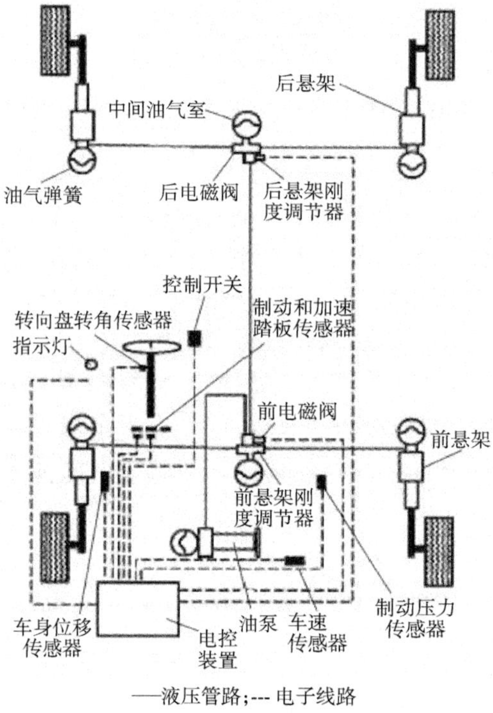

图 3-107　雪铁龙 XM 轿车主动油气悬架系统示意图

（2）主动空气悬架系统。主动空气悬架系统（图 3-108）特点是通过调节空气弹簧的刚度达到调节的目的。

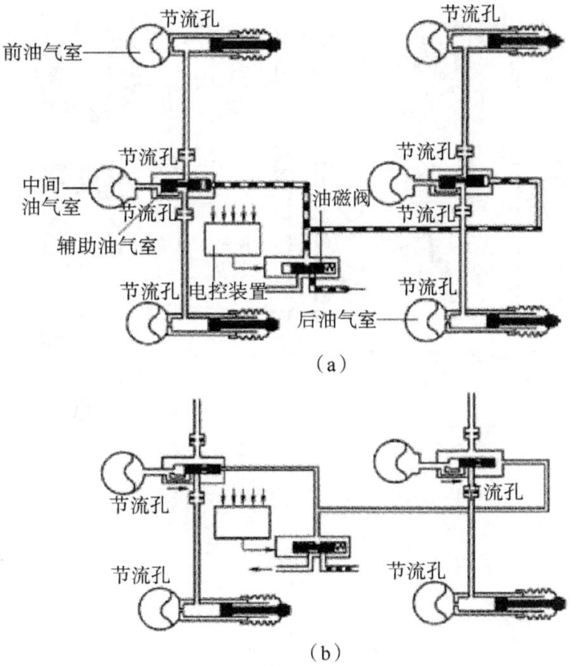

图 3-108　主动空气悬架系统示意图

(a)弹簧刚度减小时　(b)弹簧刚度增大时

(3)主动液力悬架系统。主动液力悬架系统特点是执行器(液压缸)中所采用的介质是不可压缩的油液，响应的灵敏度较高。当执行器(液压缸)发生作用时，液压缸中的活塞从上、下两侧接受油压，一侧油压上升，另一侧油压下降，从而使活塞做往复伸缩运动，以适应路面的凸凹，保持车身的平稳。

2. 半主动悬架

半主动悬架与主动悬架的区别是半主动悬架用可控阻尼的减振器取代了执行器。因此不考虑改变悬架的刚度，只考虑改变悬架的阻尼。半主动悬架无动力源，由可控的阻尼元件(减振器)和弹簧组成。

(1)有级式半主动悬架。有级式半主动悬架(图 3-109)将悬架系统中的阻尼分成两级、三级或更多级，由驾驶员选择或根据传感器信号自动选择所需要的阻尼级。

(2)无级式半主动悬架。无级式半主动悬架(图 3-110)的特点是根据汽车行驶的路面条件和行驶状态，对悬架系统的阻尼在几毫秒内由最小变到最大进行无级调节。

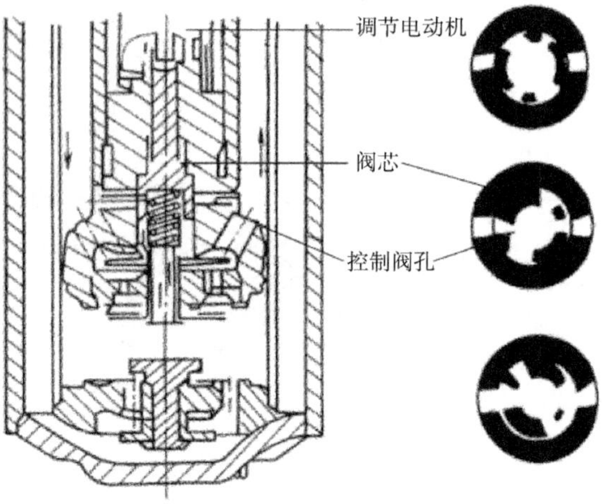

图 3-109　三级阻尼可调式减振器

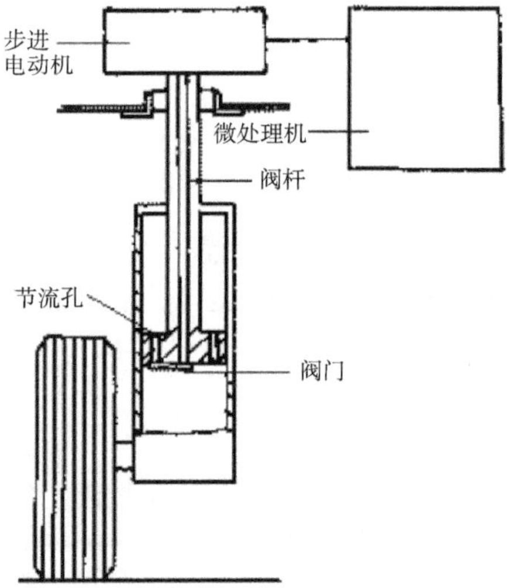

图 3-110　无级式半主动悬架

3.5　行驶系统的检修操作

3.5.1　更换与保养车轮

一、更换车轮

1. 检查轮胎故障

检查轮胎故障是车轮更换与保养的首要步骤。其直接关系到驾驶安全。在进行轮胎故障检查时，需要仔细观察轮胎的多个方面。

（1）检查轮胎表面是否有明显的破损、裂纹或鼓包。这些现象可能是由撞击、长时间高压使用或轮胎老化引起的。鼓包特别危险，因为它表明轮胎内部的帘线层已经断裂，随时有爆胎的风险。

（2）使用专业的胎纹深度计或硬币等简易工具，检查轮胎的胎纹深度。胎纹深度不仅影响轮胎的抓地力，还直接关系到轮胎的排水性能和耐磨性。当胎纹深度低于法定最低标准（通常为 1.6 mm）时，应立即更换轮胎。

（3）使用精确的胎压计，在轮胎冷却状态下（即车辆已停驶一段时间）检查气压。确保气压符合车辆制造商的推荐值。虽然气压检查不属于故障检查的范畴，但它对轮胎的性能和寿命有着重要影响。

（4）检查轮胎的磨损是否均匀。如果轮胎的一侧或某一部分磨损特别严重，可能是由车辆定位问题（如前束角、外倾角等）或驾驶习惯不良（如频繁急转弯）引起的。这种情况需要进行四轮定位或调整驾驶习惯。

（5）检查轮胎是否被尖锐物体扎破，导致漏气。有时钉子可能没有完全穿透轮胎，但已经造成了漏气。使用肥皂水等简单方法可以帮助检测漏气点。

2. 准备工具与材料

确保有合适的扳手、千斤顶、轮胎铁棒、新轮胎以及必要的轮胎安装工具。

3. 拆车轮

（1）使用扳手逐个松开车轮固定螺丝。注意采用对角线方式松开螺丝，以保持车轮的平衡。不要完全取下螺丝，以免车轮突然掉落。

（2）将千斤顶放置在车辆下方的适当位置（通常位于车辆底部的横梁或加强筋上），然后慢慢提升车辆，直到车轮离开地面。确保千斤顶稳固支撑车辆，以防意外发生。

（3）在车轮完全离开地面后，完全取下螺丝，并将车轮从轮毂上取下。注意保持车轮的平衡，以防其掉落或滚动造成伤害。

4. 扒轮胎

扒轮胎是轮胎更换过程中较为复杂的步骤之一，通常需要专业的扒胎机来完成。以下是扒轮胎的基本步骤：首先，将轮胎内的气体完全放出，以便更容易地将轮胎从轮辋上分离。如果轮胎上装有平衡块（用于校正轮胎动平衡的小铅块），应将其取下并妥善保存，以便在安装新轮胎时重新使用。其次，将轮胎放置在扒胎机上，用扒胎机夹钳固定住轮胎的一侧。然后，通过脚踏板控制车轮的旋转，同时使用撬棒等工具将轮胎的另一侧从轮辋上分离下来。这个过程需要一定的技巧和力量，以确保轮胎和轮辋不受损坏。

5. 装新胎

在扒下旧轮胎并准备好新轮胎后，就可以开始安装新轮胎了。以下是装新胎的基本步骤：首先，在安装新轮胎之前，应清洁轮辋上的杂质和油污，以确保轮胎与轮辋之间的紧密贴合。其次，在轮辋边缘涂抹适量的轮胎润滑剂（如肥皂水或专用润滑剂），以减少安装过程中的摩擦和阻力。同时，将新轮胎按正确的方向（通常轮胎上会有箭头指示旋转方向）套在轮辋上。然后，使用扒胎机或手工方法将轮胎逐渐推入轮辋中，直到完全到位。最后，在安装好轮胎后，使用充气泵为轮胎充气至适当的压力。在充气过程中，会听到轮胎发出“砰砰”的声音，这是轮胎与轮辋紧密贴合的表现。充气时应逐渐增加气压，并注意观察轮胎的变形情况,以确保气压均匀分布。

6. 装车轮

将更换好轮胎的车轮安装在轮毂上,打紧螺丝。调整每个轮胎的胎压,进行胎压复位。

7. 试车

完成所有安装后,进行试车以确保新轮胎安装无误且车辆行驶正常。

二、车轮保养

车轮作为车辆与地面接触的唯一部件,其状态直接影响着车辆的性能、安全性和使用寿命。因此,定期对车轮进行保养是至关重要的。

1. 定期检查轮胎气压

轮胎气压是影响轮胎性能的关键因素之一。过高或过低的气压都会导致轮胎磨损不均匀、油耗增加、操控性下降甚至爆胎等安全隐患。故使用适当的胎压计在冷胎条件下检查轮胎气压,应至少每月一次。将胎压保持到车辆标牌上建议的水平,以延长轮胎寿命,提高行驶安全性。

(1)工具准备。使用高质量的胎压计,确保测量准确。

(2)检查时机。在轮胎处于冷态(即车辆已停驶至少三小时,轮胎未受阳光直射或行驶影响)时进行检查。因为轮胎在行驶过程中会因摩擦而升温,导致气压上升,从而影响测量准确性。

(3)检查方法。逐个检查每个轮胎的气压,包括备胎(如果配备)。将胎压计的气嘴与轮胎气嘴对接,按下胎压计按钮读取气压值。

(4)调整气压。根据车辆制造商提供的推荐值调整轮胎气压。如果气压过高,应使用气门芯钥匙轻轻按下气门芯放气;如果气压过低,则使用充气泵进行充气。注意,调整气压时应逐渐进行,避免一次性调整过多导致轮胎损坏。

(5)记录与追踪。记录每次检查的气压值和调整情况,以便追踪轮胎气压的变化趋势,及时发现潜在问题。

2. 轮胎换位与四轮定位

由于车辆前后轴承重和驱动方式的不同,以及道路条件的差异,轮胎的磨损往往是不均匀的。定期进行轮胎换位和四轮定位可以确保轮胎磨损均匀,延长轮胎使用寿命,并提高车辆的操控性和行驶稳定性。因此每行进 10 000 km 后应进行一次四轮定位和轮胎换位,以保持轮胎磨损均匀。

换位周期。根据车辆使用情况和制造商的建议,通常每行驶 10 000 km 左右进行一次轮胎换位。但具体周期可能因车型、轮胎类型和驾驶习惯等因素而有所不同。

换位方式。根据车辆的具体情况和轮胎磨损情况选择合适的换位方式。常见的换位方式有交叉换位、前后换位等。

四轮定位。在轮胎换位的同时应进行四轮定位检查,以确保车轮定位参数(如前束角、外倾角等)在合理范围内。如果发现定位参数偏差较大,应及时进行调整。

3. 检查轮胎状况

及时发现并处理轮胎的潜在问题可以避免因轮胎故障导致的安全事故和经济损失。检查内容有以下几个方面。

(1)鼓包与裂缝。检查轮胎表面是否有鼓包、裂缝等异常情况。这些现象可能是由撞击、老化或胎压过高等原因引起的,应及时更换轮胎。

(2)割伤与扎钉。检查轮胎是否扎钉或被尖锐物体割伤。如果发现割伤较深或钉子已穿透轮胎,应立即进行处理(如修补或更换)。

(3)气门嘴橡胶老化。检查气门嘴橡胶是否老化、龟裂或漏气。如果发现老化现象严重,应及时更换气门嘴。

(4)不正常磨损。检查轮胎胎面及边缘的磨损情况。如果发现磨损不均匀(如一侧磨损严重、中间或两侧磨损严重等),可能是由车辆定位问题、驾驶习惯不良或轮胎质量问题引起的。应及时进行四轮定位、调整驾驶习惯或更换质量可靠的轮胎。

4. 保持轮胎清洁

定期清洗轮胎可以去除附着在轮胎表面的泥土、沙石等杂物,减少轮胎磨损和损伤的风险,并提高轮胎的散热性能。操作方法具体如下。

(1)使用专用清洁剂:选择适合轮胎材质的专用清洁剂进行清洗。避免使用强酸、强碱等腐蚀性清洁剂以免损伤轮胎表面。

(2)轻柔清洗:使用软毛刷或海绵轻轻刷洗轮胎表面,避免使用硬质工具或尖锐物体刮伤轮胎。

(3)冲洗干净:用清水冲洗干净轮胎表面的清洁剂和杂物,确保轮胎表面干净无残留。

(4)自然晾干:将清洗后的轮胎放置在阴凉通风处自然晾干,避免阳光直射或高温烘烤,以免加速轮胎老化。

5. 避免不良驾驶习惯

(1)避免急加速、急刹车和急转弯:这些操作会使轮胎在短时间内承受较大的负荷和摩擦力,加剧轮胎磨损和损伤的风险。

(2)注意路况:在行驶过程中注意观察路况,避免长时间在恶劣路面上行驶(如坑洼不平、尖锐石块等)。这些路面条件会对轮胎造成严重的冲击和磨损。

(3)合理控制车速:根据道路条件和车辆性能合理控制车速,避免超速行驶,以减少轮胎磨损和损伤的风险。

(4)定期检查车辆:除了定期检查轮胎外还应定期检查车辆的悬挂系统、制动系统等与轮胎相关的部件,确保其正常工作,以减少对轮胎的不良影响

6. 定期专业检查

定期去4S店或专业轮胎店进行专业检查,了解轮胎磨损程度和性能状况,如有问题可及时发现并处理。

3.5.2　车轮动平衡

车轮要做动平衡,必须动平衡机相应的设备,否则不仅会对轮胎造成伤害,而且还会影响驾驶操控。

一、什么是车轮动平衡

如何简单理解“动平衡”？就好比风扇，如果其中有一个扇叶重量比其他轻或者重，那么风扇转起来就会出现抖动，甚至异响的现象。动平衡的操作步骤如下所示。

（1）把轮胎拆卸下来后，对轮胎进行清洁，如图 3-111 所示。轮圈内的泥土或轮胎上的石子都要完全清洁，如果是旧轮胎，轮胎上可能会有旧的平衡块，也要把它拆下来。

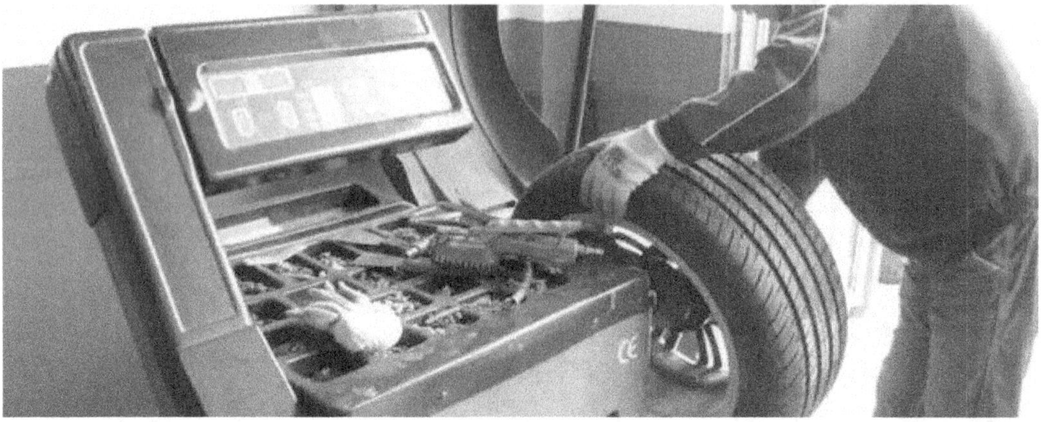

图 3-111　拆卸后清洁轮胎

（2）把轮胎装到动平衡机上，如图 3-112 所示，一定要用卡扣固定好，否则在高速旋转时会松动甚至脱落。

图 3-112　轮胎装到动平衡机上

（3）测量动平衡机需要的数值，例如动平衡机到轮胎钢圈的距离、钢圈的宽度、钢圈的半径，输入数据后，就可以按动平衡机上的开始按钮，如图 3-113 所示。

图 3-113　测量数值

（4）此时轮胎高速旋转（图 3-114），待轮胎停止后，动平衡机会显示轮胎偏差数值。

图 3-114　高速旋转的轮胎

（5）用手转动轮胎，当动平衡机内侧显示满格时（图 3-115），根据对应数值来添加平衡块。

图 3-115　内侧满格显示

（6）轮胎内侧完成后，继续用手转动轮胎，等待动平衡机外侧显示满格时（图 3-116），同样根据数值来添加对应平衡块。

图 3-116　多侧满格显示

（7）轮胎内外侧都添加平衡块后，再次按动动平衡机开始按钮，轮胎停止旋转后，如果显示数值都为 0，那表明动平衡完成，如图 3-117 所示。

图 3-117　数值显示为 0

（8）如果数值为其他数字，可以按照第（5）到（7）步骤重新来测，如图 3-118 所示。

图 3-118　重测数值现况

二、为什么要做车轮动平衡

因为要保持轮胎内侧和外侧平衡。前面简单讲述了动平衡的原理，汽车的车轮由轮胎和轮毂组成的一个整体，但是因为制造上不可避免的因素，这个整体并不是一一分布均匀。当车辆高速旋转起来后，就会造成车辆抖动、方向盘震动的现象。

车轮动平衡分为两种，分别是静平衡和动平衡。静平衡是指车轮的重心与旋转轴心在同一线上，停止转动时的位置是任意的。如果一个车轮每次停止转动时的位置都是相同的，则说明该车轮是静不平衡。

动平衡是指车轮转动过程中所表现出的现象，由于质量相对车轮的对称面不对称，当车轮高速转动时就会左右摆动。这就是车轮动不平衡现象。具体表现是车轮会出现抖动，方向盘在高速中也会出现抖动现象。

车轮动平衡需要专用的仪器进行操作，建议到专业的维修店或者 4S 店进行。一般情况下，当更换轮胎、轮毂或是补过轮胎后发生过碰撞事故，维修都应该做动平衡。此外，个别车辆使用时间过长，也会造成动平衡配重块脱落。其会导致轮胎的配重平衡失衡，会使车辆在一定速度行驶时，出现方向盘抖动。长时间方向盘抖动，还会造成转向系统损坏。

3.5.3 更换汽车转向助力油

转向助力油的更换步骤有多种方法，以下提供几种不同的操作方式。

方法一：使用千斤顶将汽车前轮抬起，确保手刹已拉紧，以减轻更换助力泵时的负担；小心使用管口钳拆开助力油的回油管，避免过度用力损坏接口，并将回油管置于废弃瓶中，以便抽空旧油。

方法二：启动汽车，使用抽油器将旧的助力油完全吸出；注入新的助力油后，反复转动方向盘，确保新油充分渗透并起到清洗作用，为了彻底清洗，建议大幅度、轻微地左右转动方向盘。

方法三：准备一根吸油管和一根加油管，启动车辆并打开动力转向油壶盖；将两根管子放入油壶内，开启循环机，并在车内不断转动方向盘，使动力转向油流动，直至油壶内的油变得干净。

方法四：抬起汽车前轮，松开动力转向装置下的放油螺塞或回油管，将旧油排入容器中；启动发动机，怠速运转，同时反复将方向盘打到底，直至液压油完全排出。

方法五：使用千斤顶抬起汽车前轮，并拉紧手刹；利用抽油器抽空旧的助力油，并在抽空过程中不断转动方向盘，确保旧油被完全抽出。

请注意，在进行转向助力油更换时，务必遵循正确的操作步骤，确保操作安全，并根据车辆的具体情况选择合适的更换方法。

3.5.4 认知汽车四轮定位

汽车四轮定位是汽车维护与保养中极为重要的一环，直接关系车辆的操控性、稳定性、安全性以及轮胎的寿命。详细理解四轮定位，需要从其定义、目的、过程、影响因素以及维护周期等多个方面进行了解。

1. 四轮定位的定义

四轮定位,是指对汽车的四个车轮相对于车辆和路面的位置进行精确调整的过程。这包括车轮的前束角、外倾角、主销后倾角、主销内倾角等参数的测量与调整。这些参数共同决定了车轮在行驶过程中的运动轨迹和轮胎与地面的接触状态。

2. 四轮定位的目的

(1)提高操控性:通过调整车轮定位参数,车辆在行驶过程中能够更准确地响应驾驶员的操控指令,提高操控稳定性和灵敏度。

(2)延长轮胎寿命:合理的车轮定位可以减少轮胎的不正常磨损,延长轮胎的使用寿命,降低更换轮胎的频率和成本。

(3)提升行驶安全性:车轮定位不当可能导致车辆跑偏、抖动等问题,增加行驶风险。通过四轮定位,可以消除这些安全隐患,提升行驶安全性。

(4)减少油耗:车轮定位准确可以降低轮胎与地面的滚动阻力,减少车辆行驶过程中的能量损失,从而降低油耗。

3. 四轮定位的过程

(1)准备工作:需要将车辆停放在专业的四轮定位仪上,并确保车辆处于水平状态;使用专用工具拆卸车轮上的装饰盖和平衡块等附件,以便进行后续测量。

(2)参数测量:利用四轮定位仪的传感器和计算机系统,对车轮的前束角、外倾角、主销后倾角、主销内倾角等参数进行精确测量,这些测量数据将作为后续调整的依据。

(3)数据分析:将测量得到的数据与车辆制造商提供的标准数据进行对比,分析车轮定位参数是否存在偏差以及偏差的程度。

(4)调整与校验:根据数据分析结果,使用专用工具对车轮定位参数进行调整。调整完成后,再次进行测量以验证调整效果。如果仍有偏差,则继续进行调整直至达到标准范围。

(5)完成与测试:调整完成后,安装回车轮上的装饰盖和平衡块等附件,并进行路试以检验调整效果。路试过程中应注意观察车辆的行驶稳定性和操控性是否有所改善。

4. 影响四轮定位的因素

(1)道路条件:长期在不平整或恶劣的道路上行驶会导致车轮定位参数发生变化。

(2)驾驶习惯:急加速、急刹车、急转弯等不良驾驶习惯会加剧车轮定位参数的偏移。

(3)车辆事故:车辆发生碰撞或事故后,车轮定位参数往往会受到影响而发生变化。

(4)车辆维修:更换或维修悬挂系统、转向系统等部件时,如果操作不当也可能导致车轮定位参数发生变化。

5. 四轮定位的维护周期

四轮定位的维护周期因车型、使用条件及驾驶习惯等因素而异。一般来说,建议车主根据车辆制造商的建议和自身使用情况来确定四轮定位的维护周期。通常情况下,每行驶10 000 km 至 20 000 km 进行一次四轮定位检查是比较合适的。如果车辆在使用过程中出现跑偏、抖动等异常情况,也应及时进行四轮定位检查以排除故障。

汽车四轮定位是确保车辆操控性、稳定性、安全性和轮胎寿命的重要环节。车主应重视四轮定位的维护与保养工作,定期进行检查和调整以确保车辆始终处于最佳状态。

3.5.5 更换汽车减震器

更换汽车减震器是一项需要专业技能和细致操作的任务。其直接关系车辆的行驶平稳性和安全性。

1. 准备工作

（1）工具准备：准备好所需的工具，包括专用扭力扳手、套筒、卡钳千斤顶、羊角分离器、避震弹簧压缩器等。这些工具在拆卸和安装减震器过程中至关重要。

（2）车辆准备：将车辆停放在平坦且安全的地方，关闭发动机并拉起手刹。同时，确保车辆周围有足够的空间以便进行操作。

2. 拆卸旧减震器

（1）打开发动机舱盖：首先，打开发动机舱盖，找到并标记减震器顶部的螺丝位置。这些螺丝用于固定减震器与车身的连接。

（2）拆卸轮胎：使用举升机将车辆抬起至适当高度，或使用千斤顶和支撑架将车辆的一侧抬起。然后按照对角顺序使用套筒将车轮螺母彻底拧下，并取下车轮。

（3）拆卸平衡杆小吊杆：部分车型可能需要拆卸平衡杆小吊杆以便更好地接近减震器。使用适当的工具拆卸小吊杆，并妥善保管好相关部件。

（4）拆卸减震器固定螺丝：使用专用扭力扳手按照对角顺序松开并拆下减震器顶部的固定螺丝。同时，注意拆卸减震器上的其他部件，如刹车油管、ABS 传感器等，并妥善保管好这些部件以免损坏。

（5）分离减震器和弹簧：使用避震弹簧压缩器将弹簧压缩至一定程度，以便将减震器从弹簧上分离出来。在分离过程中要特别小心，以免弹簧突然释放造成危险。

3. 安装新减震器

（1）准备新减震器：检查新减震器的型号和规格是否与旧减震器相匹配，并确保其处于良好的工作状态。

（2）安装减震器：将新的减震器安装到弹簧上，并确保其安装方向和位置正确。然后，将减震器总成放回车辆上，并使用专用扭力扳手按照对角顺序紧固固定螺丝。

（3）连接其他部件：将之前拆卸的刹车油管、ABS 传感器等部件重新连接到减震器上，并确保连接牢固可靠。

（4）安装轮胎：将车轮安装回车辆上，并使用套筒按照对角顺序紧固车轮螺母。注意不要过紧或过松，以免影响车轮的动平衡和行驶安全。

4. 检查和测试

（1）检查安装情况：仔细检查减震器的安装情况，确保所有部件都已正确安装并紧固到位。同时，检查刹车油管、ABS 传感器等部件的连接情况是否良好。

（2）进行路试：启动发动机并驾驶车辆进行路试，检查减震器的工作情况是否正常。注意观察车辆的行驶平稳性和操控性是否有所改善。

5. 注意事项

（1）安全第一：在整个更换过程中要始终注意安全，避免发生意外事故。特别是在拆卸和安装减震器时要特别小心，以免被弹簧或其他部件夹伤。

（2）专业操作：如果您不熟悉汽车结构和维修操作，建议将更换减震器的任务交给专业的汽车维修技师来完成。他们具备丰富的经验和专业的技能，能够确保更换过程的安全和有效。

（3）使用专用工具：在更换减震器时要使用专用的工具和设备，以确保操作的准确性和可靠性。不要使用不合适的工具或方法进行拆卸和安装，以免损坏车辆或造成安全隐患。

通过以上步骤和注意事项的详细介绍，相信您对更换汽车减震器的操作有了更深入的了解。在实际操作中，请务必按照步骤进行并注意安全事项，以确保更换过程的顺利进行和车辆的正常使用。

3.6　行驶系统常见故障

1. 轮胎不正常磨损

引起轮胎磨损不正常的原因很多，如使用和维修调整不当、轮胎换位不及时，都会使轮胎磨损加快。

1）前轮胎不正常磨损

胎冠由外侧向内侧呈锯齿状磨损的原因主要是前束过大或过小，引起轮胎偏磨，当前束过大时，胎侧外侧磨损严重；前束过小或没有前束时，胎冠内侧磨损严重，且锯齿状与前束过大时相反。其他影响前轮胎磨损不正常的原因有以下几种。

（1）前轮外倾失调引起前轮胎磨损不正常。

（2）主销后倾失调。

（3）减振器缺油或失效。

（4）前轴变形。

（5）竖直拉杆球头松旷或转向盘自由行程过大。

（6）前钢板弹簧U形螺栓松动。

（7）轮辋径向跳动及端面跳动量超差。

（8）前轴负荷过大或轮胎气压过高或过低。

2）后轮胎不正常磨损的原因

（1）因半轴套管弯曲，车辆每转动一周，将产生滑磨现象，使轮胎成锯齿状磨损，超载严重时更易产生。

（2）U形螺栓松动后，未予紧固，使钢板弹簧松动而位移，造成汽车前、后轴距不相等，汽车行驶阻力增加，轮胎磨损加剧。

（3）钢板弹簧中心螺栓被剪断或弯曲。

（4）钢板弹簧销与衬套磨损后间隙过大，而使前后轴距不相等，加速轮胎的磨损。

（5）制动单边或咬死，使车轮局部磨损严重。

（6）主、副钢板弹簧弹性不足，增加轮胎的磨损。

（7）经常使用紧急制动，加速轮胎的磨损。

（8）长时间的车轮打滑现象，使磨损加剧。

(9)后轮双胎气压不一样,气压高的轮胎磨损加剧。

(10)后轮双胎间距过小时,易发生相互摩擦;间距过大时,内轮胎负荷过重,磨损加剧。

(11)夏天气温高,行驶时间过长时,因过热而使胎面胶层易脱落。

(12)经常严重超载,使轮胎变形增大,行驶时产生过多热量,易使橡胶老化。

(13)轮辋拱曲,易使轮胎产生波浪形的磨痕。

(14)铁块、石头及坚硬物体划破胎侧。

(15)子午线轮胎因轮辋太窄、轮胎太宽,从胎侧面数起,第二道花纹易产生磨损。

2. 行驶跑偏

1)现象

一辆某型汽车,行驶时突然感到有向右跑偏现象,驾驶员必须向左握紧方向盘,才能保持直线行驶,稍微放松一点,车辆就向右跑偏。

2)原因及分析

故障原因为左后钢板弹簧总成向前窜动(因U形螺栓未拧紧,钢板弹簧中心螺栓被剪断),使驱动桥总成向右倾斜,造成汽车两侧前、后轴距不一致,故向右产生行驶跑偏现象。

3)诊断

可目测后钢板弹簧中心是否与驱动桥壳中心同在一轴线上,或用直钢尺测量最下边的钢板弹簧与驱动桥钢板弹簧座两侧的距离是否一致,也可观察钢板弹簧总成两端与副钢板支架的距离是否对称来判断。

4)处理

拆下钢板弹簧总成,重新用中心螺栓予以紧固,按规定扭力紧固U形螺栓。

5)影响行驶跑偏的其他原因

(1)前轮左右轮胎气压不一致。

(2)前轮左右轮毂轴承间隙不相同,一侧过紧或过松,产生跑偏现象。

(3)前钢板弹簧左右弹力不一致,使汽车中心倾斜,两侧减振器效能不一。

(4)前轮左右车辆定位不当。

(5)前后有一钢板弹簧折断或移位。

(6)前轴及车架变形过大。

(7)一侧钢板弹簧销与衬套间隙过大。

(8)转向臂变形。

3. 制动跑偏

1)现象

一辆某型汽车,在车速为30 km/h时紧急制动,发生向右跑偏现象。但制动效果尚好,各轮压痕及拖印基本相似。

2)原因及分析

故障原因为左后钢板弹簧前端固定支架铆钉严重松旷。当汽车行驶时,后轮通过钢板弹簧使车架与车轮一起朝前运动,尽管固定支架铆钉有间隙,但对车辆朝前正常行驶无大的影响。当汽车实行紧急制动时,后轮停止运转,使钢板弹簧随后轮停止向前运动。但由于钢板弹簧前端固定支架铆钉松动、间隙过大,车架在运动惯性作用下,可继续在间隙内前移。

由于车架的前移，左后钢板则拉动前端固定支架及后轮一起相对于车架朝后移动。这样，左侧前后轮的轴距大于右侧轴距，使车辆向右产生制动跑偏现象。

3）诊断

检查左后钢板弹簧前端固定支架有无松动及磨损现象，若有即为此种故障。

4）处理

应更换固定支架并重新铆紧，防止松动现象发生。

5）影响制动跑偏的其他原因（制动系本身引起跑偏的原因不在此列）

（1）钢板弹簧与衬套磨损过度、间隙过大。

（2）U 形螺栓严重松动，使驱动桥移位。

（3）钢板弹簧中心螺栓剪断，产生错位现象。

（4）第一片后钢板弹簧前端断裂。

（5）钢板弹簧吊耳紧固螺栓断裂。

4. 前轮异常磨损

1）现象

一辆使用时间不到两年的某东风系列大客车，在一次大修过程中，对前桥各部进行彻底的维修保养，更换主销、转向节衬套及转向节推力轴承等，并按要求调整前束，更换两只符合使用要求的全新轮胎（与原型号一致）。但行驶不久后驾驶员发现，当行驶速度达 40 km / h 时，转向盘就产生振摆现象，振摆厉害时，车身都振动；不振摆时，即使是行驶在水泥路面，前轮也产生一种跳动感。在一次维修保养中发现，两前轮外侧呈锯齿状磨损且相当严重，轮胎中部磨损成深 20 mm 的弧形凹坑，中部胶层全部磨掉，有个别地方可看见内胎。转向节推力轴承被挤散、磨损，罩壳破裂，形成 4~5 mm 的间隙。后在一次行驶中，因左前轮磨损过度，内胎被石子戳穿而爆裂。换用一只新轮胎（规格型号同前）后行驶不到半月，就明显出现左前轮外侧的锯齿状磨损，故障现象依然如前。

2）原因及分析

此种故障现象许多老驾驶员、修理人员均未遇见过。经过讨论，认为故障原因是前轴变形或轮胎质量过差或气压过高，但都无充分理由。前轴凭目测并无明显变形，其他车换用同一规格轮胎行驶两年，均磨损正常。经过分析，认为应该从前束入手逐步检查。当测量前束值时，发现前束值有 50 mm（一般为 1~5 mm）。这可能是修理厂修理人员错把卷尺上的厘米看成毫米，使前束值增大 10 倍以上。由于前束值增大过多，易使前轮产生摇摆。当汽车高速行驶时，作用在前轮的驱动力因前束过大将产生一个轴向分力，此分力作用在前轮外侧上，使前轮一边滚动一边产生跳动，形成严重的锯齿状磨损。由于前轮的上下跳动加速了转向节推力轴承的磨损，使其上下间隙增大。增大后的间隙更易造成前轮的上下跳动，使前轮正面磨损成凹陷状。由于前束值在换用新胎后又没有检查调整，故使用不久，新前轮外侧又磨损成锯齿状，且胎面磨损相当严重。

从以上简略分析可知，该车一切不正常的现象均是由前束值太大所引起。

3）处理

按规定值调整前束，更换两只新推力轴承并调整转向节上下间隙后，故障现象全部消失，轮胎磨损正常，锯齿状磨痕不再出现。

第4章 转向系统学习

4.1 汽车转向系统概述

汽车转向系统是用来改变汽车行驶方向的专设机构的总称。汽车转向系统的功用是保证汽车能按驾驶员的意愿进行直线或转向行驶。

4.1.1 转向系统的基本组成

(1)转向操纵机构:主要由转向盘、转向轴、转向管柱等组成。

(2)转向器:将转向盘的转动变为转向摇臂的摆动或齿条轴的直线往复运动,并对转向操纵力进行放大的机构。转向器一般固定在汽车车架或车身上,转向操纵力通过转向器后一般还会改变传动方向。

(3)转向传动机构:将转向器输出的力和运动传给车轮(转向节),并使左右车轮按一定关系进行偏转。

4.1.2 转向系统的类型及工作原理

按转向能源的不同,转向系统可分为机械转向系统和动力转向系统两大类。

1. 机械转向系统

机械转向系统以驾驶员的体力作为转向能源,所有传递力的构件都是机械的。其主要由转向操纵机构、转向器和转向传动机构三大部分组成。

图4-1是一种机械转向系统。需要转向时,驾驶员对转向盘1施加一个转向力矩,该力矩通过转向轴2输入转向器8。从转向盘到转向传动轴这一系列部件和零件即属于转向操纵机构。作为减速传动装置的转向器中有1、2级减速传动副,转向系统中的转向器为单级减速传动副。经转向器放大后的力和减速后的运动传到转向横拉杆6,再传给固定于转向节3上的转向节臂5,使转向节和它所支承的转向轮偏转,从而改变汽车的行驶方向。这里转向横拉杆和转向节臂属于转向传动机构。

当前轮为独立悬架时,机械转向系统的组成及布置与红旗某型轿车相似,如图4-2所示。

当前轮为非独立悬架时,机械转向系统的组成及布置如图4-3所示。由于转向盘距离转向器较远,二者之间用万向节和传动轴构成的万向传动装置相连。

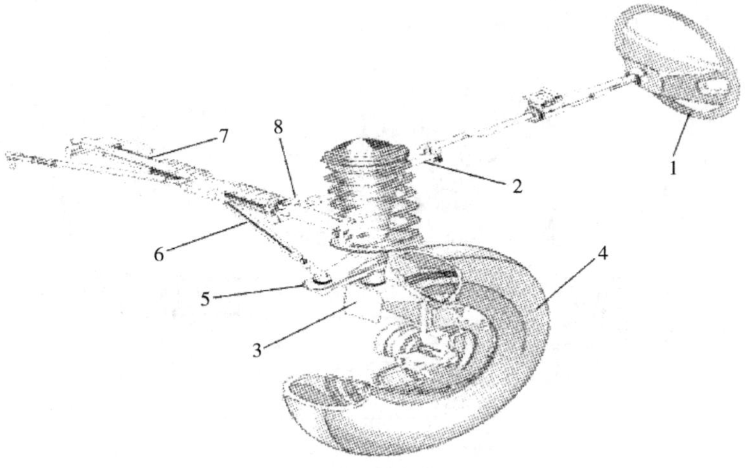

图 4-1　机械转向系统

1—转向盘；2—安全转向轴；3—转向节；4—转向轮；5—转向节臂；6—转向横拉杆；7—转向减振器；8—机械转向器

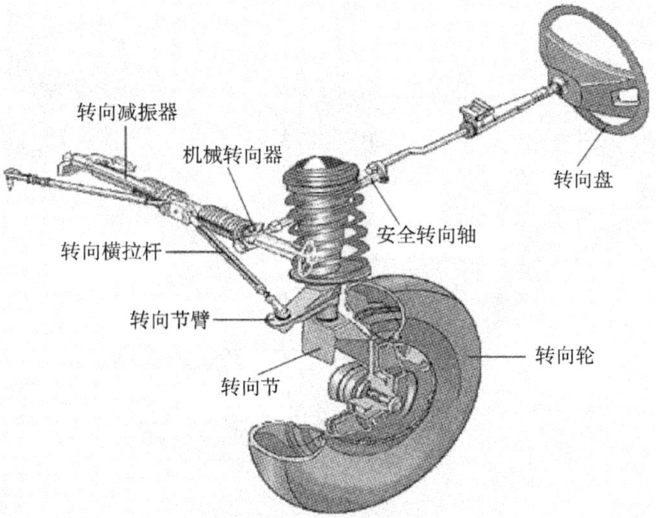

图 4-2　红旗某型轿车机械转向系统

2. 动力转向系统

动力转向系统是兼用驾驶员体力和发动机（或电动机）的动力为转向能源的转向系统。其是在机械转向系统的基础上加设一套转向加力装置而形成的。

图 4-4 为一种液压式动力转向系统示意图。其中，属于转向加力装置的部件是转向油泵 5、转向油管 4、转向油罐 6 以及位于整体式转向器 10 内部的转向控制阀及转向动力缸等。当驾驶员转动转向盘 1 时，转向摇臂 9 摆动，通过转向直拉杆 11、转向横拉杆 8、转向节臂 7，使转向轮偏转，从而改变汽车的行驶方向。与此同时，转向器输入轴还带动转向器内部的转向控制阀转动，使转向动力缸产生液压作用力，帮助驾驶员转向操纵。这样，为了克服地面作用于转向轮上的转向阻力矩，驾驶员需要加于转向盘上的转向力矩比用机械转向

系统时所需的转向力矩小得多。

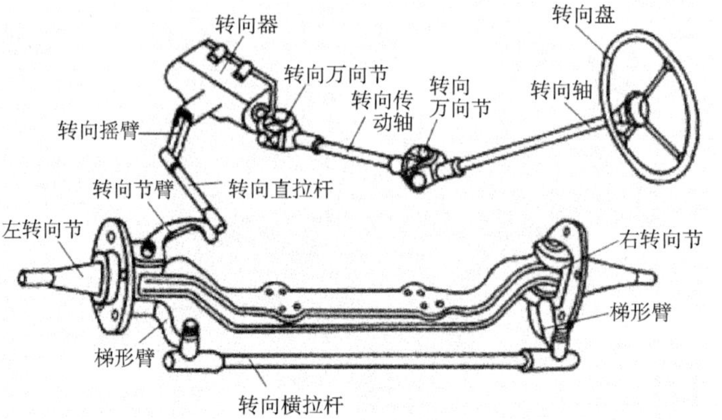

图 4-3　机械转向系统示意图(前轮为非独立悬架)

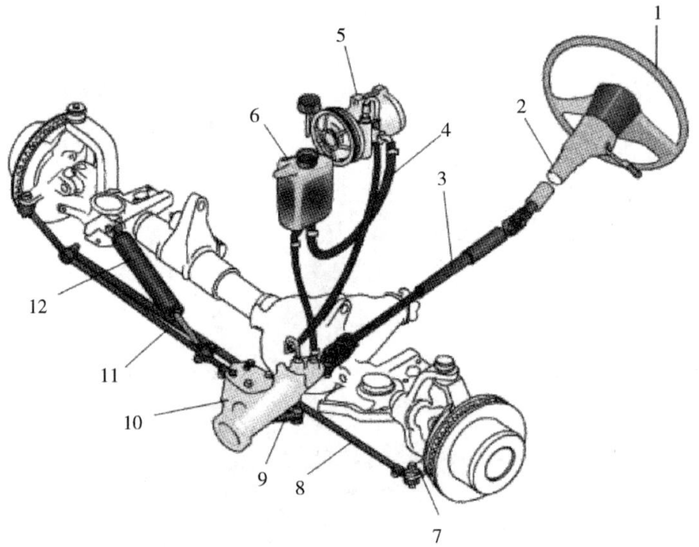

图 4-4　液压式动力转向系统示意图

1—转向盘;2—转向轴;3—转向中间轴;4—转向油管;5—转向油泵;6—转向油罐;7—转向节臂;8—转向横拉杆;9—转向摇臂;10—整体式转向器;11—转向直拉杆;12—转向减振器

图 4-5 为长安某型轿车动力转向系统示意图,图 4-6 为北京某型汽车的动力转向系统示意图。

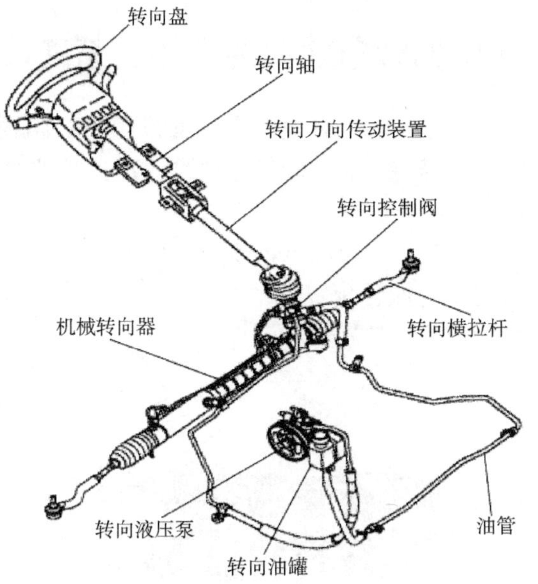

图 4-5　长安某型轿车动力转向系统示意图

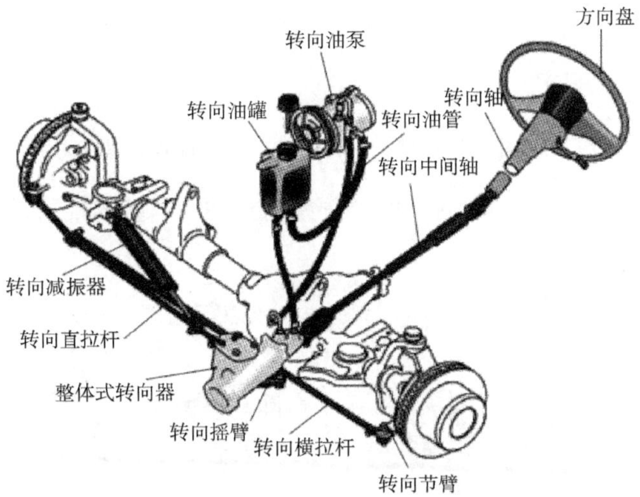

图 4-6　北京某型汽车动力转向系统示意图

4.1.3　对转向系统的要求

(1)要求工作可靠,操纵轻便。

(2)转向机构应能减少地面传到转向盘上的冲击,并保持适当的路感。

(3)当汽车发生碰撞时,转向装置应能减轻或避免对驾驶员的伤害。

4.1.4 两侧转向轮偏转角之间的理想关系式

汽车转向行驶时，为了避免车轮相对地面滑动而产生附加阻力，减轻轮胎磨损，要求转向系统能保证所有车轮均做纯滚动，即所有车轮轴线的延长线都要相交于一点，如图 4-7 所示。即

$$\cot \alpha = \cot \beta + B / L$$

式中 α、β——内、外侧转向轮的偏转角；

B——两侧主销轴线与地面相交点之间的距离；

L——汽车轴距。

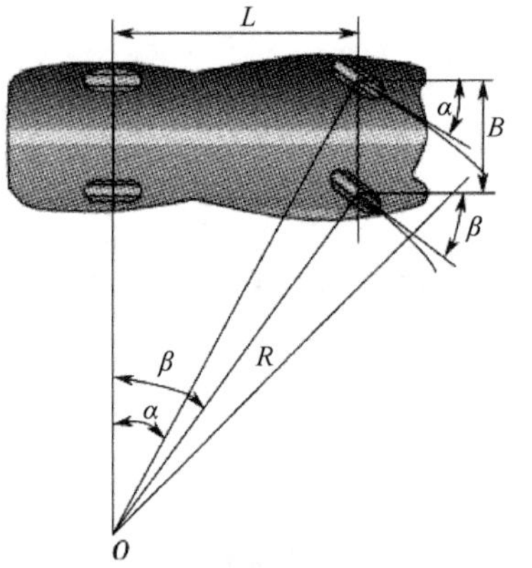

图 4-7 双轴汽车转向时两侧转向轮偏转角的理想关系

如果是多轴汽车转向，转向轮转角间的关系与双轴汽车基本相同，如图 4-8 所示。

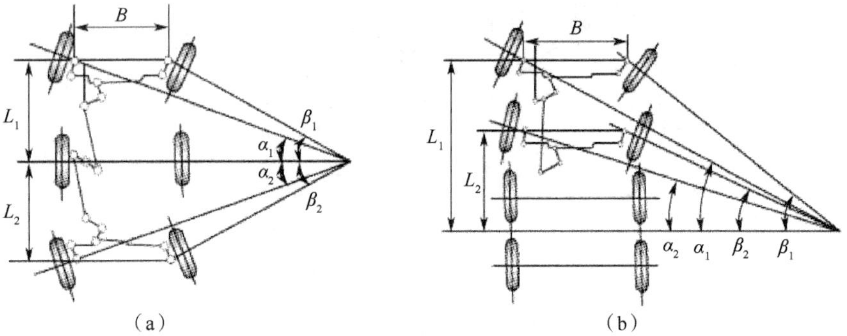

图 4-8 多轴汽车转向示意图

(a)三轴汽车一、三桥转向 (b)四轴汽车双前桥转向

4.1.5 转向系统传动比

1. 转向器角传动比

转向盘转角增量与相应的转向摇臂转角增量之比 i_1 称为转向器角传动比。

2. 转向传动机构角传动比

转向摇臂转角增量与转向盘一侧转向节的相应转角增量之比 i_2 称为转向传动机构角传动比。

3. 转向系统角传动比

转向盘转角增量与同侧转向节相应转角增量之比 i 称为转向系统角传动比，且

$$i=i_1i_2$$

4. 转向系统力传动比

两个转向轮受到的转向阻力与驾驶员作用在转向盘上的力之比 i_p 称为转向系统力传动比，它与转向系统角传动比 i_o 成正比。

4.1.6　转向盘的自由行程

转向盘在空转阶段的角行程称为转向盘的自由行程。转向盘的自由行程有利于缓和路面冲击，避免驾驶员过度紧张，但不宜过大，否则将使转向灵敏性能下降。

4.2　机械转向系统

4.2.1　转向操纵机构

1. 转向操纵机构的组成及布置

转向盘到转向器之间的所有零部件总称为转向操纵机构。其布置如图 4-9 所示。

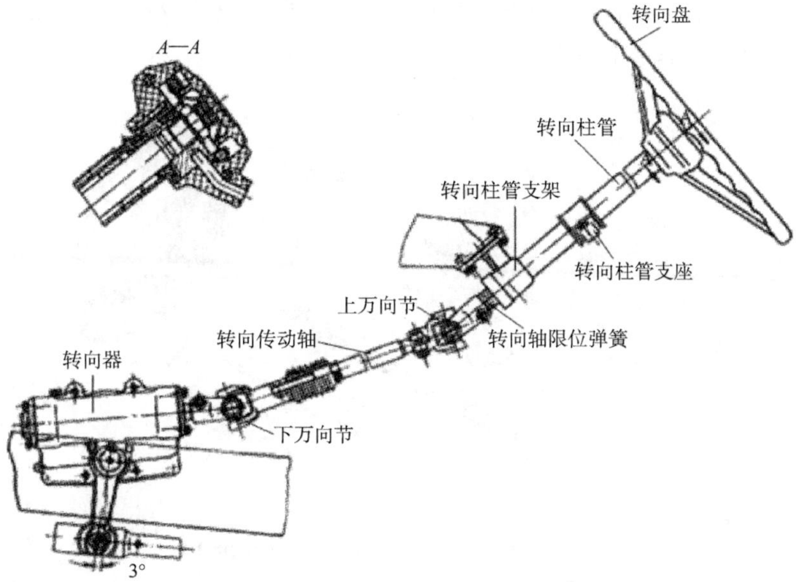

图 4-9　东风某型汽车转向操纵机构和转向器布置图

2. 转向操纵机构的部件及安全装置

1)转向盘

转向盘(图 4-10)由轮缘、轮辐和轮毂组成。转向盘轮毂的细牙内花键与转向轴连接,转向盘上都装有喇叭按钮。轿车的转向盘上还装有车速控制开关和安全气囊。

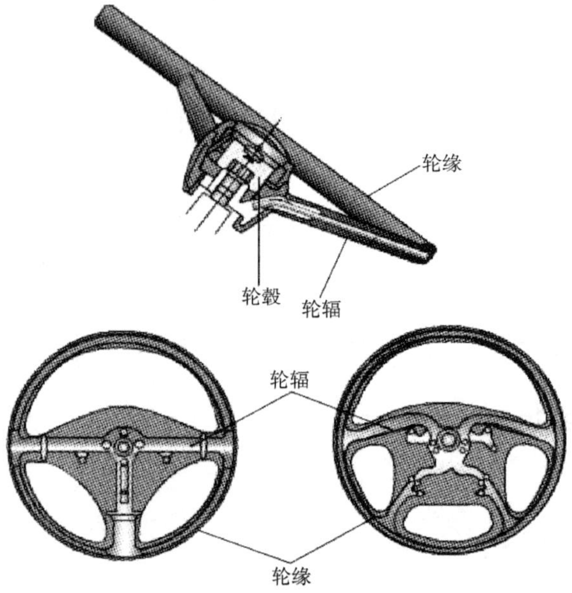

图 4-10 转向盘的构造

2)转向轴、转向柱管及其吸能装置

转向轴是连接转向盘和转向器的传动件,转向柱管固定在车身上,转向轴从转向柱管中穿过,支承在柱管内的轴承和衬套上,如图 4-11 所示。

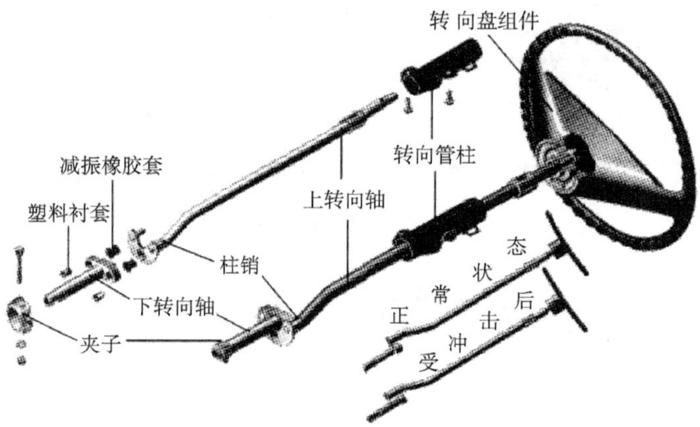

图 4-11 桑塔纳某型轿车转向盘与转向轴

轿车除要求装有吸能式转向盘外,还要求转向柱管必须装备能够缓和冲击的吸能装置。转向轴和转向柱管吸能装置的基本工作原理是当转向轴受到巨大冲击而产生轴向位移时,转向柱管或支架通过产生塑性变形、转向轴产生错位等方式，吸收冲击能量。

长安某型轿车转向柱管吸能装置（图 4-12）的工作原理：发生碰撞时，转向器向后移动，下转向传动轴插入上转向传动轴的孔中，上转向传动轴被压扁，吸收了冲击能量。此外，转向柱管通过支架和 U 形金属板固定在仪表板上。当驾驶员身体撞击转向盘后，转向管柱和支架将从仪表板上脱离下来向前移动。这时，一端固定在仪表板上而另一端固定在支架上的 U 形金属板就会产生扭曲变形并吸收冲击能量。

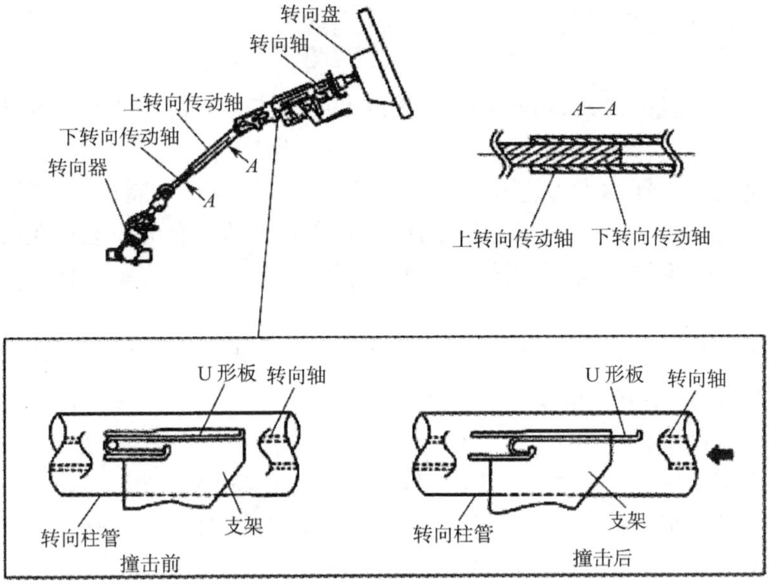

图 4-12　长安某型轿车转向柱管吸能装置示意图

如果汽车上装了网格状（图 4-13）或波纹管式（图 4-14）转向柱管吸能装置，当发生猛烈撞车导致人体冲撞转向盘时，网格部分或波纹管部分将被压缩产生塑性变形，吸收冲击能量。

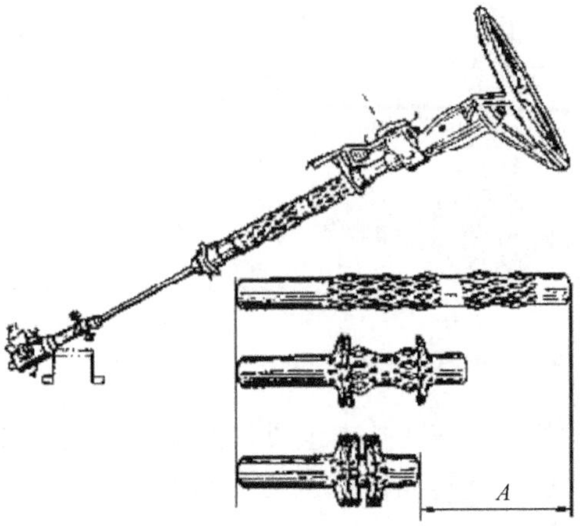

图 4-13　网格状转向柱管

图 4-14　波纹管式转向柱管

4.2.2 转向器

1. 转向器的传动效率

转向器的输出功率与输入功率之比称为转向器传动效率。

1)正效率

功率由转向轴输入,由转向传动机构(如转向横拉杆或摇臂)输出的情况下求得的传动效率称为正效率,显然正效率越高越好。

2)逆效率

功率由转向传动机构输入,由转向轴输出的情况下求得的传动效率称为逆效率。

3)可逆式转向器

逆效率很高的转向器称为可逆式转向器。其特点是路面传到转向传动机构的反力很容易传到转向轴和转向盘上,利于汽车转向结束后转向轮和转向盘的自动回正,但也能将坏路面对车轮的冲击力传到转向盘,发生打手情况,因此常用于轿车、客车和货车。

4)不可逆式转向器

逆效率很低的转向器称为不可逆式转向器。不可逆式转向器使转向轮不能自动回正、没有路感。因此,在汽车上很少采用。

5)极限可逆式转向器

逆效率略高于不可逆式转向器的转向器称为极限可逆式转向器。其反向传力性能介于可逆式和不可逆式之间,接近于不可逆式。采用这种转向器时,驾驶员有一定路感,可以实现转向轮自动回正。只有路面冲击力很大时,才能部分地传到转向盘。因此常用于越野车和矿用自卸汽车。

2. 齿轮齿条式转向器

齿轮齿条式转向器是以齿轮和齿条传动作为传动机构,适合与麦弗逊式独立悬架配用,常用于轿车、微型货车和轻型货车。齿轮齿条传动的基本工作原理如图 4-15 所示。

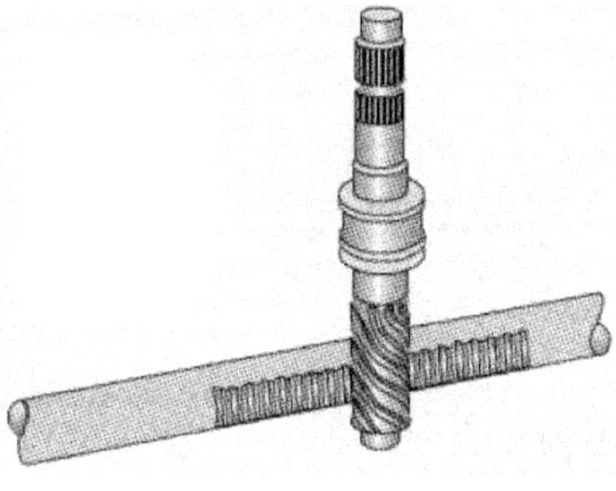

图 4-15 齿轮齿条传动的基本工作原理

目前,轿车普遍采用的都是齿轮齿条式转向器。其基本组成如图 4-16 所示。捷达轿车转向器(图 4-17)的安装及布置如图 4-18 所示。其转向器通过两个 U 形支架和橡胶管支承并固定在副车架上,两个转向横拉杆分别通过球头销与转向齿条的两端相连。有些轿车转向齿条的动力不是从两端输出,而是从中间输出,如图 4-19 所示。

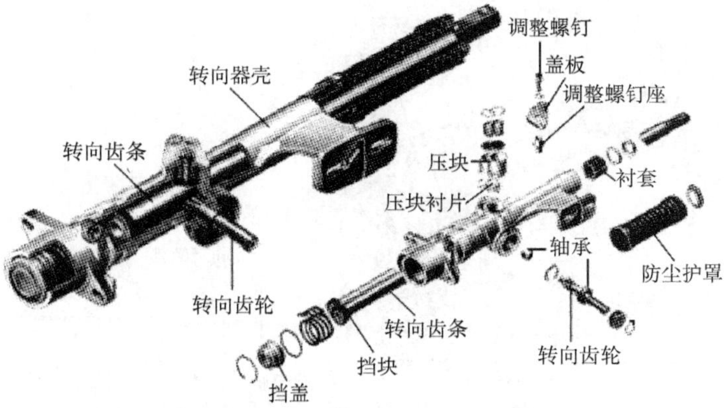

图 4-16　桑塔纳某轿车齿轮齿条式转向器组成

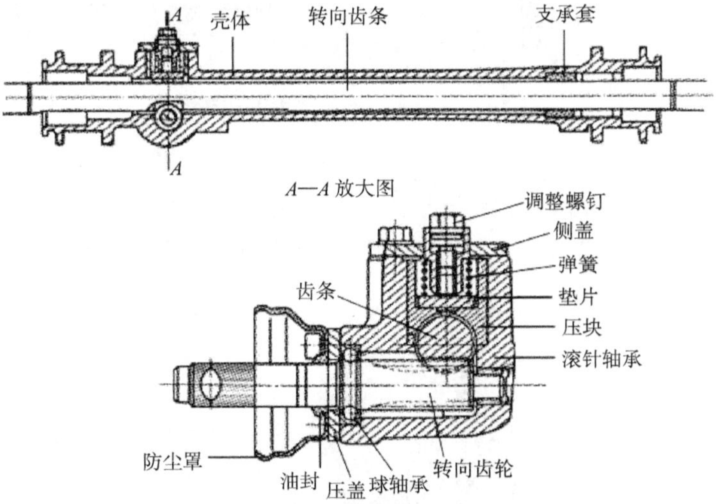

图 4-17　捷达某轿车齿轮齿条式转向器

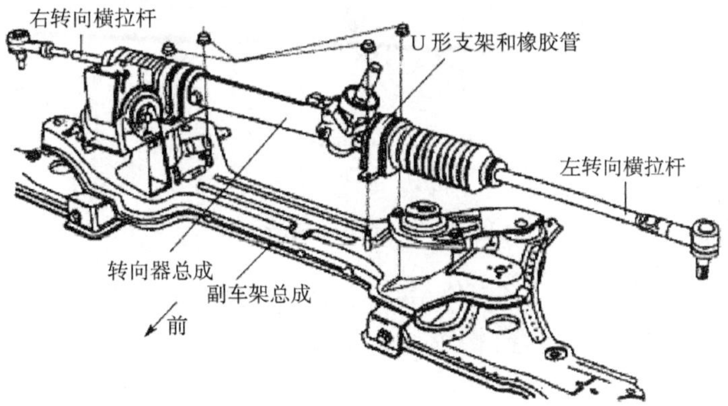

图 4-18　捷达某轿车转向器的布置

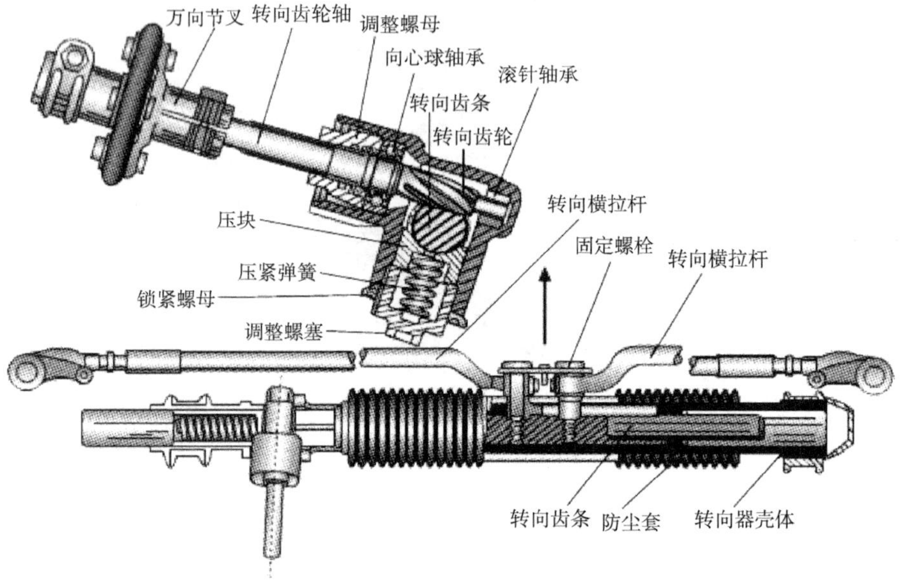

图 4-19　中间输出的齿轮齿条式转向器

3. 循环球式转向器

循环球式转向器中一般有两级传动副。第一级是螺杆螺母传动副，第二级是齿条齿扇传动副，如图 4-20 所示。其常用于各种轻型和中型货车，也用于部分轻型越野汽车。

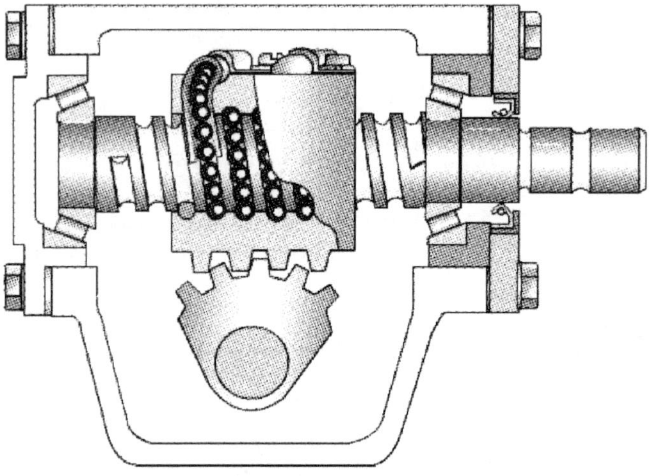

图 4-20　循环球式转向器

转向螺杆转动时，通过钢球将力传给转向螺母，使螺母沿轴向移动；同时，在螺杆、螺母和钢球间的摩擦力矩作用下，所有钢球便在螺旋管状通道内滚动，形成“球流”，如图 4-21 所示。

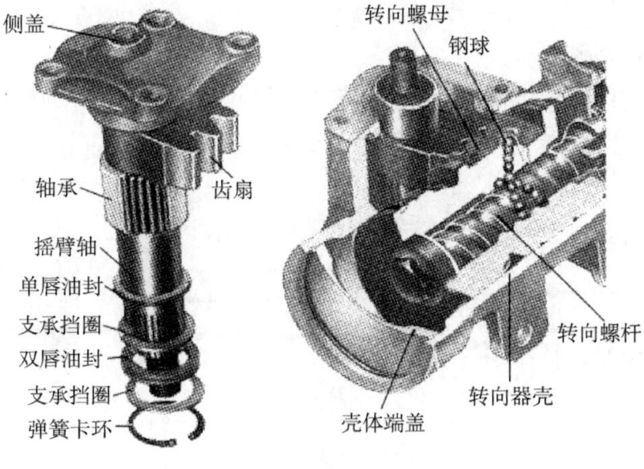

图 4-21 北京某型汽车转向器

4. 蜗杆曲柄指销式转向器

具有梯形截面螺纹的转向蜗杆支承在转向器壳体两端的球轴承上，蜗杆与锥形指销相啮合，指销用双列圆锥滚子轴承支于摇臂轴内端的曲柄孔中。当转向蜗杆随转向盘转动时，指销沿蜗杆螺旋槽上下移动，并带动曲柄及摇臂轴转动。

汽车使用的蜗杆曲柄指销式转向器多数是双指销式，即有两个指销。其结构如图 4-22 所示。

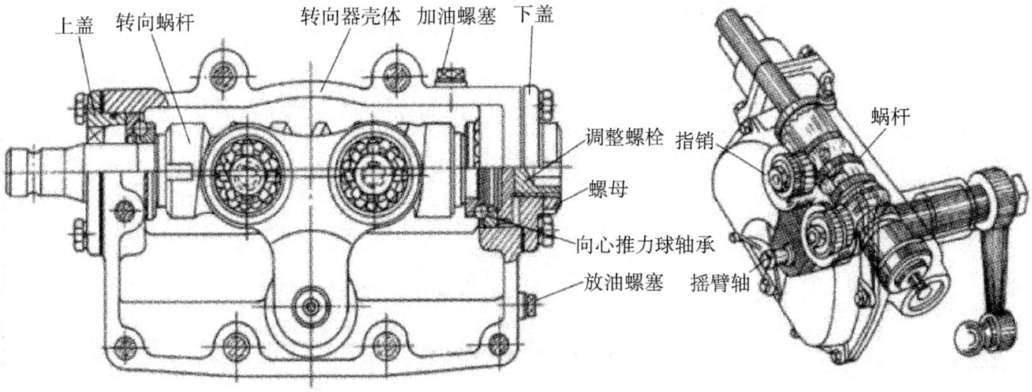

图 4-22 蜗杆曲柄双指销式转向器

4.2.3 转向传动机构

转向器到转向轮之间的所有传动杆件总称为转向传动机构。转向传动机构的功用是将转向器输出的力和运动传到转向桥两侧的转向节，使转向轮偏转，并使两转向轮偏转角按一定关系变化，以保证汽车转向时车轮与地面的相对滑动尽可能小。

1. 与非独立悬架配用的转向传动机构

1）转向传动机构的组成

与非独立悬架配用的转向传动机构由转向摇臂、转向直拉杆、转向节臂和转向梯形等零部件共同组成。其中转向梯形由梯形臂、转向横拉杆和前梁共同构成，如图 4-23 所示。

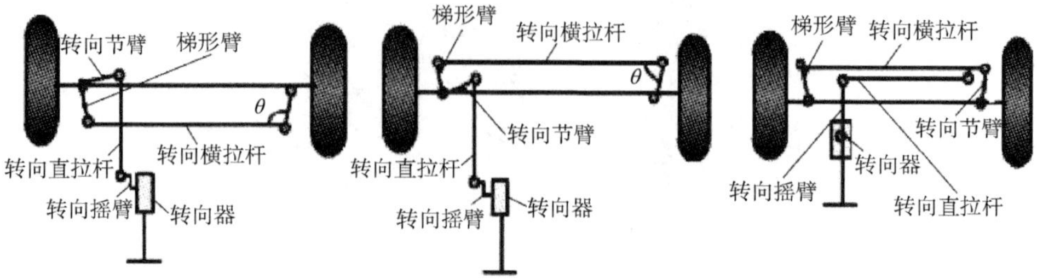

图 4-23　与非独立悬架配用的转向传动机构示意图

2）转向摇臂

循环球式转向器和蜗杆曲柄指销式转向器通过转向摇臂与转向直拉杆相连。转向摇臂的大端用锥形三角形齿形花键与转向器中摇臂轴的外端连接，小端通过球头销与转向直拉杆做空间铰链连接，如图 4-24 所示。

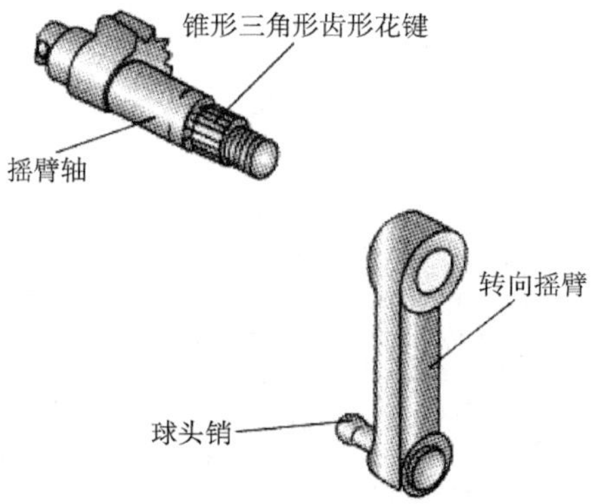

图 4-24　转向摇臂

3）转向直拉杆

转向直拉杆（图 4-25）是转向摇臂与转向节臂之间的传动杆件，具有传力和缓冲作用。在转向轮偏转且因悬架弹性变形而相对于车架跳动时，转向直拉杆与转向摇臂及转向节臂的相对运动都是空间运动，为了不发生运动干涉，三者之间的连接件都是球形铰链。

4）转向横拉杆

转向横拉杆（图 4-26）是转向梯形机构的底边，由横拉杆体和旋装在两端的横拉杆接头（图 4-27）组成。其特点是长度可调，通过调整横拉杆的长度，可以调整前轮前束。

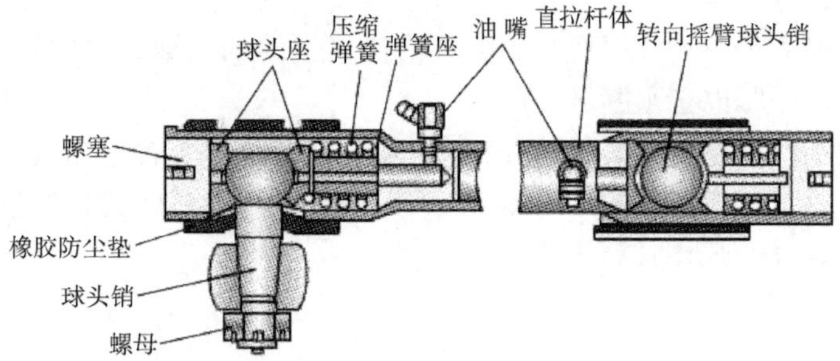

图 4-25　转向直拉杆

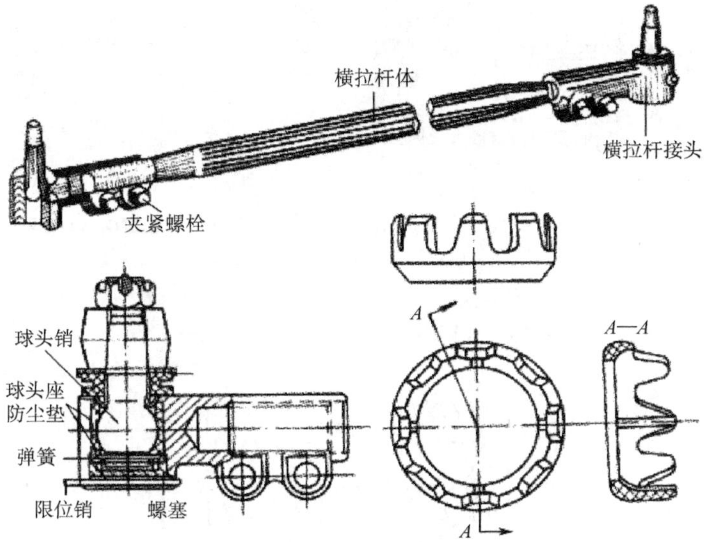

图 4-26　解放某型汽车转向横拉杆

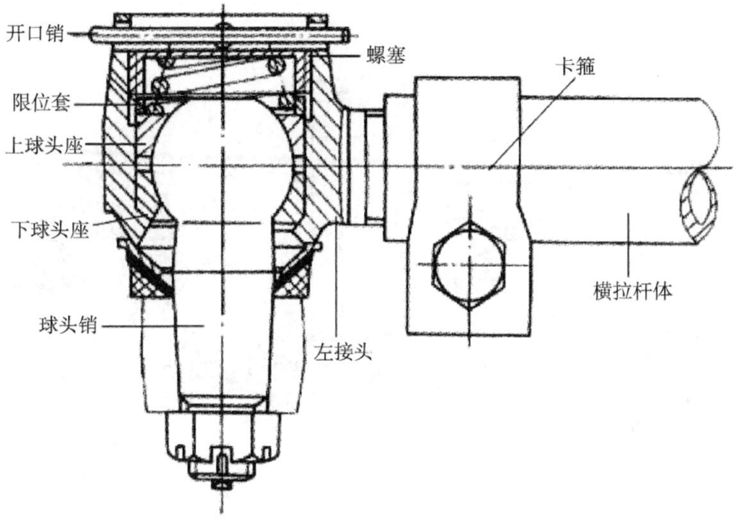

图 4-27　东风某型汽车转向横拉杆接头

2. 与独立悬架配用的转向传动机构

当转向轮采用独立悬架时，为了满足转向轮独立运动的需要，转向桥应是断开式的，转向传动机构中的转向梯形也必须断开。

与独立悬架配用的多数是齿轮齿条式转向器。其转向器布置在车身上，转向横拉杆通过球头销与齿条及转向节臂相连，如图 4-28 所示。当采用循环球式转向器时，转向传动机构的杆件较多，如图 4-29 所示。

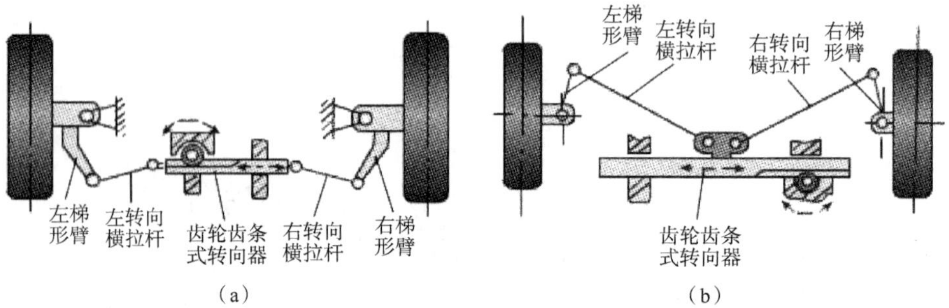

图 4-28　与齿轮齿条式转向器相配合的转向传动机构示意图

（a）捷达某轿车　（b）红旗某型轿车

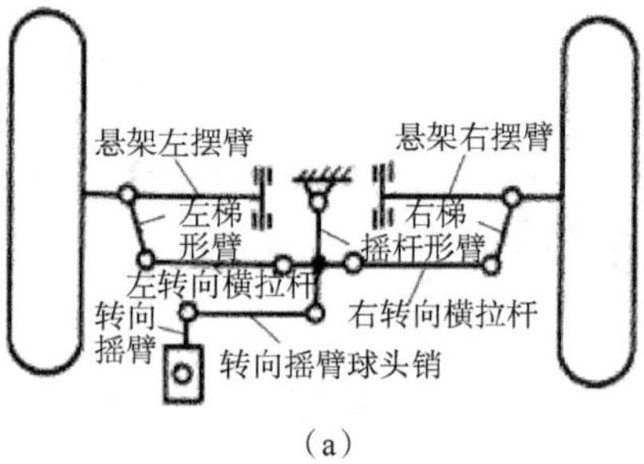

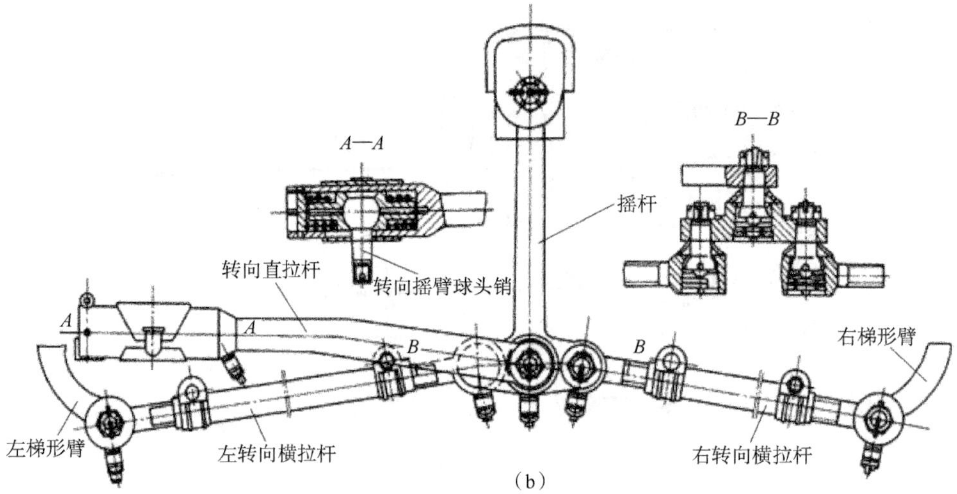

图 4-29　国产某轿车采用循环球式转向器转向传动机构

（a）转向传动机构布置示意图　（b）转向传动机构布置结构图

4.3　动力转向系统

4.3.1　概述

动力转向系统是将发动机输出的部分机械能转化为压力能或电能，并在驾驶员控制下，对转向传动机构或转向器中某一传动件施加辅助作用力，使转向轮偏摆，以实现汽车转向的一系列装置。采用动力转向系统可以减轻驾驶员的转向操纵压力。

动力转向系统由机械转向器和转向助力装置组成。根据助力能源形式的不同可以分为液压助力、气压助力和电动机助力转向系统三种类型。其中，液压助力转向系统应用较为普遍，以下重点介绍其类型及典型零部件。

1. 液压助力转向系统分类

1）常压式液压助力转向系统

常压式液压助力转向系统的特点是无论转向盘处于中立位置还是转向位置，也无论转向盘保持静止还是运动状态，系统工作管路总是保持高压状态。该系统示意图如图 4-30 所示。

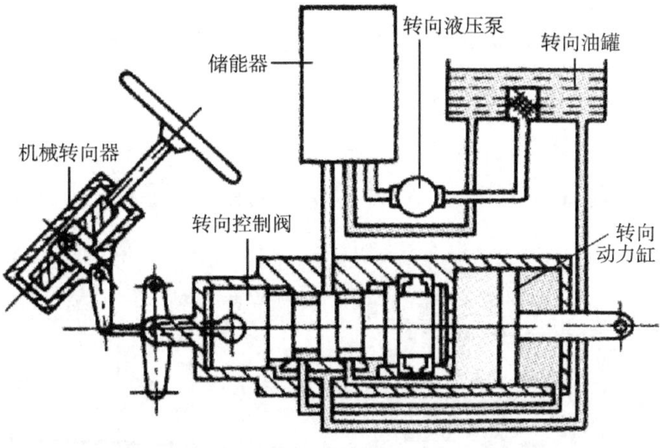

图 4-30　常压式液压助力转向加力装置示意图

2）常流式液压助力转向系统

常流式液压助力转向系统的特点是转向油泵始终处于工作状态，但液压助力系统不工作时，基本处于空转状态。该系统示意图如图 4-31 所示。多数汽车都采用常流式液压助力转向系统。

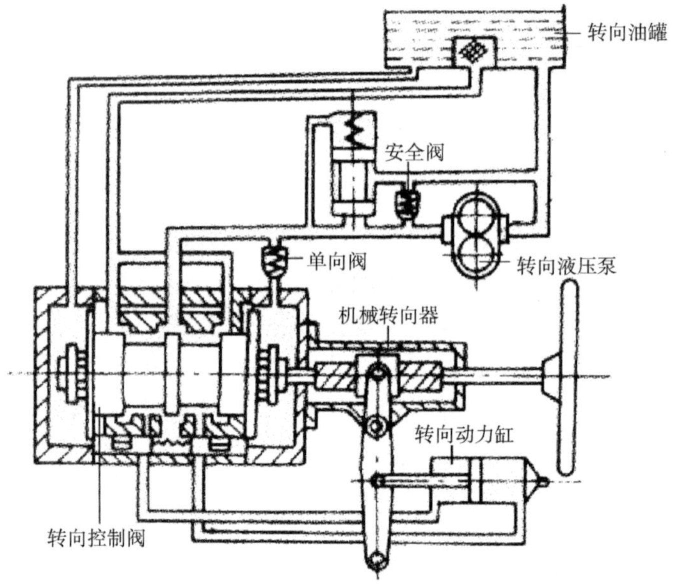

图 4-31　常流式液压助力转向加力装置示意图

2. 液压助力转向系统的转向控制阀分类

1)滑阀式转向控制阀

阀体沿轴向移动来控制油液流量的转向控制阀,称为滑阀式转向控制阀,简称滑阀。其结构如图 4-32 所示。

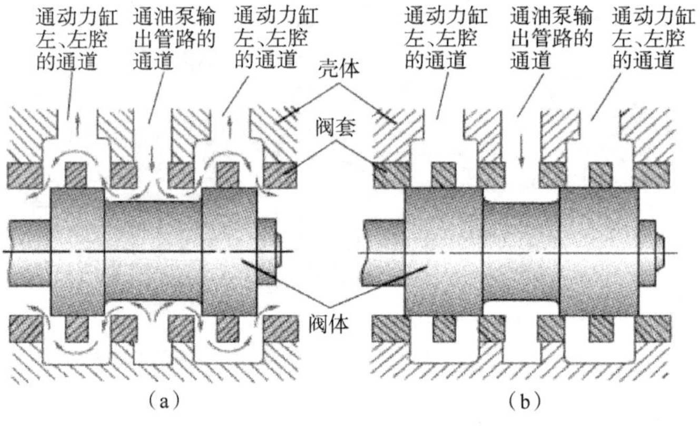

图 4-32　滑阀的结构和工作原理

(a)常流式滑阀　(b)常压式滑阀

2)转阀式转向控制阀

阀体绕其轴线转动来控制油液流量的转向控制阀,称为转阀式转向控制阀,简称转阀。其结构如图 4-33 所示。

3. 常流式液压助力转向系统的结构布置方案

第一种方案是将机械转向器和转向动力缸设计成一体，并与转向控制阀组装在一起，这种三合一的部件称为整体式动力转向器，如图 4-34（a）所示。第二种方案是只将转向控制阀同机械转向器组合成一个部件，该部件称为半整体式动力转向器，转向动力缸则做成独立部件，如图 4-34（b）所示。第三种方案是将机械转向器作为独立部件，而将转向控制阀和转向动力缸组合成一个部件，称为转向加力器，如图 4-34（c）所示。

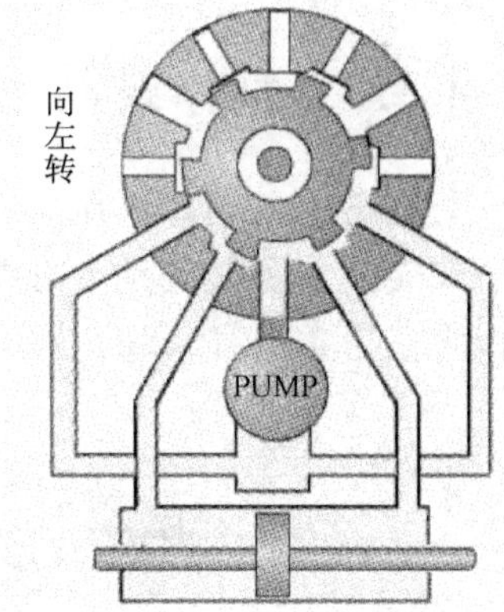

图 4-33　转阀的结构

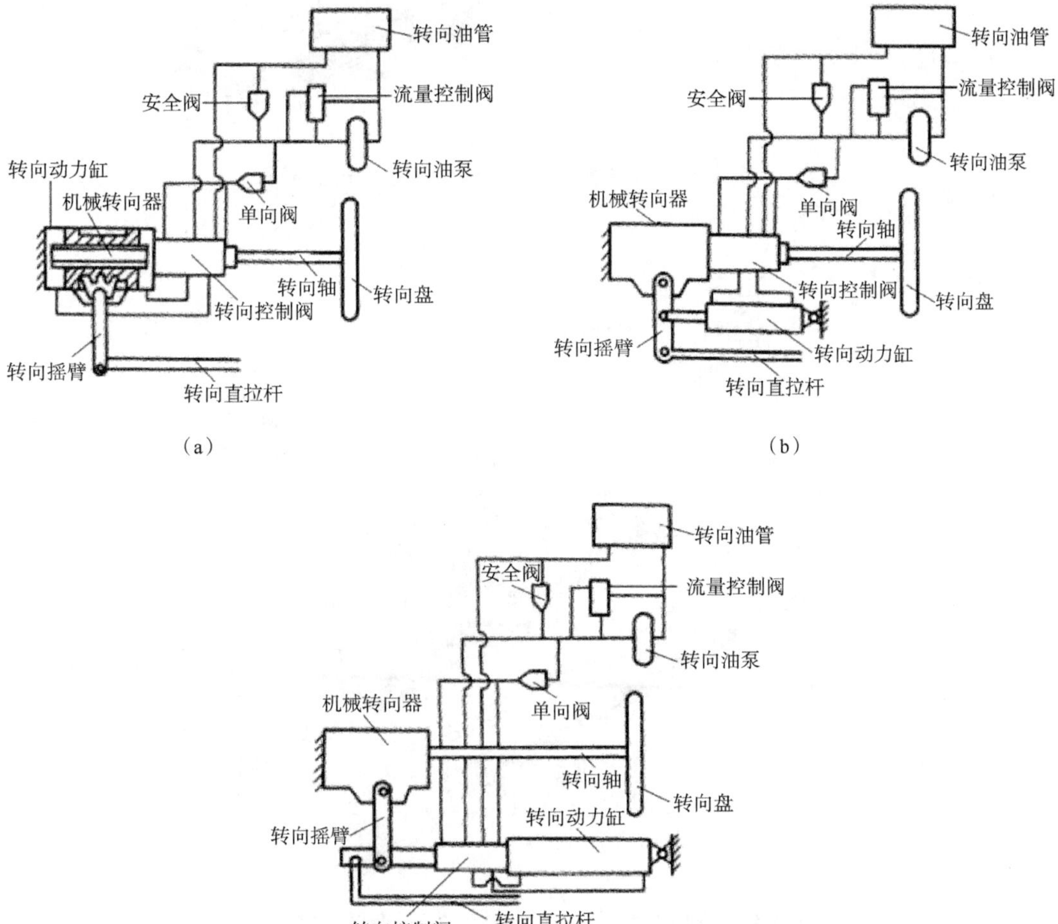

图 4-34　常压式液压助力转向系统结构布置方案示意图

（a）整体式动力转向器　（b）半整体式动力转向器　（c）转向加力器

4.3.2 整体式动力转向器

桑塔纳某型轿车采用的是整体式动力转向器，如图4-35和图4-36所示。由转阀、齿轮齿条式转向器和转向动力缸组成的整体式动力转向器如图4-37所示，转向动力缸的助力直接作用在齿条上，齿条的动力由一端输出。

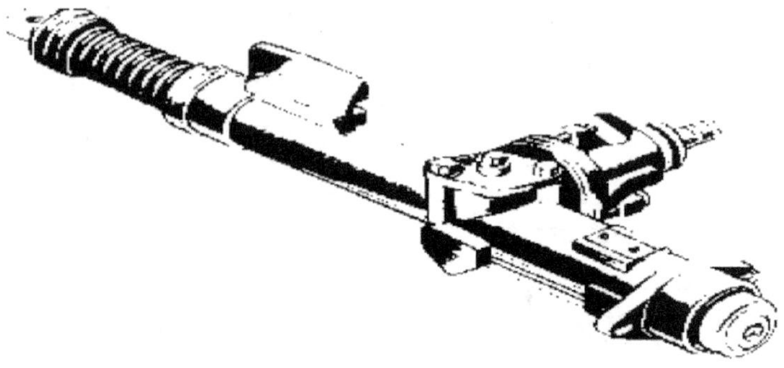

图4-35 桑塔纳某型轿车整体式动力转向器

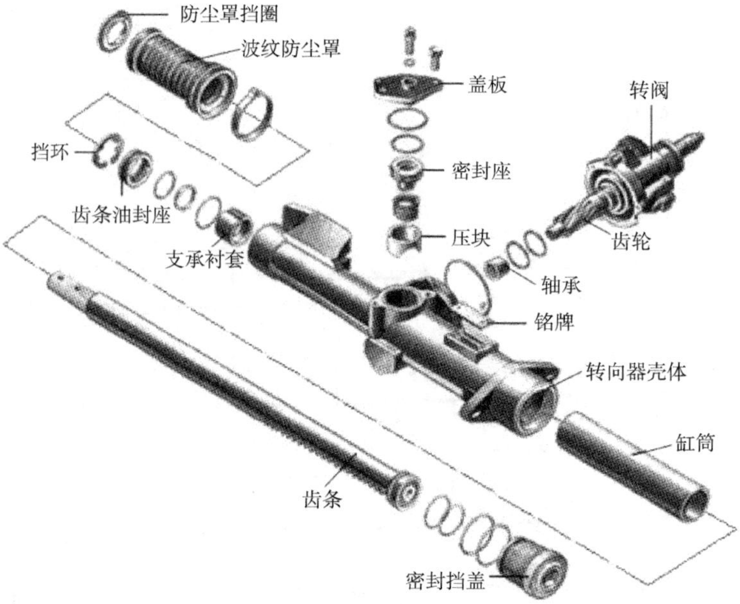

图4-36 桑塔纳某型轿车整体式动力转向器零件分解图

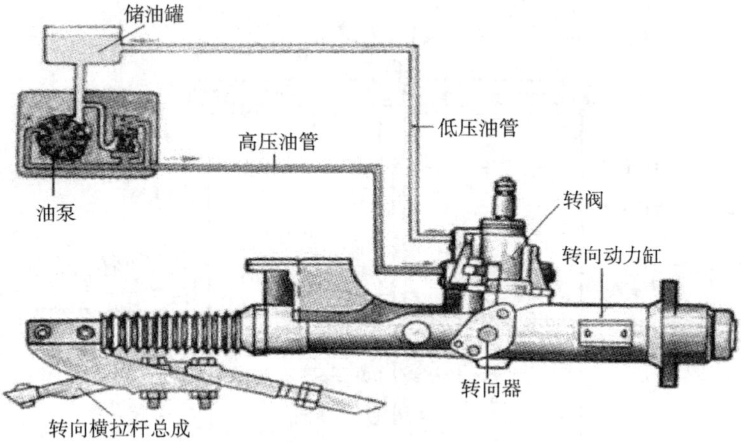

图 4-37　桑塔纳某型轿车动力转向器油路简图

4.3.3　转向油罐与转向油泵

转向油罐和转向油泵是实现动力转向的必备部件。桑塔纳某型轿车动力转向系统布置如图 4-38 所示。

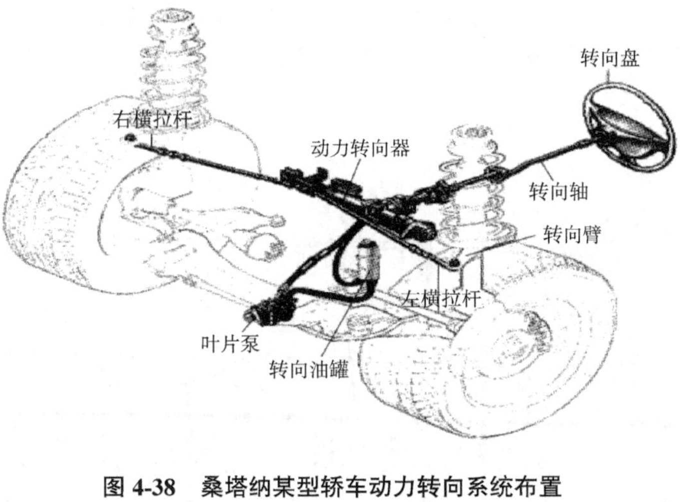

图 4-38　桑塔纳某型轿车动力转向系统布置

1. 转向油罐

转向油罐（图 4-39）的作用是储存、滤清并冷却液压助力转向系统的工作油液。

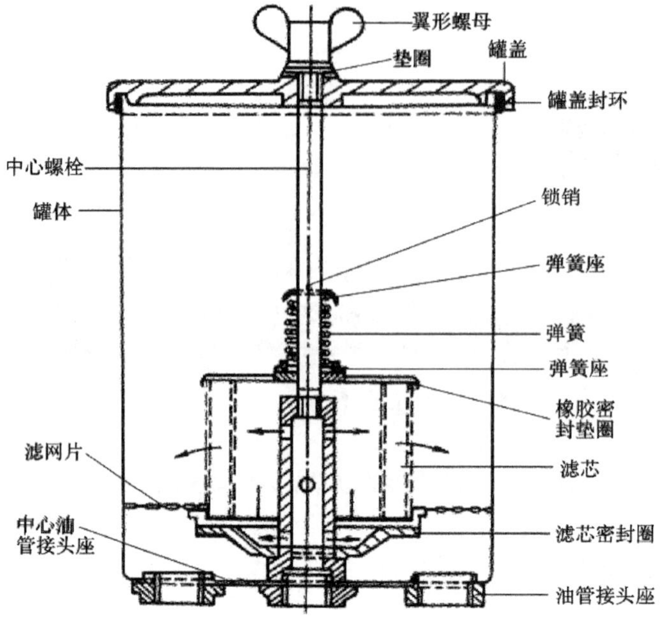

图 4-39　转向油罐

2. 转向油泵

转向油泵是液压助力转向系统的供能装置。其作用是将输入的机械能转换为液压能输出。转向油泵的结构形式有齿轮式、叶片式、转子式、柱塞式等。其中,外啮合齿轮式转向油泵(图 4-40)应用最多。

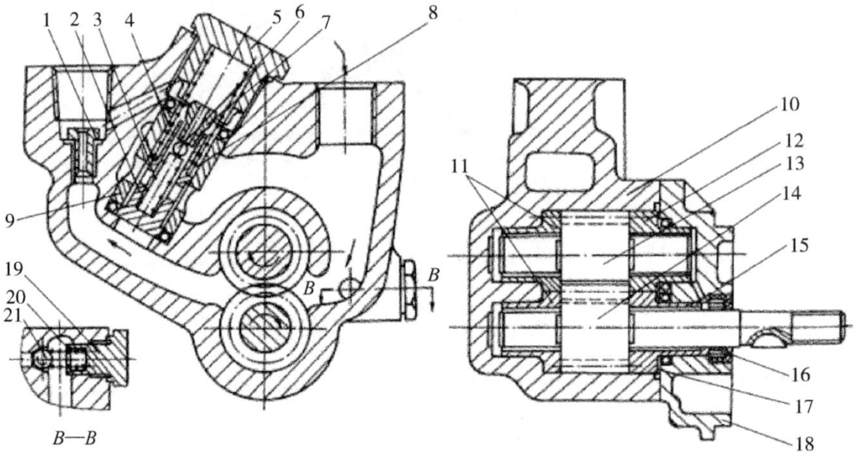

图 4-40　外啮合齿轮式转向油泵

1—量孔;2—流量控制阀柱塞;3—安全阀弹簧;4—安全阀弹簧座;5,19—螺塞;6—安全阀球阀门;7—安全阀座;8—流量控制阀弹簧;9—流量控制阀体;10—泵体;11—轴套;12,15—浮动轴套;13—从动齿轮;14—主动齿轮;16—油封;17—弹簧片;18—泵盖;20—单向阀弹簧;21—单向阀球阀门

4.3.4　电控液压助力转向系统

在传统液压助力转向系统的基础上加装电控系统，辅助转向力的大小不仅与转向盘的转角增量（或角速度）有关，还与车速有关，这就形成了电控液压助力转向系统，如图 4-41 所示。与传统液压助力转向系统相比，其增加了液压反应装置和液流分配阀，而加设的电控系统则包括动力转向 ECU、电磁阀和车速传感器等。电控液压助力转向系统利用电控单元根据车速调节作用在转向盘上的阻力，通过控制转向控制阀的开启程度以改变液压助力系统辅助力的大小，从而实现辅助转向力随车速而变化的助力特性。

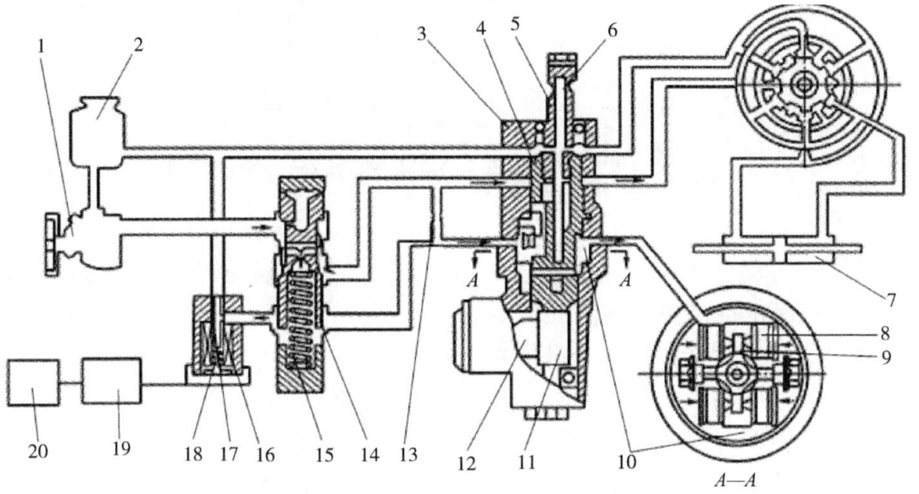

图 4-41　凌志某型轿车电控液压助力转向系统示意图

1—轴向油泵；2—储油罐；3—转向器壳体；4—转阀阀体；5—转阀阀芯；6—扭杆；7—转向动力缸；8—液压反力活塞；9—控制杆；10—液压反力腔；11—转向器齿轮；12—转向器齿条；13—节流孔；14—液流分配阀柱塞；15—液流分配阀弹簧；16—电磁阀线圈；17—电磁阀滑阀；18—电磁阀弹簧；19—动力转向 ECU；20—车速传感器

4.3.5　电动助力转向系统

电动助力转向系统（简称 EPS）利用直流电动机提供转向动力，辅助驾驶员进行转向操作。根据助力机构的不同，电动助力转向系统可以分为电动液压式和电动机直接助力式助力转向系统两种。

1. 电动液压式助力转向系统

电动液压助力转向系统（图 4-42）的液压泵（齿轮泵）通过电动机驱动，与发动机在机械上毫无关系，助力效果只与转向盘角速度和行驶速度有关，是典型的可变助力转向系统。其特点是由 ECU 提供供油特性，汽车低速行驶时助力作用大，驾驶员操纵轻便灵活；在高速行驶时转向系统的助力作用减弱，驾驶员的操纵力增大，具有明显的路感。这种系统既保证了转向操纵的舒适性和灵活性，又提高了高速行驶中转向的稳定性和安全感。

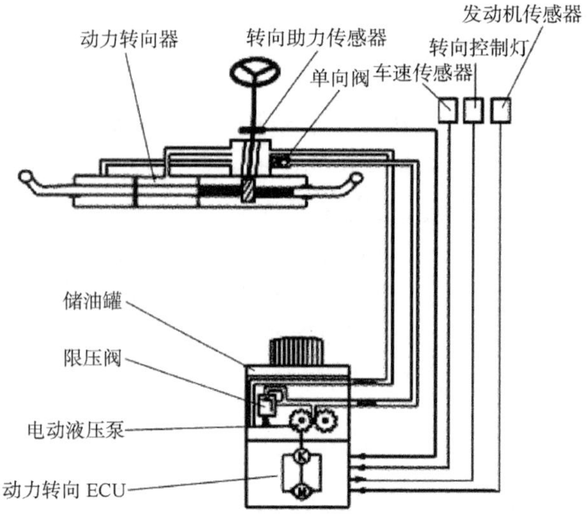

图 4-42　大众某型轿车电动液压助力转向系统示意图

2. 直接助力式电动转向系统

直接助力式电动转向系统是一种直接依靠电动机提供辅助转矩的动力转向系统，可以根据使用工况控制电动机提供不同的辅助动力。

1）直接助力式电动转向系统的结构和工作原理

当转向轴转动时，直接助力式电动转向系统（图 4-43）的转矩传感器开始工作，把两段转向轴在扭杆作用下产生的相对转角转变成电信号传给电子控制单元（ECU），ECU 根据车速传感器和转矩传感器的信号决定电动机的旋转方向和助力电流的大小，并将指令传递给电动机，通过离合器和减速机构将辅助动力施加到转向系统（转向轴）中，从而完成实时控制的助力转向。

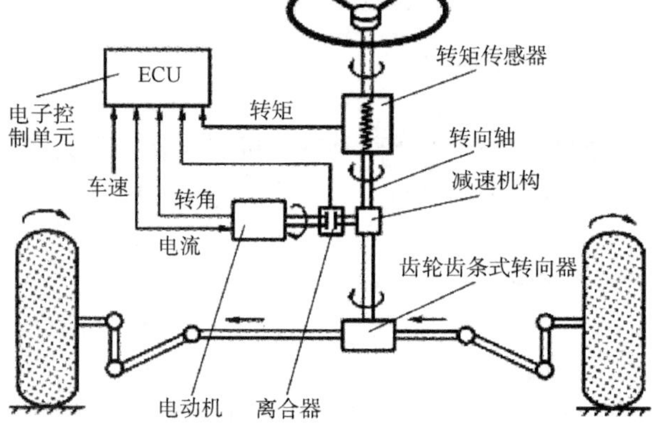

图 4-43　直接助力式电动转向系统示意图

2）直接助力式电动转向系统的类型

根据电动机布置位置的不同，直接助力式电动转向系统可以分为转向轴助力式和齿轮助力式、齿条助力式三种类型，如图 4-44 所示。

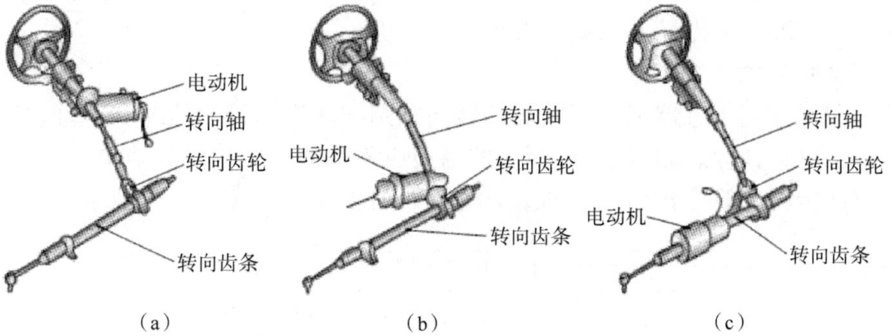

图 4-44　直接助力式电动转向系统的类型

(a)转向轴助力式 (b)齿轮助力式 (c)齿条助力式

3)直接助力式电动转向系统的优缺点

优点：效率高、能量消耗少；系统内部采用刚性连接，反应灵敏，滞后小，驾驶员的路感好；结构简单，质量小；系统便于集成，整体尺寸减小，省去了油泵和辅助管路，总布置更加方便；无液压元件，对环境污染少。

缺点：提供的辅助动力较小，难以用于大型车辆；减速机构、电动机等部件会影响汽车的操纵稳定性，正确匹配整车性能至关重要；使用电动机、减速机构和转矩传感器等部件，增加了系统的成本。

3. 四轮转向系统

汽车的四轮转向系统(Four Wheel Steer, 4WS)是指汽车在转向时，四个车轮都可相对车身主动偏转，使之起到转向作用，以改善汽车的转向机动性能。电动四轮转向系统布置如图 4-45 所示。

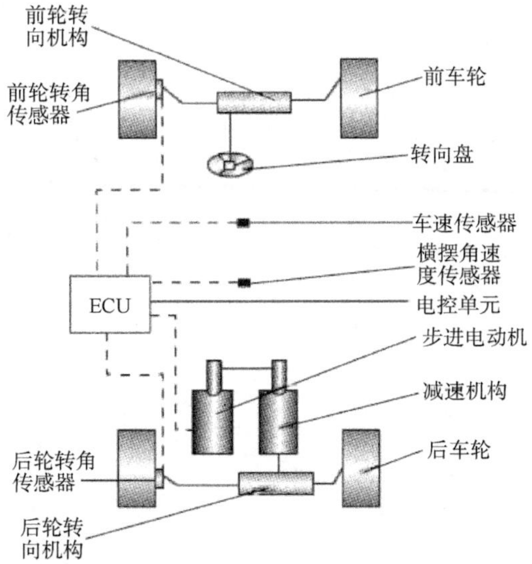

图 4-45　电动四轮转向系统布置示意图

按照后轮转向机构控制和驱动方式的不同，四轮转向系统可分为机械式、液压式、电控机械式、电控液压式和电控电动式等类型。目前，使用最广泛的 4WS 系统为电控液压式，主要用于前轮采用液压助力转向系统的汽车中。

4. 线控转向系统

线控转向系统用传感器记录驾驶员的转向意图和车辆的行驶状况。其通过数据线将信号传递给车载电脑，电脑据此做出判断并控制液压激励器提供相应的转向力，使转向轮偏转相应角度实现转向。线控转向系统的组成框图如图 4-46 所示。

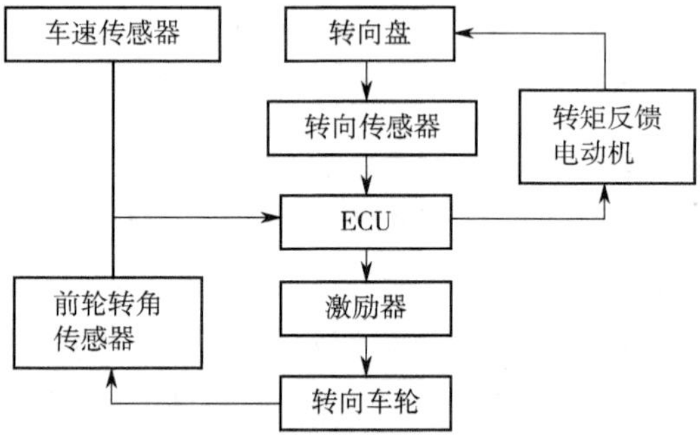

图 4-46 线控转向系统的组成框图

第 5 章 制动系统学习

驾驶员能根据道路和交通情况，利用装在汽车上的一系列专门装置，迫使路面在汽车车轮上施加一定的与汽车行驶方向相反的外力，对汽车进行一定程度的强制制动。这种可控制地对汽车进行制动的外力称为制动力，用于产生制动力的一系列专门装置称为制动系统。制动系统的功用是减速停车和驻车制动。

5.1 制动系统概述

5.1.1 制动系统的工作原理

在人力作用下，制动蹄对制动鼓作用一定的制动摩擦力矩，即制动器制动力矩 M_μ。在 M_μ 的作用下，车轮将对地面作用一个向前的力 F_μ，地面对车轮作用一个向后的反作用力 F_p，F_p 即为地面对车轮的制动力。制动系统工作原理如图 5-1 所示。

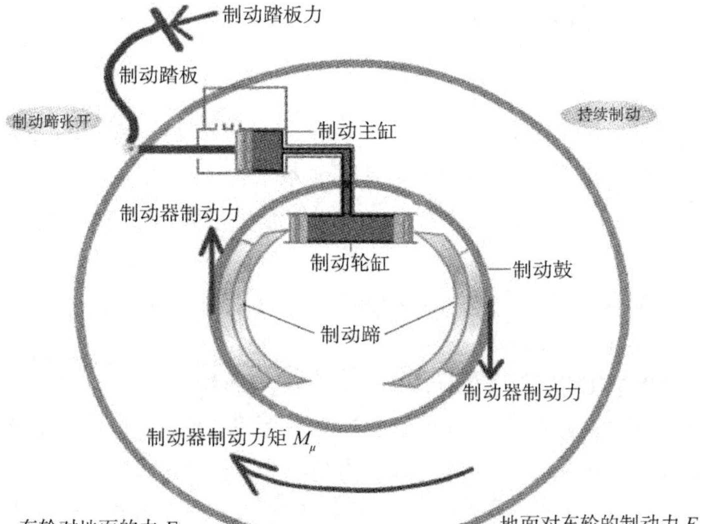

图 5-1 制动系统工作原理

5.1.2 制动系统的组成

制动系统一般由供能装置、控制装置、传动装置和制动器组成，如图 5-2 所示。

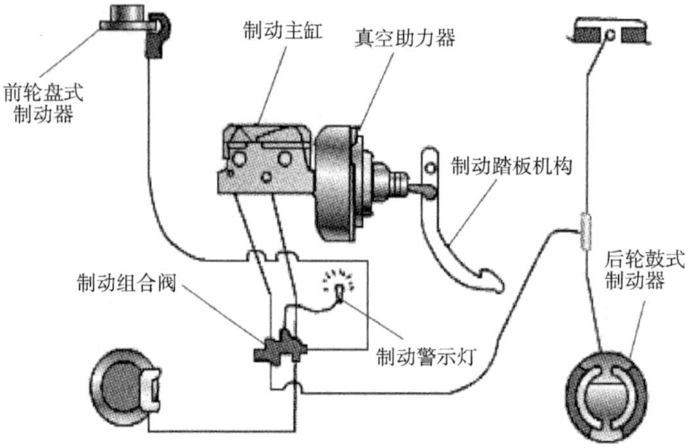

图 5-2　汽车制动系统的组成

（1）供能装置：包括供给、调节制动所需能量以及改善传能介质状态的各种部件。其中产生制动能量的部分称为制动能源，人的肌体也可作为制动能源。

（2）控制装置：包括产生制动动作和控制制动效果的各种部件，如制动踏板、制动阀等。

（3）传动装置：包括将制动能量传输到制动器的各种部件，如制动主缸和制动轮缸等。

（4）制动器：产生制动摩擦力矩的部件。

较为完善的制动系统还具有制动力调节装置、报警装置、压力保护装置等附加装置。

5.1.3　制动系统的类型

1. 按制动系统的功用分类

（1）行车制动系统：使行驶中的汽车降低速度甚至停车的一套专门装置。

（2）驻车制动系统：使已停驶的汽车驻留原地不动的一套装置。

（3）第二制动系统：在行车制动系统失效的情况下保证汽车仍能实现减速或停车的一套装置。

（4）辅助制动系统：在汽车下长坡时用以稳定车速的一套装置。

2. 按制动系统的制动能源分类

（1）人力制动系统：以驾驶员的肌体作为唯一制动能源的制动系统。

（2）助力制动系统：完全依靠发动机动力转化成的气压或液压进行制动的制动系统。

（3）伺服制动系统：兼用人力和发动机动力进行制动的制动系统。

按照制动能量的传输方式，制动系统又可分为机械式、液压式、气压式和电磁式等。同时采用两种传能方式的制动系统可称为组合式制动系统，如气顶液制动系统。

目前所有汽车都采用双回路制动系统，如轿车的左前轮和右后轮共用一条制动回路，右前轮和左后轮共用另一条制动回路，当一个回路失效时，另一个回路仍能工作，这样有效地提高了汽车的行车安全性。

5.2　制动器

制动器是用以产生制动力矩的部件。按照结构不同，制动器可分为鼓式制动器和盘式制动器；按安装不同位置可分为车轮制动器和中央制动器。车轮制动器可用于行车制动和驻车制动，中央制动器只用于驻车制动和缓速制动。

5.2.1　鼓式制动器

鼓式制动器的旋转元件是制动鼓，固定元件是制动蹄。制动时，制动蹄在促动装置作用下向外旋转，外表面的摩擦片压靠到制动鼓的内圆柱面上，对制动鼓产生制动摩擦力矩。

凡对制动蹄端加力使制动蹄转动的装置统称为制动蹄促动装置。制动蹄促动装置有轮缸、凸轮和楔。以液压制动轮缸作为制动蹄促动装置的制动器称为轮缸式制动器，以凸轮作为制动蹄促动装置的制动器称为凸轮式制动器，用楔作为制动蹄促动装置的制动器称为楔式制动器。

1. 轮缸式制动器

1)领从蹄式制动器

领从蹄式制动器的特点是两个制动蹄各有一个支点，一个蹄在轮缸促动力作用下张开时的旋转方向与制动鼓的旋转方向一致，称为领蹄；另一个蹄张开时的旋转方向与制动鼓的旋转方向相反，称为从蹄。领蹄在摩擦力的作用下，蹄和鼓之间的正压力较大，制动作用较强。从蹄在摩擦力的作用下，蹄和鼓之间的正压力较小，制动作用较弱。若两个制动蹄受到的轮缸促动力相等，称为等促动力制动器；若两个制动蹄作用在制动鼓上的法向反力大小不等，称为非平衡式制动器。

领从蹄式制动器的制动原理及制动蹄受力简图如图 5-3 所示。

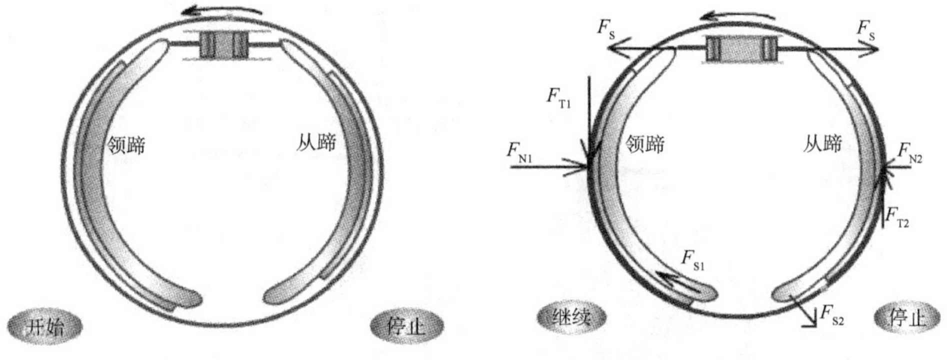

图 5-3　领从蹄式制动器的制动原理及制动蹄受力简图

北京某型汽车的后轮制动器即为领从蹄式制动器，如图 5-4 所示。该制动器由前制动蹄、后制动蹄、制动底板、制动轮缸、制动蹄限位装置、制动蹄间隙调整装置等构成。汽车前进时前制动蹄为领蹄，摩擦片面积(包角)较大，后制动蹄为从蹄，摩擦片面积(包角)较小，安装时要注意领、从蹄不可互换。

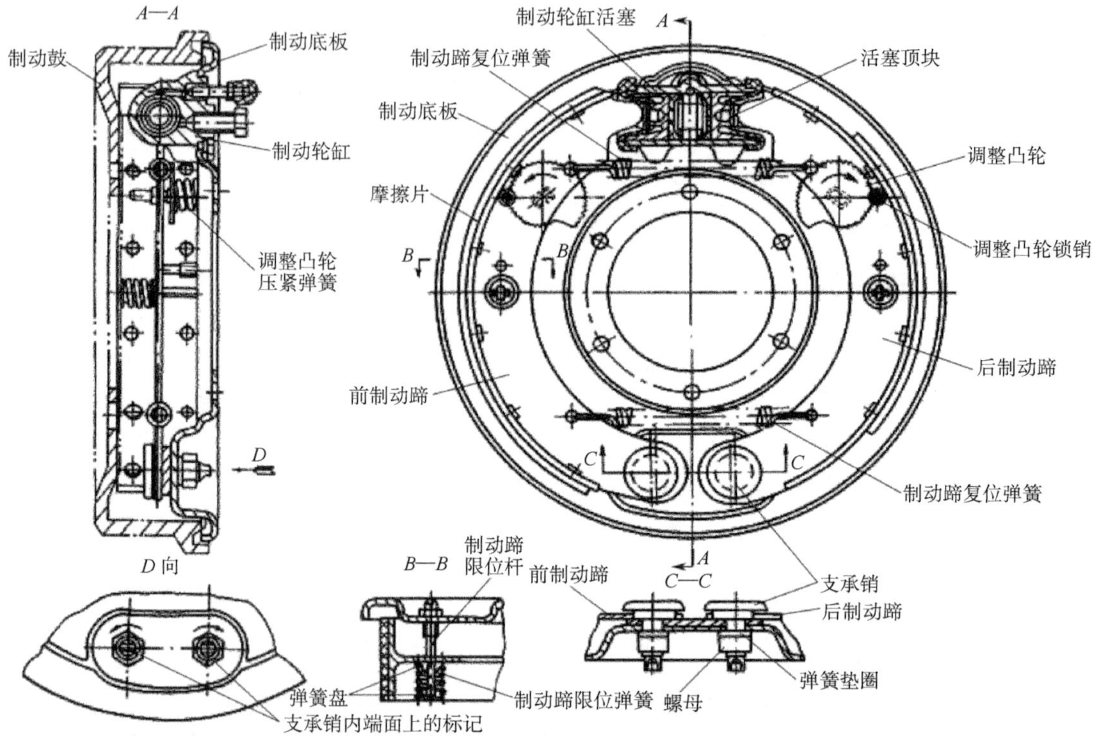

图 5-4　北京某型汽车后轮制动器

上海桑塔纳轿车后轮制动器也是领从蹄式制动器，如图 5-5 所示。其制动蹄下端的支承方式为浮式支承，具有间隙自调机构。该制动器也同时作为驻车制动器，所以还带有一套驻车制动的操纵机构。

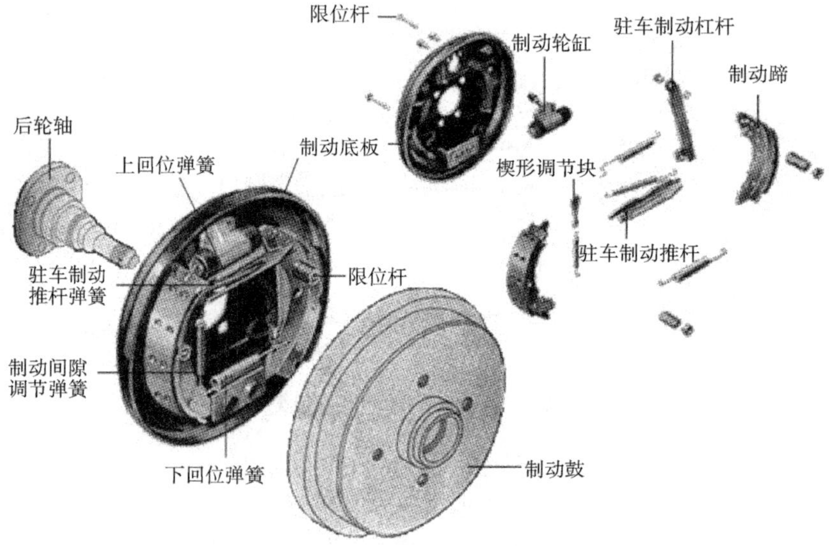

图 5-5　上海桑塔纳轿车后轮制动器

2)双领蹄式和双向双领蹄式制动器

汽车前进时两个制动蹄均为领蹄的制动器称为双领蹄式制动器。双领蹄式制动器的结构特点是每一制动蹄都用一个单活塞制动轮缸促动,固定元件的结构布置是中心对称式。双领蹄式制动器的制动原理及制动蹄受力简图如图 5-6 所示,结构如图 5-7 所示。

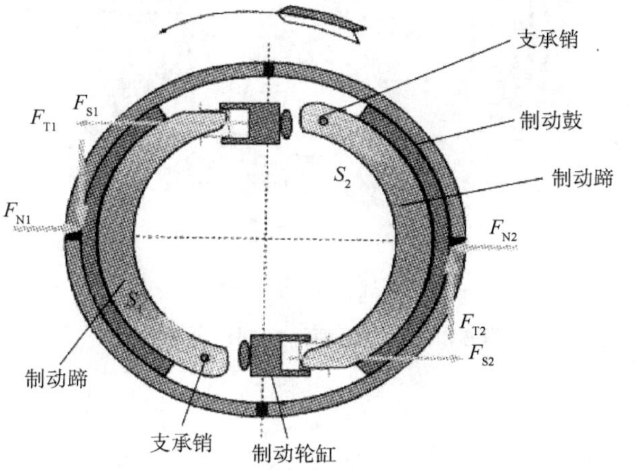

图 5-6　双领蹄式制动器的制动原理及制动蹄受力简图

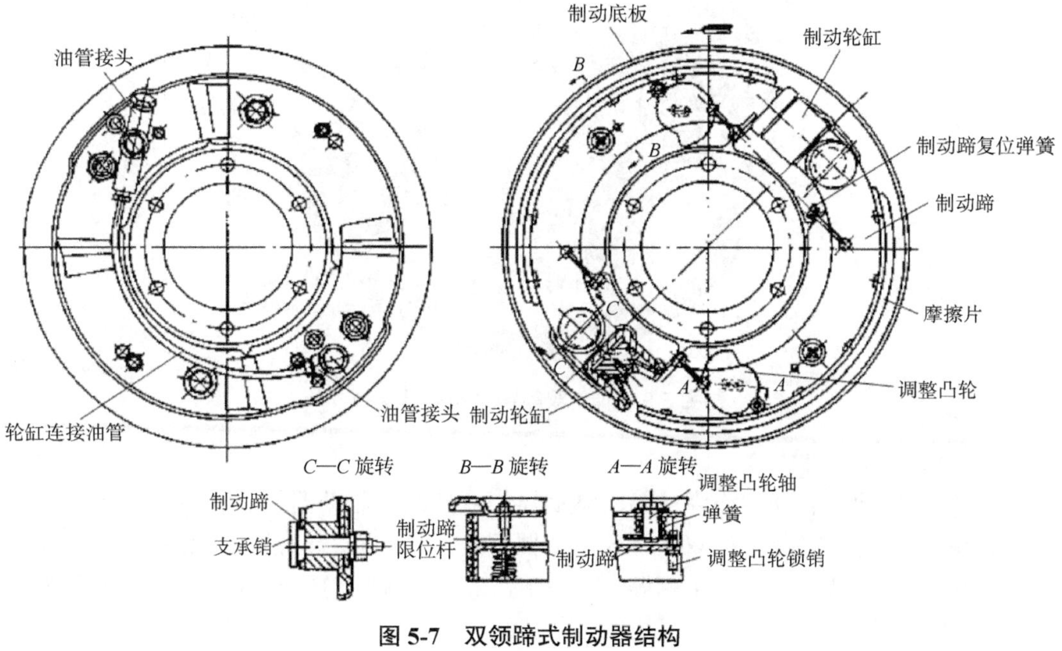

图 5-7　双领蹄式制动器结构

双向双领蹄式制动器使用了两个双活塞轮缸,无论汽车前进还是倒车,都是双领蹄式制动器,故称为双向双领蹄式制动器。其示意图和结构如图 5-8 和图 5-9 所示。

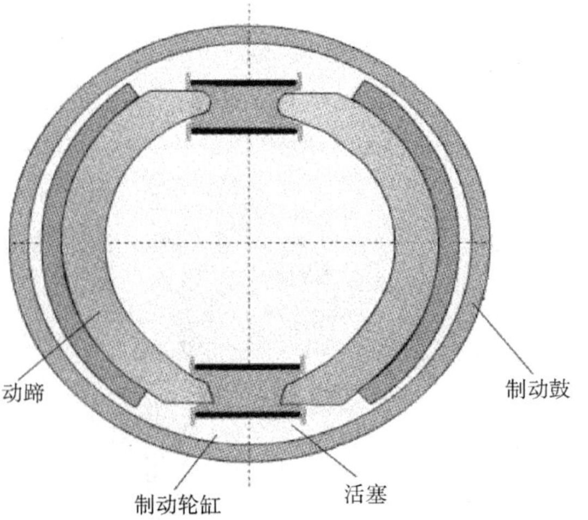

图 5-8 双向双领蹄式制动器示意图

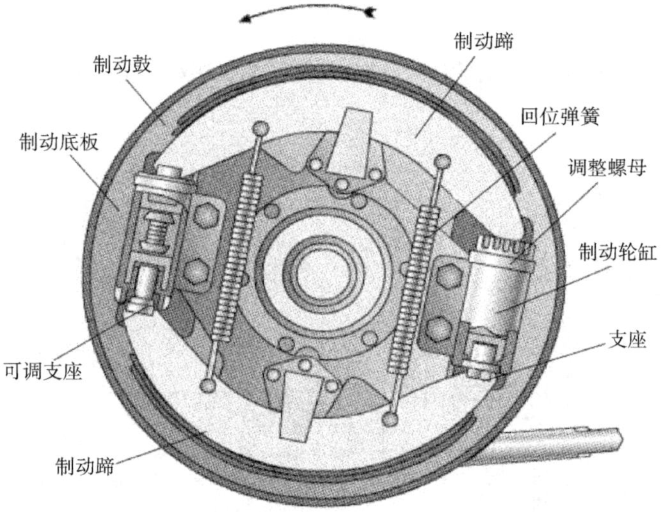

图 5-9 双向双领蹄式制动器结构

3)双从蹄式制动器

汽车前进时两个制动蹄均为从蹄的制动器为双从蹄式制动器,如图 5-10 所示。

双领蹄式、双向双领蹄式、双从蹄式制动器固定元件的布置都是中心对称的。两制动蹄作用在制动鼓上的法向反力大小相等、方向相反、相互平衡。这种形式的制动器为平衡式制动器。

4)单向和双向自增力式制动器

(1)单向自增力式制动器。单向自增力式制动器的特点是两个制动蹄只有一个单活塞的制动轮缸,第二制动蹄的促动力来自第一制动蹄对顶杆的推力,两个制动蹄在汽车前进时均为领蹄,但倒车时能产生的制动力很小。其工作原理和结构如图 5-11 和图 5-12 所示。

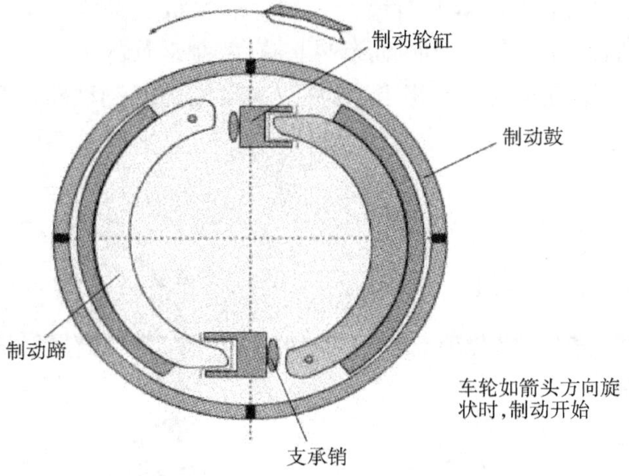

图 5-10　双从蹄式制动器示意图

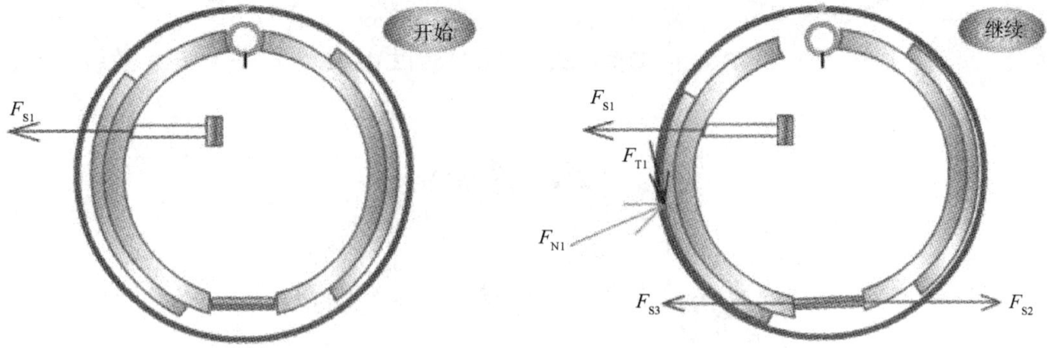

图 5-11　单向自增力式制动器的工作原理

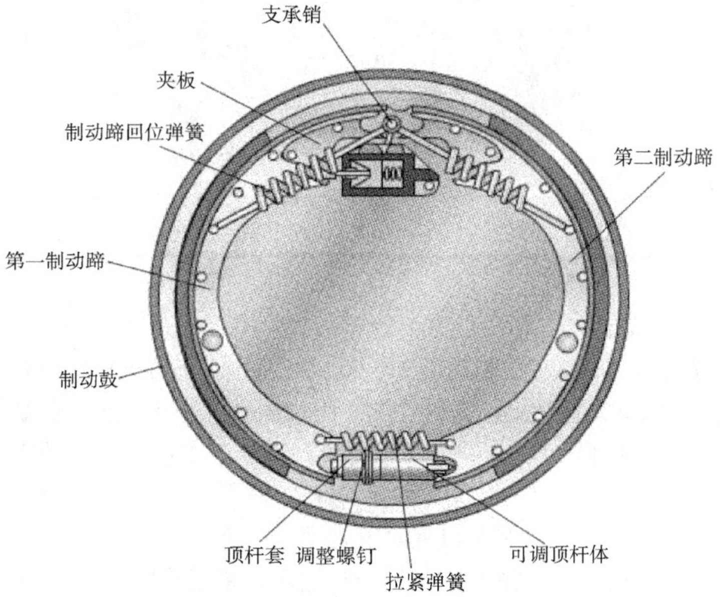

图 5-12　单向自增力式制动器结构

(2)双向自增力式制动器。双向自增力式制动器的特点是两个制动蹄的上方有一个双活塞制动轮缸,轮缸的上方还有一个制动蹄支承销,两制动蹄的下方用顶杆相连。无论汽车前进还是倒车,都与自增力式制动器相当,故称双向自增力式制动器。其工作原理和结构如图 5-13 和图 5-14 所示。

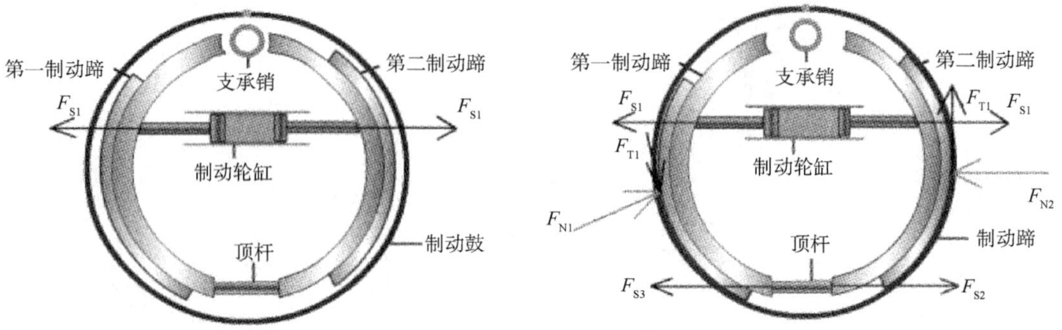

图 5-13 双向自增力式制动器的工作原理

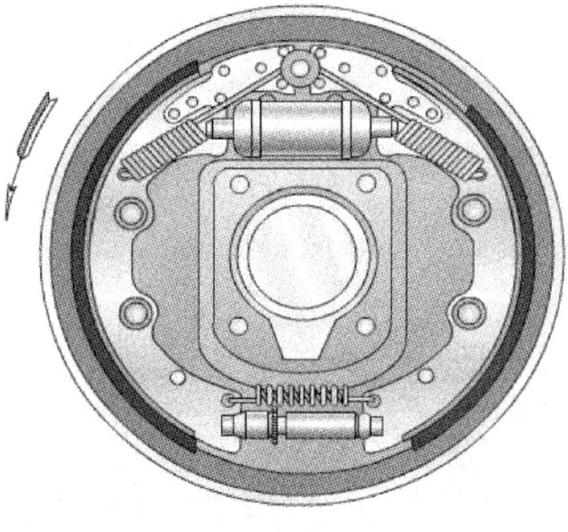

图 5-14 双向自增力式制动器结构

5)制动器间隙的调整

制动器间隙是指在不制动时,制动鼓和制动蹄摩擦片之间的间隙。制动器间隙过小,不能保证完全解除制动;间隙过大,制动器反应时间过长,直接威胁到行车安全。制动器在使用过程中,随着摩擦片的磨损,制动器间隙会变大。这就要求制动器必须有检查和调整间隙的可能。

(1)手动调整装置。具体调整内容有以下几项。

①转动调整凸轮和带偏心轴颈的支承销。凸轮固定在制动底板上,支承销固定在制动蹄上,沿图 5-15 中箭头所示方向转动调整凸轮,通过支承销将制动蹄向外顶,制动器间隙将减小。

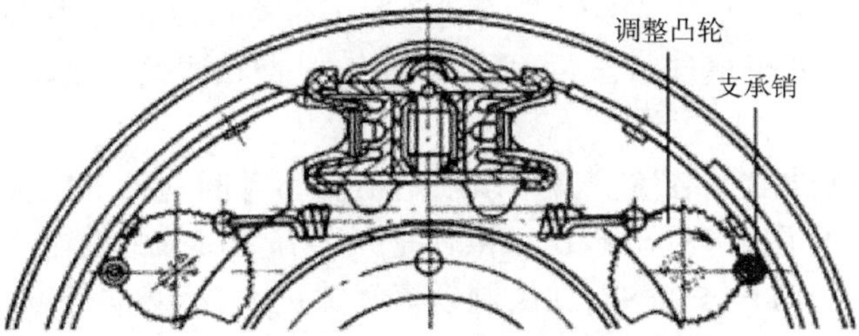

图 5-15　转动调整凸轮调整制动器间隙

②动调整螺母。有些制动器轮缸两端的端盖制成调整螺母，用一字螺丝刀拨动调整螺母的齿槽，使螺母转动，带螺杆的可调支座便向内或向外做轴向移动，使制动蹄上端靠近或远离制动鼓，制动间隙减小或增大。间隙调整好以后，用锁片插入调整螺母的齿槽中，固定螺母位置，如图 5-16 所示。

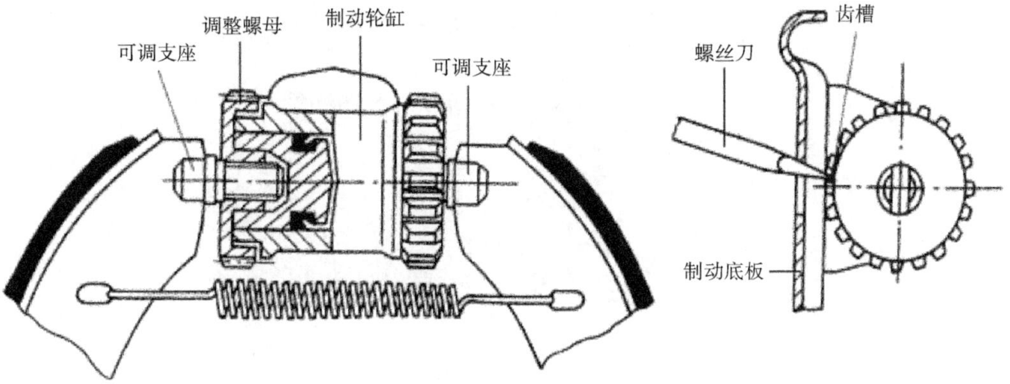

图 5-16　转动调整螺母调整制动器间隙

③调整可调顶杆长度。可调顶杆由顶杆体、调整螺钉和顶杆套组成。顶杆套一端具有带齿的凸缘，套内制有螺纹，调整螺钉借螺纹旋入顶杆套内。拨动顶杆套带齿的凸缘，可使调整螺钉沿轴向移动，从而改变可调顶杆的总长度，调整制动器间隙，如图 5-17 所示。此调整方式仅适用于自增力式制动器。

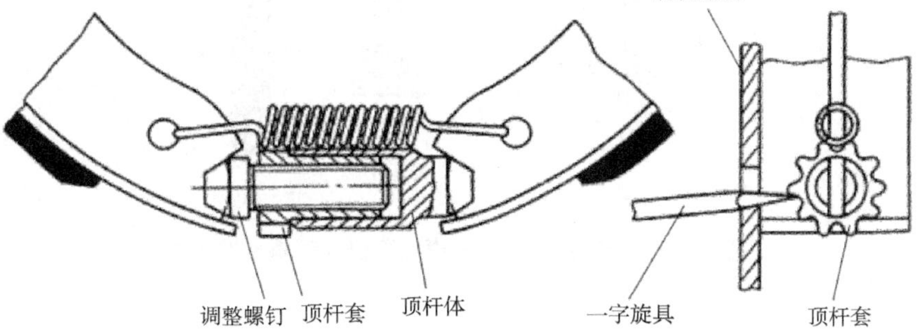

图 5-17　调整可调顶杆长度调整制动器间隙

（2）自动调整装置。现在很多汽车的制动器都装有制动器间隙自动调整装置，它可以保证制动器间隙始终处于最佳状态，不必经常人工检查和调整。制动器间隙自动调整装置有以下几种。

①摩擦限位式间隙自调装置。其用以限定不制动时制动蹄内极限位置的限位摩擦环，使其装在轮缸活塞内（图 5-18）。限位摩擦环是一个有切口的弹性金属环，压装入轮缸后与缸壁之间的摩擦力为 400 ~ 550 N。如果制动器间隙过大，活塞向外移动靠在限位环上仍不能正常制动，活塞将在油压作用下克服制动环与缸壁间的摩擦力继续向外移动，摩擦环也被带动外移。解除制动时，制动器复位，弹簧不可能带动摩擦环回位，也即活塞的回位受到限制，制动器间隙减小。摩擦限位式间隙自调装置也可以装在制动蹄上。其工作原理与装在轮缸内的摩擦限位环相似，如图 5-19 所示。

②楔块式间隙自调装置，如图 5-20 所示。桑塔纳轿车的制动器间隙主要依靠楔形调节块调整。

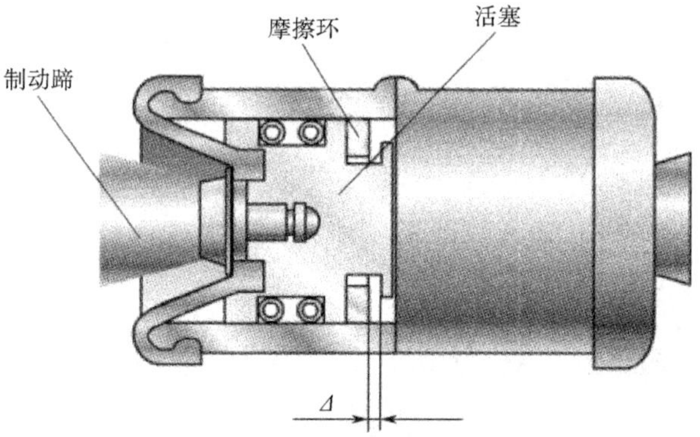

图 5-18　带摩擦限位环的轮缸

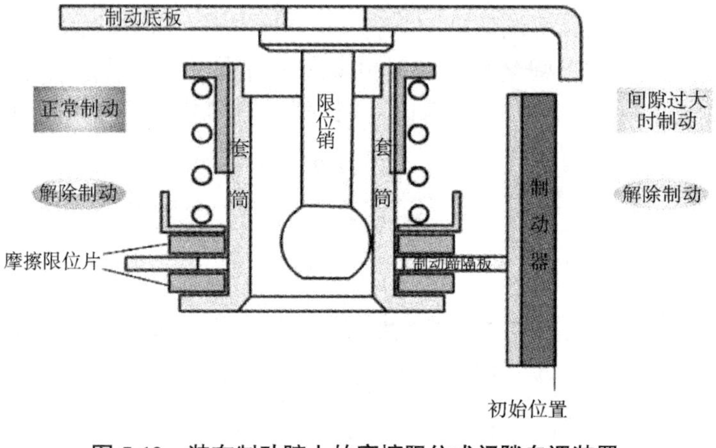

图 5-19　装在制动蹄上的摩擦限位式间隙自调装置

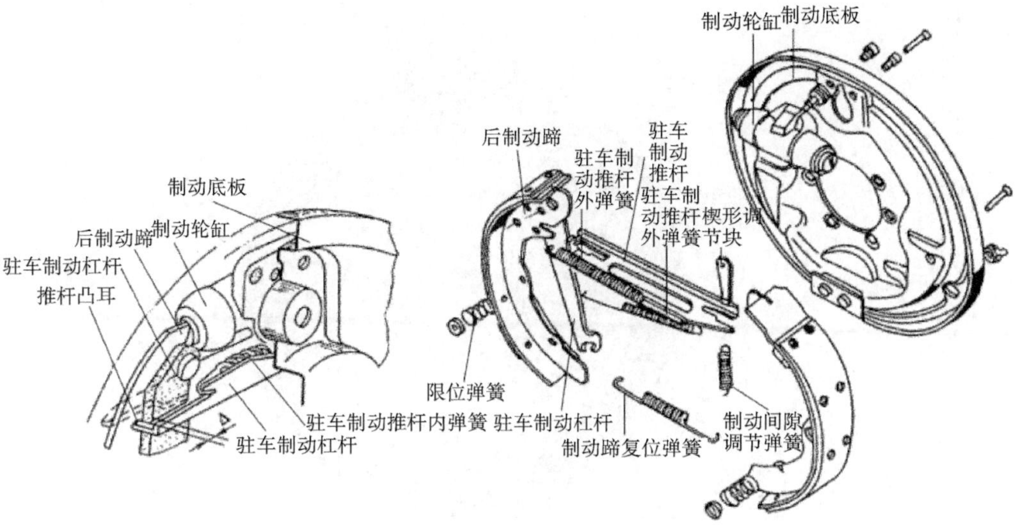

（a）　　（b）

图 5-20　楔块式间隙自调装置

（a）设定间隙示意图　（b）制动器零件分解图

2. 凸轮式制动器

凸轮式制动器是用凸轮取代制动轮缸对两制动蹄起促动作用，通常利用气压使凸轮转动。其工作原理和结构图 5-21 和图 5-22 所示。

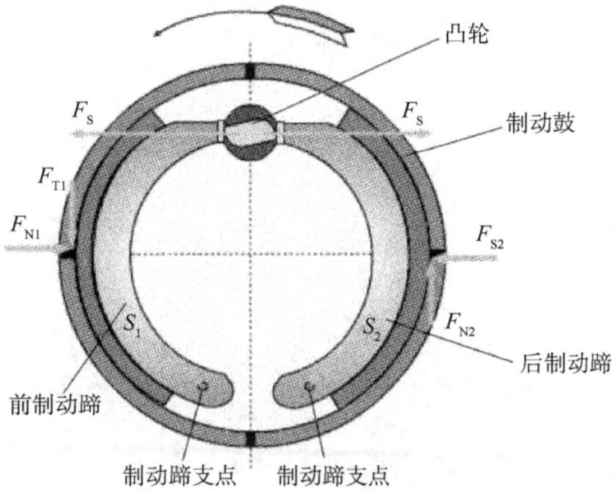

图 5-21　凸轮式制动器工作原理

凸轮式制动器制动调整臂的内部为蜗轮蜗杆传动，蜗轮通过花键与凸轮轴相连。正常制动时，制动调整臂体带动蜗杆绕蜗轮轴线转动，蜗杆又带动蜗轮转动，从而使凸轮旋转，张开制动蹄起制动作用。

制动调整臂除了具有传力作用外，还可以调整制动器的间隙。当需要调整制动器间隙时，制动调整臂体（也是蜗轮蜗杆传动的壳体）固定不动，转动蜗杆，蜗杆带动蜗轮旋转，从而改变凸轮的原始角位置，达到调整制动器间隙目的。为了防止蜗杆轴自行转动改变制动器间隙，图 5-23（a）采用的是类似变速器锁定机构的锁止球锁定，图 5-23（b）采用的是锁止套锁定。

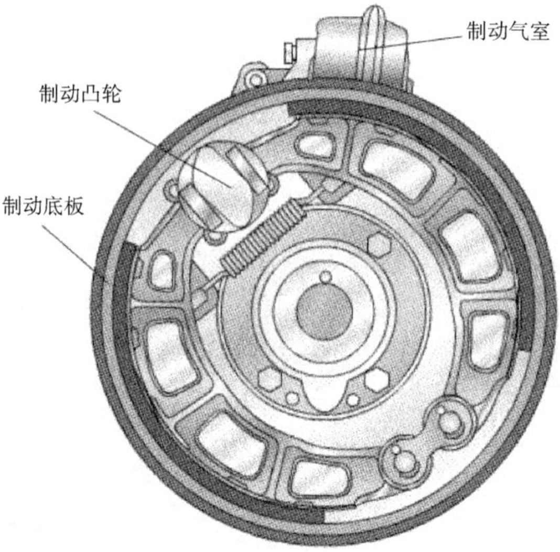

图 5-22　凸轮式制动器结构

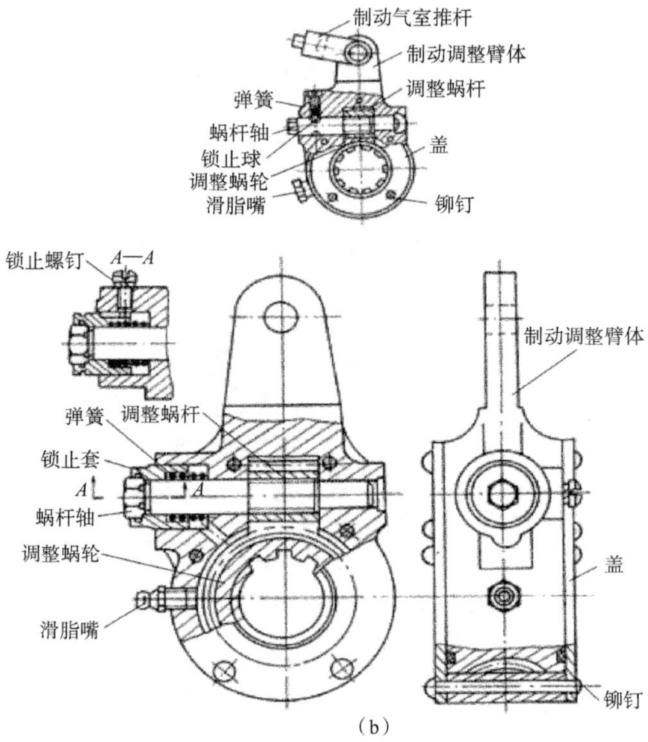

图 5-23　凸轮式制动器的制动调整臂

（a）锁止球锁定　（b）锁止套锁定

3. 楔式制动器

楔式制动器（图 5-24）的制动蹄依靠在柱塞上，柱塞内端面是斜面，与支于隔离架两边槽内的滚轮接触。制动时，轮缸活塞在液压作用下使制动楔向内移动，制动楔又使两滚轮一面沿柱塞斜面向内滚动，一面使二柱塞在制动底板的孔中向外移动一定距离，从而使制动蹄压靠到制动鼓上。轮缸液压一旦撤除，这一系列零件即在制动蹄复位弹簧的作用下各自复位。

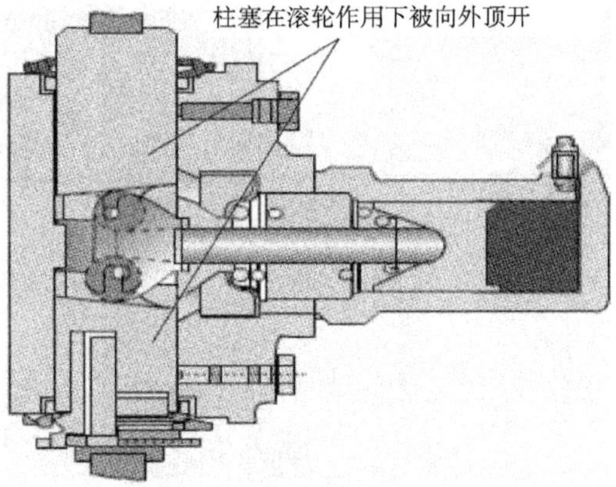

图 5-24　楔式制动器结构

5.2.2　盘式制动器

盘式制动器主要有钳盘式和全盘式两种，其中前者更常用。钳盘式制动器的旋转元件是制动盘，固定元件是制动钳。

1. 钳盘式制动器

钳盘式制动器可分定钳盘式和浮钳盘式两种。

1)定钳盘式制动器

定钳盘式制动器的特点是制动盘两侧的制动块用两个液压缸单独促动。定钳盘式制动器的工作原理和结构如图 5-25 和图 5-26 所示。

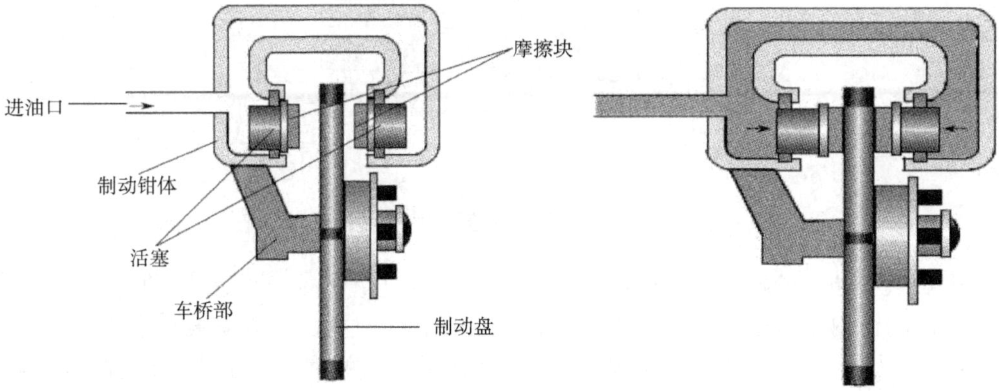

图 5-25　定钳盘式制动器的工作原理

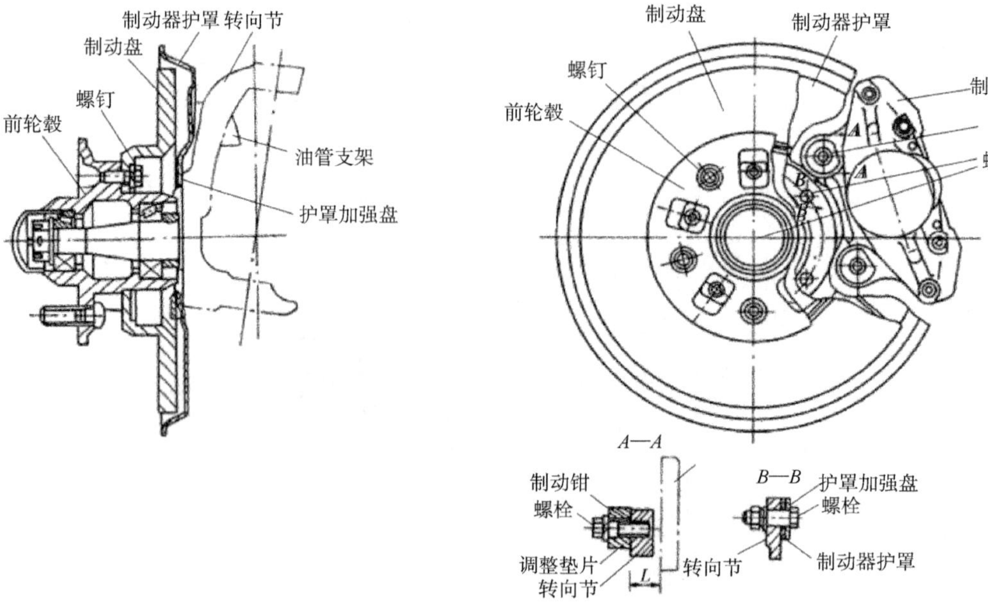

图 5-26　定钳盘式制动器结构

定钳盘式制动器的活塞密封圈除了起密封作用外,还兼起活塞回位作用和调整间隙作用,如图 5-27 所示。正常制动时,密封圈发生弹性变形。解除制动时,密封圈恢复变形,带动活塞一起回位。当制动器间隙过大时,活塞相对密封圈移动,回位时移动部分不可能恢复,移动量即为所调整的间隙量。还有一些轿车和货车采用专门的摩擦限位一次调准式间隙自调装置。

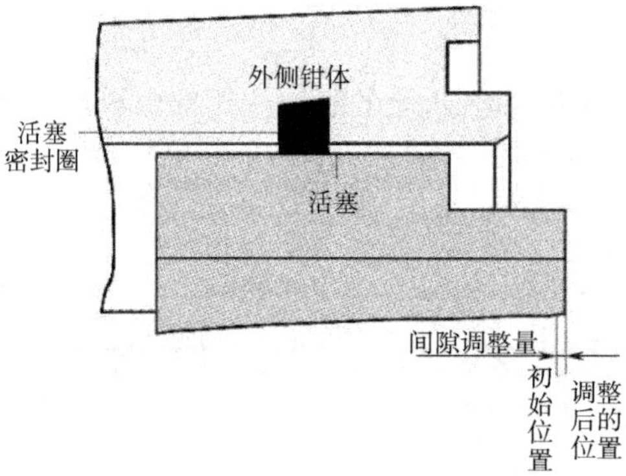

图 5-27　活塞密封圈的作用

定钳盘式制动器的缺点:油缸较多,使制动钳结构复杂;油缸分置于制动盘两侧,必须用跨越制动盘的钳内油道或外部油管来连通;制动钳的尺寸过大,难以安装在现代化轿车的轮辋内;热负荷大时,油缸(特别是外侧油缸)和跨越制动盘的油管或油道中的制动液容易受热汽化;若要兼用于驻车制动,则必须加装一个机械促动的驻车制动钳。由于上述缺点,定钳盘式制动器目前使用较少。

2）浮钳盘式制动器

按制动钳的运动方式，浮钳盘式制动器可分为滑动钳盘式制动器和摆动钳盘式制动器，其中滑动钳盘式制动器应用较广。

滑动钳盘式制动器的特点是制动钳可以相对制动盘做轴向滑动，只在制动盘的内侧设置油缸，而外侧的制动块则附装在钳体内。其工作原理如图 5-28 所示，不同汽车中其零件分解图如图 5-29 和图 5-30 所示。

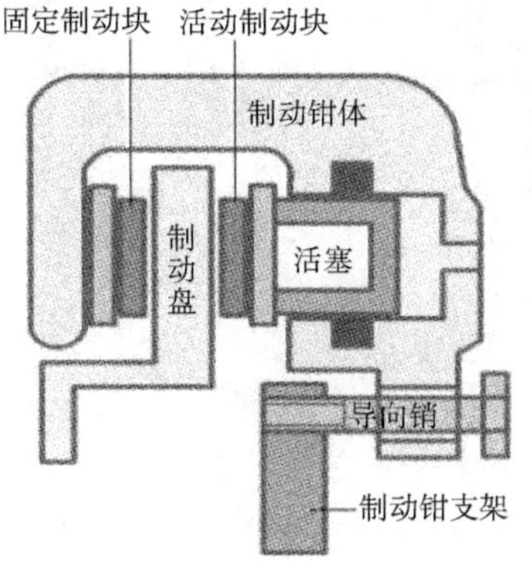

图 5-28　滑动钳盘式制动器的工作原理

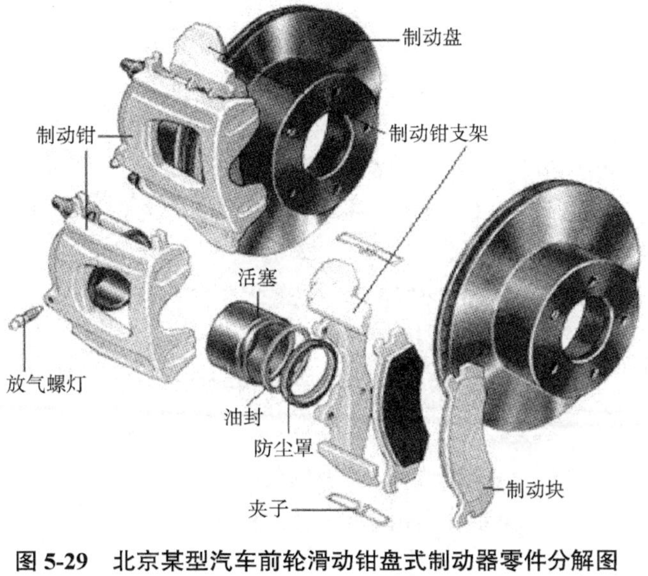

图 5-29　北京某型汽车前轮滑动钳盘式制动器零件分解图

用于汽车后轮、带驻车制动传动装置的 DBA 盘式制动器的浮式制动钳如图 5-31 所示。驻车制动时，在驻车制动杠杆凸轮的推动下，自调螺杆连同自调螺母一直左移到螺母接触活塞底部。此时，由于扭簧的阻碍，自调螺母不可能倒转着相对于螺杆向右移动。于是轴向推力通过活塞传到制动块上而实现汽车制动。解除驻车制动时，自调螺杆在膜片弹簧的作用下，随着驻车制动杠杆复位。

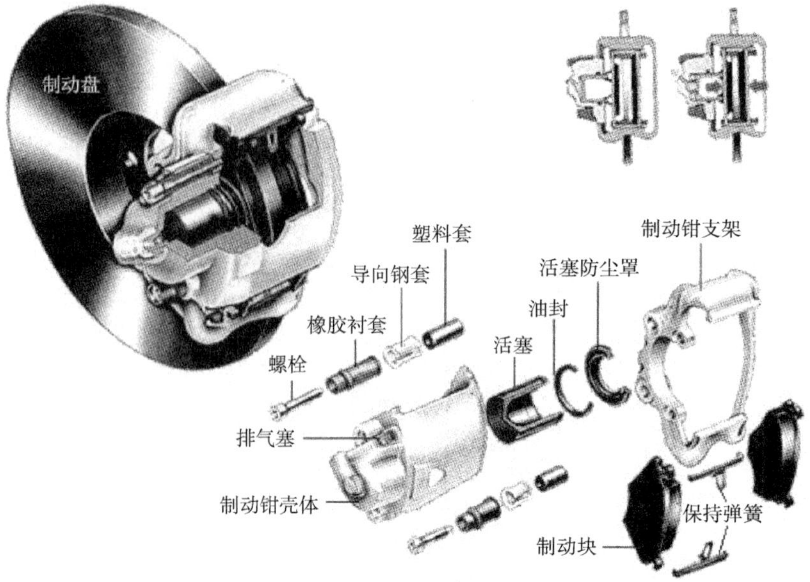

图 5-30　桑塔纳某型轿车滑动钳盘式制动器零件分解图

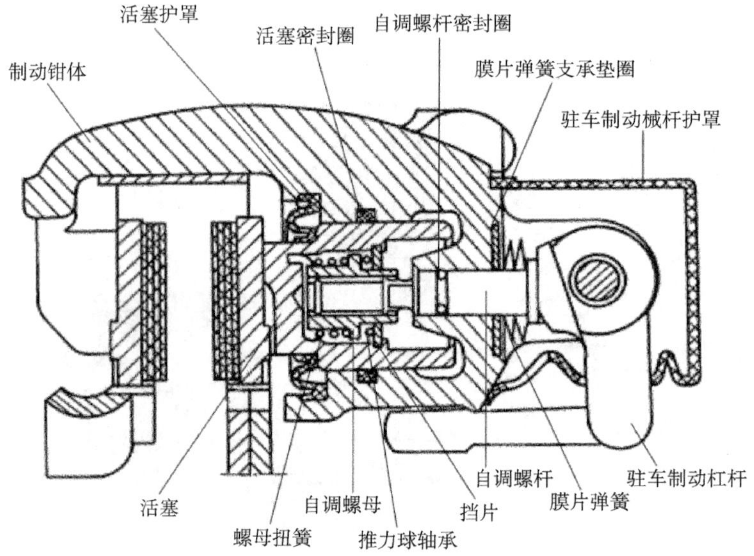

图 5-31　DBA 盘式制动器的浮式制动钳

2. 全盘式制动器

全盘式制动器摩擦副的固定元件和旋转元件都是圆盘形的，分别称为固定盘和旋转盘。其工作原理与摩擦离合器相似。梅西尔全盘式制动器结构如图 5-32 所示。

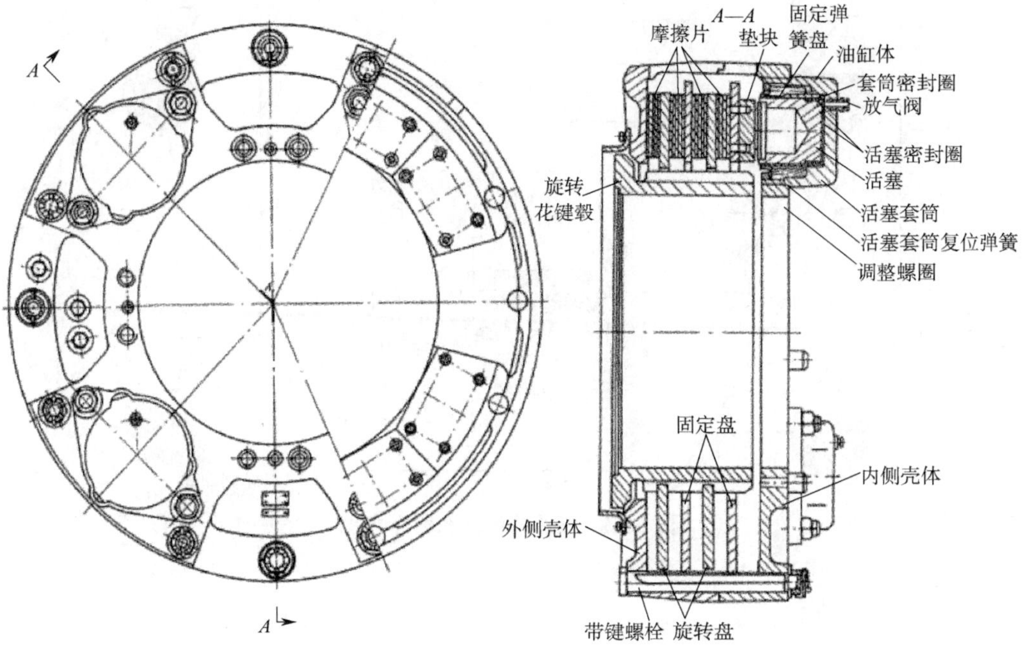

图 5-32　梅西尔全盘式制动器

3. 盘式制动器的优缺点

（1）与鼓式制动器相比，盘式制动器具有以下优点。

①无摩擦助势作用，制动力矩受摩擦系数的影响较小，即热稳定性好。

②浸水后效能降低较少，而且只需经一两次制动即可恢复正常，即基本不存在水衰退问题。

③在输出相同制动力矩的情况下，盘式制动器尺寸和质量一般较小。

④制动盘沿厚度方向的热膨胀量极小，不会像制动鼓的热膨胀那样使制动器间隙明显增加而导致制动踏板行程过大。

⑤较易实现间隙自动调整，其他维修作业也较简便。

（2）盘式制动器有以下缺点。

①效能较低，所需制动促动管路压力较高，一般要用伺服装置。

②兼用于驻车制动时，需要加装的驻车制动传动装置较鼓式制动器复杂。

5.3　液压制动系统

液压制动系统是一种广泛应用于中、小型汽车的制动系统。其利用制动油液作为传力介质，将驾驶员的踏板力经放大后传递至车轮制动器，使制动蹄产生制动作用。该系统具有结构简单、制动柔和灵敏、制动稳定性好等优点，如图 5-33 所示。

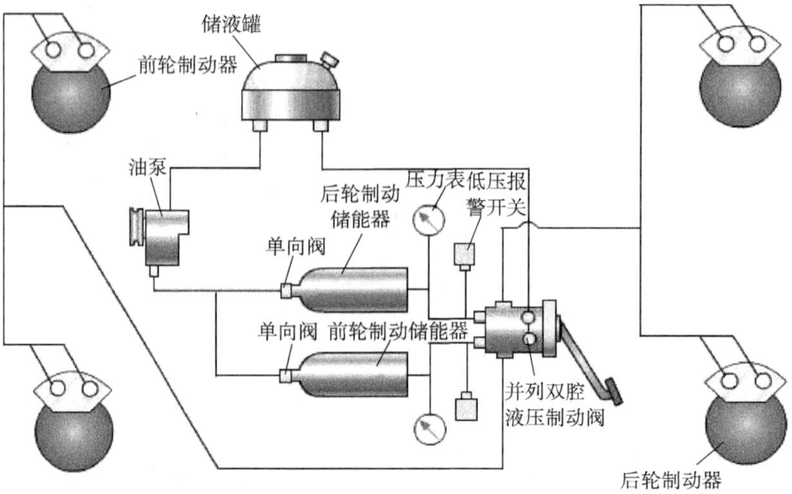

图 5-33　液压式制动系统示意图

5.3.1　系统组成

液压制动系统主要由以下几个部件组成。

（1）制动踏板：驾驶员通过踩踏制动踏板来启动制动过程。

（2）真空助力泵：在驾驶员踩下制动踏板时，提供额外的助力，以减轻驾驶员的踏板力。

（3）制动总泵（制动主缸）：接收来自真空助力泵的助力，并将此力转化为液压力，推动制动液流动。

（4）制动液（刹车油）：作为传力介质，在系统中传递压力。制动液有合成型和矿物油型之分，有 DOT 3、DOT 4、DOT 5、DOT 5.1 四个级别。轿车常用 DOT 3、DOT 4 矿物油型制动液。

（5）制动油管：连接制动总泵和制动分泵，确保制动液的顺畅流动。

（6）ABS 泵总成：在紧急制动情况下，防止车轮抱死，保持车辆的稳定性和方向可控性。

（7）制动分泵（制动轮缸）：接收来自制动总泵的压力制动液，推动分泵内的活塞向外移动，进而推动车轮制动器实施制动。

（8）车轮制动器：液压制动系统中的关键部件。当制动分泵内的压力制动液推动制动片与旋转的制动盘或制动鼓接触摩擦时，其产生的摩擦力矩使汽车减速停车。目前，盘式制动器因其高性能而广泛应用于现代轿车中。

5.3.2　工作原理

液压制动系统的工作原理可以概括为以下几个步骤。

（1）当驾驶员踩下制动踏板时，真空助力泵开始工作，为制动总泵提供额外的助力。

（2）制动总泵内的活塞在助力作用下向前移动，推动制动液在制动油管中流动。

（3）制动液进入各个车轮的制动分泵，推动分泵内的活塞向外移动。

（4）分泵活塞的移动推动车轮制动器中的制动片与制动盘或制动鼓接触摩擦，产生摩擦力矩，使汽车减速停车。

（5）当驾驶员松开制动踏板时，制动总泵内的活塞在油压和回位弹簧的作用下回位，同时分泵活塞和车轮制动器也回位，解除对车轮的制动。

5.3.3　应用与优势

液压制动系统因其结构简单、制动柔和灵敏、制动稳定性好等优点而被广泛应用于现代汽车中，特别是在轿车和小型客货车领域，液压制动系统已成为主流配置。此外，随着汽车技术的不断发展，液压制动系统也在不断进行技术升级和性能优化，满足消费者对汽车安全性的更高要求。

液压制动系统是汽车制动系统中的重要组成部分。其通过精确的液压力传递和高效的制动作用机制，确保了汽车行驶过程中的安全性和稳定性。

5.3.4　制动总泵

制动总泵，也称为制动主缸（图 5-34），是汽车液压制动系统中的关键部件之一。其主要功能是接收来自驾驶员踩下制动踏板时产生的机械力，并通过真空助力泵的辅助增强这一力量，最终将增强的力量转化为液压力，以推动制动液在制动管路中流动，进而实现对车辆车轮制动器的操作，使车辆减速或停止。

1. 结构组成

制动总泵通常由储液罐、主缸体、活塞、推杆、回位弹簧以及出油口和进油口等部件组成。储液罐用于储存制动液，确保系统内有足够的液体供应。主缸体内有两个或更多的活塞（对于双回路或多回路系统），每个活塞对应一套独立的制动回路，以提高系统的安全性和可靠性。

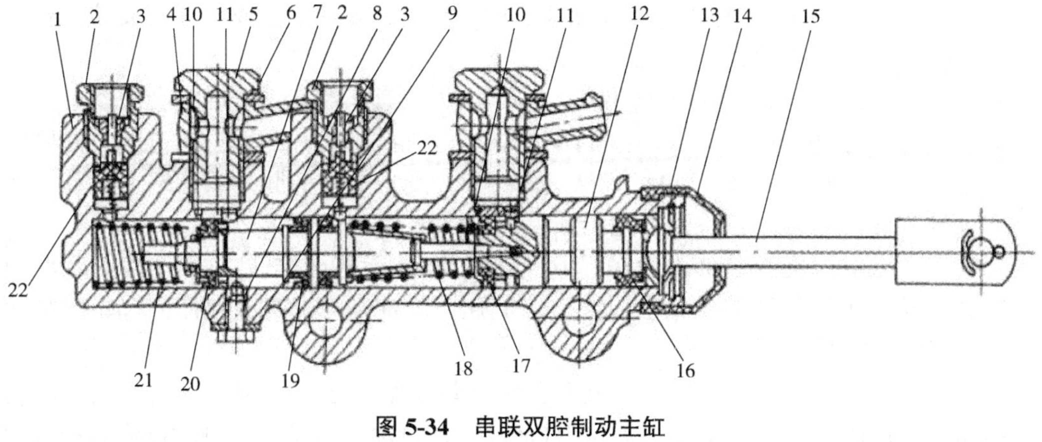

图 5-34　串联双腔制动主缸

1—主缸缸体；2—出油阀座；3—出油阀；4—进油管接头；5—空心螺栓；6—密封垫；7—前缸活塞；8—定位螺钉；9—密封垫；10—旁通孔；11—补偿孔；12—后缸活塞；13—挡圈；14—护罩；15—推杆；16—后缸密封圈；17—后活塞皮碗；18—后缸弹簧；19—前缸密封圈；20—前活塞皮碗；21—前缸弹簧；22—回油阀

装备有制动防抱死装置（ABS）的制动系统在行车制动时，由于制动压力调节器的作用使主缸内液压发生波动，主缸活塞前后窜动，其液压变化频率可达 4 ~ 10 次/s，缸内高压可达 20 MPa。这样就会使处在补偿孔和旁通孔之间的活塞皮碗发生过度磨损，甚至切削现象，使皮碗早期损坏。为此在串联双腔制动主缸中取消了补偿孔和旁通孔，而由中心单向阀代替两孔的作用，如图 5-35 所示。

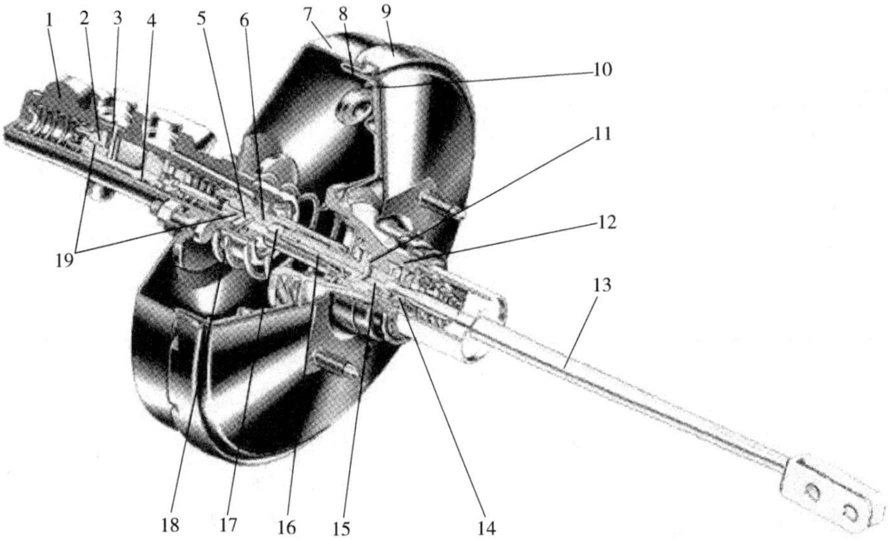

图 5-35　带中心单向阀的主缸和真空助力器

1—主缸缸体；2—第二活塞；3—垂直定位销；4—密封圈；5—水平定位销；6—第一活塞；7—真空助力器前壳体；8—真空助力器膜片；9—真空助力器后壳体；10—膜片托板；11—橡胶反作用盘；12—控制阀；13—推杆；14—控制阀组件；15—控制阀柱塞；16—制动主缸顶杆；17—顶杆头；18—膜片复位弹簧；19—中心单向阀

2. 工作原理

制动总泵的工作原理可以概括为以下几个步骤。

（1）接收机械力：当驾驶员踩下制动踏板时，踏板通过杠杆系统或直接连接的方式将机械力传递给制动总泵的推杆。

（2）真空助力：为了减轻驾驶员的制动力需求，现代汽车制动系统通常会配备真空助力泵。这个泵利用发动机进气歧管产生的真空或电子真空泵产生的真空，通过助力器放大驾驶员施加在制动踏板上的力。当制动踏板被踩下时，助力器内的膜片或活塞会在真空和大气压之间形成压力差，从而进一步推动制动总泵的活塞。

（3）液压力转换：在真空助力的作用下，制动总泵的活塞被推动，进而压缩其背后的制动液。这一压缩过程导致制动液内产生高压，高压制动液随后通过管路流向车轮的制动分泵（卡钳或制动鼓中的活塞）。

（4）推动制动液流动：高压制动液在封闭的液压系统中迅速流动。当到达车轮制动器时，它会推动制动分泵内的活塞向外移动，使制动片或制动蹄与车轮的制动盘或制动鼓紧密接触，从而产生摩擦力，使车轮减速或停止。

（5）回位机制：当驾驶员松开制动踏板时，制动总泵内的回位弹簧会将活塞推回原位，同时制动管路中的压力释放，制动分泵内的活塞也相应回位，解除对车轮的制动作用。

制动总泵是制动系统的核心部件。其性能直接影响车辆的制动效果和安全性。一旦制动总泵出现故障，如泄漏、卡滞或失效，都将导致制动性能下降，甚至引发严重的交通事故。因此，定期检查和维护制动总泵是确保汽车行驶安全的重要措施之一。

5.3.5　制动液和制动油管

1. 制动液

制动液，又称为刹车油或迫力油，是液压制动系统中的关键传力介质。其主要作用是在制动过程中，将驾驶员通过制动踏板施加的机械力转化为液压力，并通过制动管路传递至车轮的制动分泵，从而实现对车辆的减速或停止。制动液的选择和性能直接关系到制动系统的效率和安全性。

1）制动液的分类

制动液主要分为合成型和矿物油型两大类。随着技术的进步，合成型制动液因其优异的性能逐渐占据市场主导地位，而矿物油型制动液则逐渐被淘汰。

（1）合成型制动液：由醚、醇、酯等化合物混合而成，并添加了多种添加剂以提升综合性能。这些添加剂包括润滑剂、抗氧化剂、防锈剂以及抗橡胶膨胀剂等，能够确保制动液在高温、高压等恶劣条件下保持稳定的性能。合成型制动液具有更高的沸点、更低的吸水性以及更好的橡胶相容性，因此具有更长的使用寿命和更稳定的制动效果。

（2）矿物油型制动液：虽然已逐渐被淘汰，但在一些老旧车型中仍可能使用。矿物油型制动液主要通过将精制的轻柴油馏分并添加增稠剂和其他辅助成分制造而成。其性能相对合成型制动液较差，特别是在高温和高压条件下，容易出现性能下降和制动失效的情况。

2）制动液的级别

制动液根据其性能被划分为不同的级别，主要包括 DOT 3、DOT 4、DOT 5 和 DOT 5.1 四个级别。不同级别的制动液具有不同的性能特点和适用范围，如表 5-1 所示。

表 5-1　制动液级别

级别	干沸点℉（℃）	湿沸点℉（℃）	基础成分
DOT 3	401（205）	284（140）	醇基
DOT 4	446（230）	311（155）	醇基
DOT 5	500（260）	356（180）	硅基
DOT 5.1	500（270）	356（190）	醇基

（1）DOT 3 制动液：主要用于重型卡车、公共汽车和柴油发动机上，具有良好的抗腐蚀性、热稳定性以及低温流动性等性能特点。然而，由于其沸点相对较低，在高温条件下容易出现气阻现象，因此不适用于高性能轿车。

（2）DOT 4 制动液：适用于普通家用轿车。DOT 4 制动液的主要成分是醇醚型，沸点高于或等于 230 ℃，具有低金属腐蚀性、良好的橡胶相容性以及不易受水分影响的特点。在高温条件下，DOT 4 制动液能够保持稳定的性能，确保制动系统的正常工作。

（3）DOT 5 制动液：主要采用硅油型的成分，沸点高于或等于 260 ℃。DOT 5 制动液不会吸水，反而会与水分分离，因此其使用寿命相对较短。此外，DOT 5 制动液对橡胶部件的相容性较差，容易导致密封件老化和泄漏。因此，DOT 5 制动液一般适用于极寒地区或特殊用途的车辆。

（4）DOT 5.1 制动液：主要用于性能跑车和竞技赛车上。DOT 5.1 制动液的主要成分是硼酸酯，沸点高于或等于 260 ℃，具有优异的抗氧化性能和高温稳定性。DOT 5.1 制动液不易产生沸腾现象，且更换周期较长，一般为 2 年或 50 000 km。然而，由于其腐蚀性较强和亲水性差的特点，DOT 5.1 制动液更适用于短期更换用途的赛事车辆。

制动液作为液压制动系统中的传力介质，其性能和质量直接关系到制动系统的效率和安全性。选择合适的制动液并定期更换是确保车辆制动性能和安全性的重要措施之一。同时，制动液还应具备良好的防腐蚀性能和稳定性，以延长制动系统的使用寿命并减少维护成本。

2. 制动油管

制动油管是连接制动总泵和制动分泵的重要部件。其负责将制动液从总泵输送到分泵，并确保制动液的顺畅流动。制动油管的质量和性能对制动系统的正常工作至关重要。

1）制动油管的分类

制动油管（图 5-36）主要分为软管和硬管两种类型。

图 5-36　制动油管

（1）制动软管：通常由尼龙等柔性材料制成，具有较好的柔韧性和耐腐蚀性。制动软管能够适应车辆行驶过程中的各种复杂路况和振动环境，确保制动液的顺畅流动。然而，由于软管材料的特殊性质，其耐压性能相对较差，需要定期检查和更换以防止泄漏和破裂。

（2）制动硬管：主要由金属（如 20 号钢和紫铜管）制成，具有较高的耐压性能和散热性能。制动硬管通常用于固定安装和传输高压制动液，能够确保制动系统的稳定性和可靠性。

然而，硬管的柔韧性和耐腐蚀性相对较差，需要在安装过程中注意防止腐蚀和损坏。

2）制动油管的重要性

制动油管作为制动系统中的关键部件之一，其质量和性能直接关系到制动系统的正常工作。一旦制动油管出现泄漏或破裂等故障，将导致制动液流失和制动失效等严重后果。因此，定期检查和维护制动油管是确保车辆制动性能和安全性的重要措施之一。同时，在更换制动油管时，应选择质量可靠、性能稳定的产品，并按照规范进行安装和调试以确保其正常工作。

5.3.6　制动分泵

制动分泵，也被称为制动轮缸，是汽车液压制动系统中至关重要的一个组成部分。其主要作用是接收来自制动总泵的压力制动液，并将这种液压力转化为机械推力，从而推动车轮制动器实施制动。制动轮缸有单活塞（图 5-37）和双活塞（图 5-38）之分，其基本组成包括缸体、活塞、调整螺钉（顶块）、放气阀等，其中放气阀是制动系统的必备部件，用以排除制动管路中混入的空气。

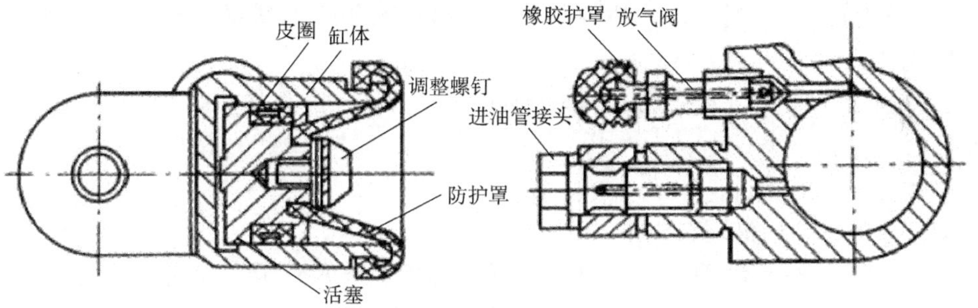

图 5-37　单活塞制动轮缸

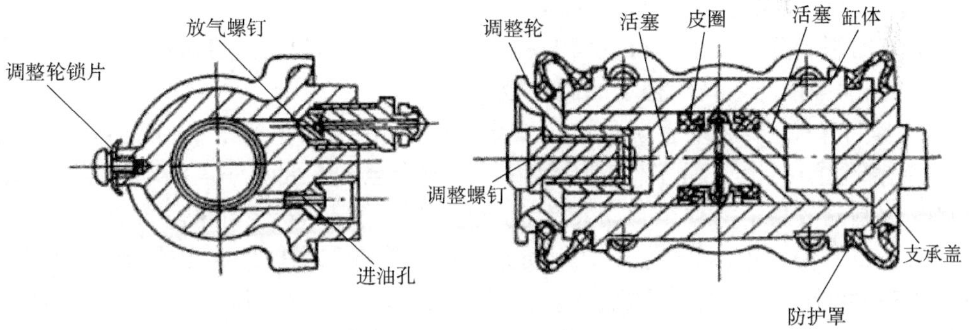

图 5-38　双活塞制动轮缸

1. 制动分泵的结构

制动分泵（制动轮缸）根据设计不同，可分为单活塞式和双活塞式两种类型。它们各自具有独特的结构和适用场景。

（1）单活塞式制动分泵：主要用于双领蹄式和双从蹄式制动器。其结构相对简单，包含一个活塞，通过液压力推动活塞移动，进而驱动制动蹄与制动鼓接触实现制动。

（2）双活塞式制动分泵：应用更为广泛，可用于领从蹄式制动器、双向双领蹄式制动器及双向自增力式制动器。双活塞式设计提供了更大的制动力矩，确保了更好的制动效果。其包含两个活塞和两个皮碗，通过液压作用使两个活塞同时向外移动，推动制动蹄与制动鼓紧密接触。

2. 工作原理

当驾驶员踩下制动踏板时，制动总泵内的活塞被推动，压缩制动液产生高压。这种高压制动液随后通过制动油管流向各个车轮的制动分泵。在制动分泵内，液压力作用于活塞上，推动活塞向外移动。活塞的移动进一步驱动制动蹄或制动片与车轮的制动鼓或制动盘接触，产生摩擦力矩，使车轮减速直至停止。

1）制动分泵的工作原理

制动分泵的工作原理可以分为以下几个步骤。

（1）液压力传递：制动总泵将制动液压缩并产生高压，通过制动油管将液压力传递至制动分泵。

（2）活塞移动：制动分泵内的活塞在液压力作用下开始向外移动。

（3）制动蹄／片接触：活塞的移动推动制动蹄或制动片与制动鼓或制动盘紧密接触。

（4）摩擦力矩产生：制动蹄／片与制动鼓／盘的接触产生摩擦力矩，减缓车轮的旋转速度，实现制动效果。

制动分泵作为液压制动系统中的关键部件之一，其性能直接关系到车辆的制动效果和安全性。

2）制动分泵的重要性

制动分泵的重要性体现在以下几个方面。

（1）确保制动效果：制动分泵通过接收制动总泵传来的液压力并将其转化为机械推力，推动制动蹄／片与制动鼓／盘接触产生摩擦力矩，从而实现车辆的减速和停止。其工作性能的好坏直接影响到制动效果的好坏。

（2）提高制动稳定性：制动分泵的设计和结构优化可以提高制动的稳定性和可靠性。例如，双活塞式制动分泵由于具有更大的制动力矩和更好的热稳定性，能够确保汽车在高速行驶和紧急制动等情况下具有稳定的制动效果。

（3）保障行车安全：制动系统是汽车安全性的重要组成部分之一。制动分泵作为制动系统的关键部件之一，其正常工作对于保障行车安全至关重要。一旦制动分泵出现故障或失效，将导致制动效果下降甚至制动失效等严重后果，给行车安全带来巨大威胁。

因此，在日常使用中，需要定期对制动分泵进行检查和维护保养工作，确保其具有良好的工作状态和性能水平。这包括检查制动液的液位和质量、清洗制动分泵及其周围部件、更换磨损严重的制动蹄／片和活塞等部件以及调整制动间隙等操作。这些措施将有助于延长制动分泵的使用寿命并确保其正常工作性能的稳定性和可靠性。

5.3.7 车轮制动器

车轮制动器是汽车制动系统中的重要组成部分。其直接作用于车轮，通过产生摩擦力矩来减缓或停止车轮的转动，从而实现车辆的减速、停车或保持停止状态。

1. 定义与分类

车轮制动器是指那些将旋转元件固装在车轮或半轴上，将制动力矩直接作用于两侧车轮上的制动装置。根据结构和原理的不同，车轮制动器主要可以分为鼓式制动器和盘式制动器两大类。

1）鼓式制动器

鼓式制动器的结构特点是在车轮轮毂内部设置两个半圆形状的刹车片（也称为制动蹄），通过杠杆原理或液压作用推动刹车片与轮鼓内面接触产生摩擦，从而实现制动。鼓式制动器因其结构紧凑、成本较低而在早期汽车中广泛应用。鼓式制动器结构如图 5-39 所示。

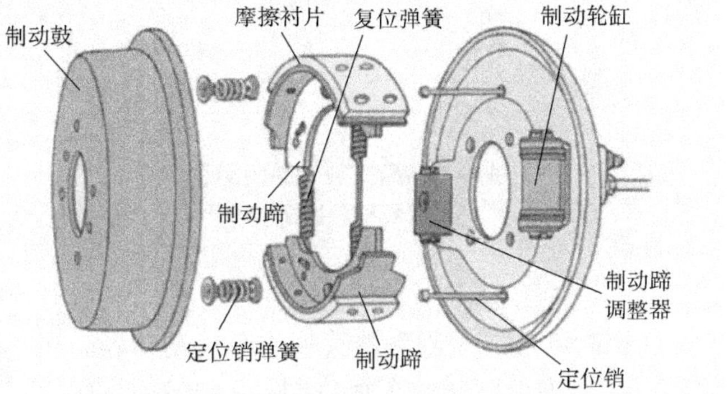

图 5-39　鼓式制动器结构

2）盘式制动器

盘式制动器（图 5-40）通过刹车卡钳控制两片刹车片夹住车轮上的刹车碟盘实现制动。盘式制动器具有散热性能好、热衰退影响小、刹车反应迅速等优点，因此在现代轿车中得到了广泛应用。根据卡钳的固定方式不同，盘式制动器还可以进一步细分为定钳盘式和浮钳盘式两种，如图 5-40 所示。

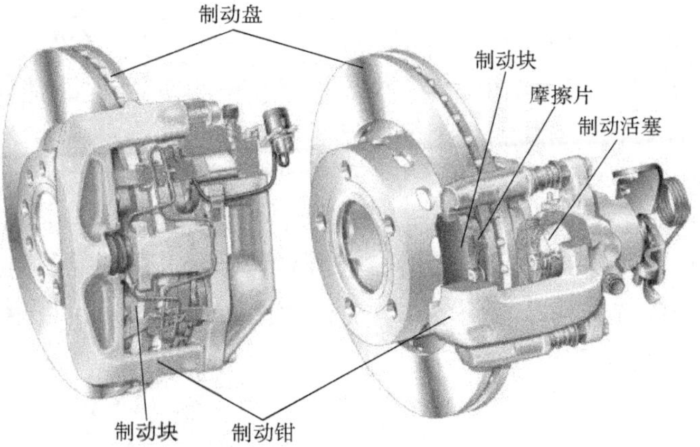

图 5-40　盘式制动器

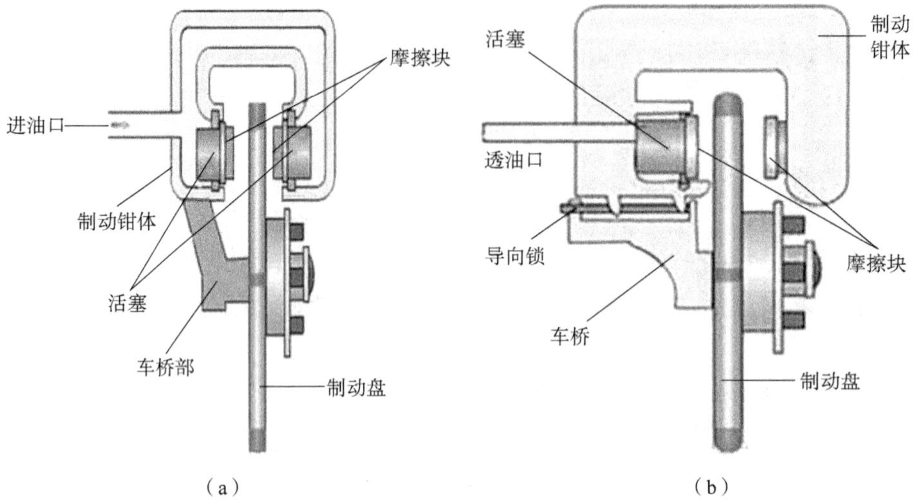

图 5-41　盘式制动器的类型

(a)定钳盘式　(b)浮钳盘式

2. 工作原理

车轮制动器的工作原理主要基于摩擦原理。当驾驶员踩下制动踏板时,制动总泵将制动液压缩并产生高压,高压制动液通过制动油管流向车轮制动器。在车轮制动器内部,液压力推动活塞或杠杆机构移动,进而驱动刹车片或制动蹄与车轮的制动鼓或制动盘接触并产生摩擦力矩。这个摩擦力矩会减缓或停止车轮的转动,从而实现车辆的制动。

3. 性能特点

(1)制动效能:车轮制动器的制动效能是衡量其性能好坏的重要指标之一。制动效能的高低取决于制动器产生的摩擦力矩大小以及制动器与车轮之间的摩擦系数。一般来说,盘式制动器在制动效能上优于鼓式制动器。

(2)散热性能:在制动过程中,制动器会产生大量的热量。散热性能好的制动器能够迅速将热量散发出去,避免制动器过热而导致的性能下降或失效。盘式制动器在散热性能上明显优于鼓式制动器。

(3)稳定性与可靠性:车轮制动器的稳定性和可靠性对于行车安全至关重要。优秀的制动器应该能够在各种工况下保持稳定的制动性能,并且具有较长的使用寿命和较低的故障率。

4. 维护与保养

为了保持车轮制动器的良好性能,延长其使用寿命,需要定期对其进行维护与保养工作。这包括检查制动液的液位和质量、清洗制动器及其周围部件、更换磨损严重的刹车片或制动蹄、调整制动间隙等。此外,还需要注意避免长时间连续制动和频繁急刹车等操作,以减少制动器的磨损和发热。

5.4　汽车防滑控制系统

5.4.1　概述

汽车防滑控制系统是防止汽车在制动过程中车轮被抱死滑移和汽车在驱动过程中(特别是起步、加速、转弯等)驱动轮发生滑转现象的控制系统。

1. 滑动率对附着系数的影响

汽车在制动过程中,车轮的运动可以分为纯滚动、边滚边滑、完全拖滑三个阶段。

车轮与路面之间的附着系数(φ)是随滑动率(s)而变化的,二者之间的关系如图 5-42 所示。当滑动率处于 15%～35%的范围内时,纵向附着系数 φ_2,和侧向附着系数 φ_1 的值都较大。纵向附着系数 φ_2 大,可以产生较大的制动力,保证汽车制动距离较短;侧向附着系数 φ_1 大,可以产生较大的侧向力,保证汽车制动时的方向稳定性。

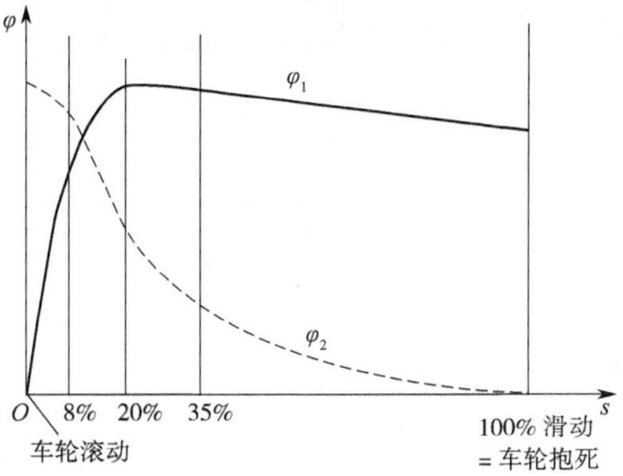

图 5-42　附着系数 φ 与滑动率 s 之间的关系

2. 防滑控制系统的作用和控制方式

汽车在驱动过程中,驱动轮可能发生滑转,滑转成分在车轮纵向运动中所占的比例用滑动率来表示,即

$$s=\frac{rw-v}{rw}\times 100\%$$

完全滑转时,v=0,s=100%。

汽车在驱动和制动时的 φ—s 关系及最佳控制范围如图 5-43 所示。防滑控制系统就是在汽车驱动状态下,将驱动轮滑动率控制在 5%～15%的最佳范围内。制动防抱死系统是在汽车制动状态下,将车轮滑动率控制在 8%～35%的最佳范围内。在上述最佳范围内,车轮和地面之间不仅纵向附着系数较大,而且侧向附着系数的值也较大,从而保证了汽车的方向稳定性。

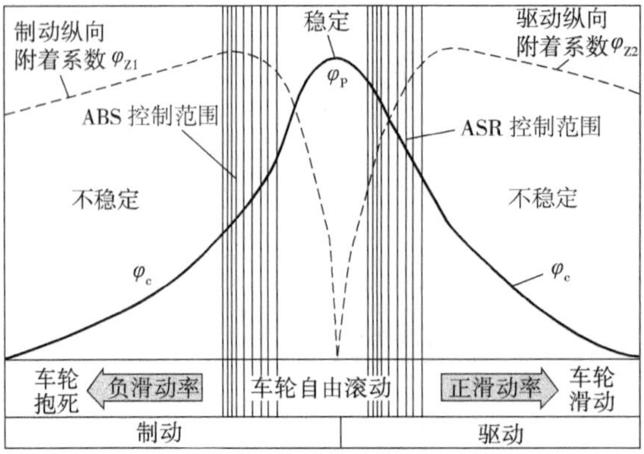

图 5-43　汽车驱动和制动时的 φ—s 曲线

5.4.2　制动防抱死系统（ABS）

1. 制动防抱死系统的基本组成和工作原理

制动防抱死系统主要由轮速传感器、制动压力调节器和电子控制单元（ECU）等组成，如图 5-44 所示。

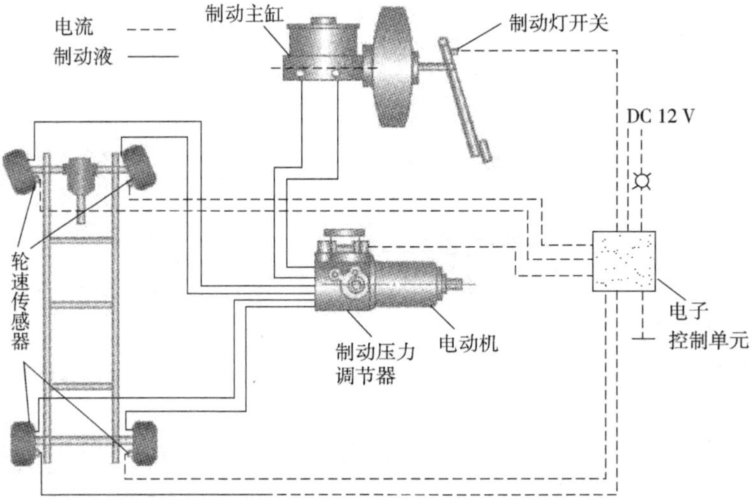

图 5-44　制动防抱死装置的组成及布置

其基本工作原理是汽车制动时，首先由轮速传感器测出与制动车轮转速成正比的交流电压信号，并将该电压信号送入电子控制单元（ECU），由 ECU 中的运算单元计算出车轮速度、滑动率及车轮的加减速度，然后再由 ECU 中的控制单元对这些信号加以分析比较后，向压力调节器发出制动压力控制指令，使压力调节器中的电磁阀等直接或间接地控制制动压力的增减，以调节制动力矩，使之与地面附着状况相适应，防止制动车轮被抱死。

2. 制动防抱死系统的类型及布置形式

按汽车制动系统不同，ABS 可分为液压制动 ABS、气压制动 ABS、气顶液制动 ABS。

按 ABS 中控制管路(通道)数和传感器数量,ABS 有以下六种布置形式。

(1)四传感器四通道四轮独立控制的ABS,如图 5-45 所示。

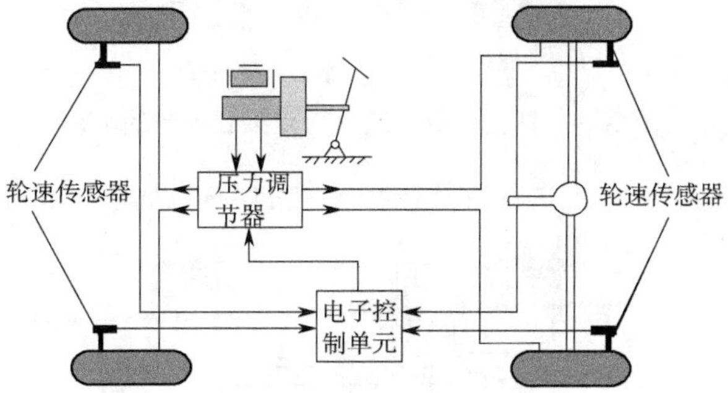

图 5-45　四传感器四通道四轮独立控制的ABS

(2)四传感器四通道前轮独立后轮低选择控制的ABS,如图 5-46 所示。

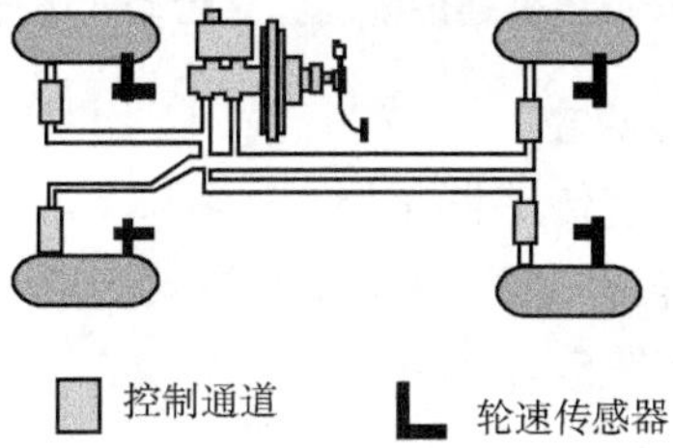

图 5-46　四传感器四通道前轮独立后轮低选择控制的ABS

(3)四传感器三通道前轮独立后轮低选择控制的ABS,如图 5-47 所示。

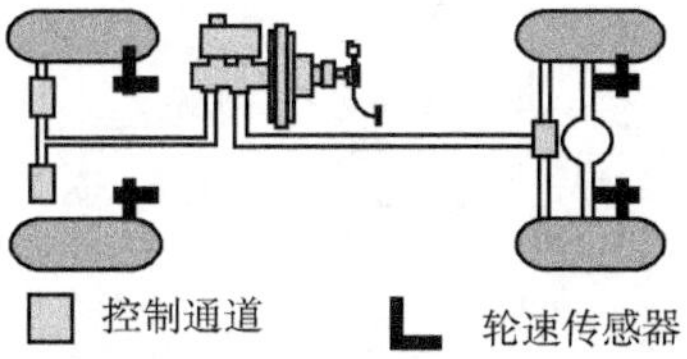

图 5-47　四传感器三通道前轮独立后轮低选择控制的ABS

(4)三传感器三通道前轮独立后轮低选择控制的ABS,如图 5-48 所示。

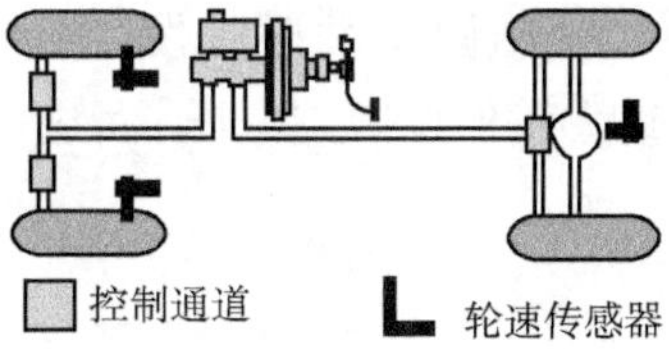

图 5-48　三传感器三通道前轮独立后轮低选择控制的ABS

(5)四传感器二通道前轮独立控制的ABS,如图 5-49 所示。

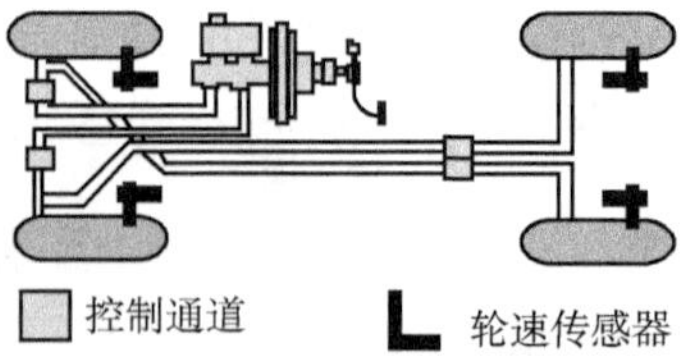

图 5-49　四传感器二通道前轮独立控制的ABS

（6）四传感器二通道前轮独立后轮低选择控制的ABS，如图 5-50 所示。

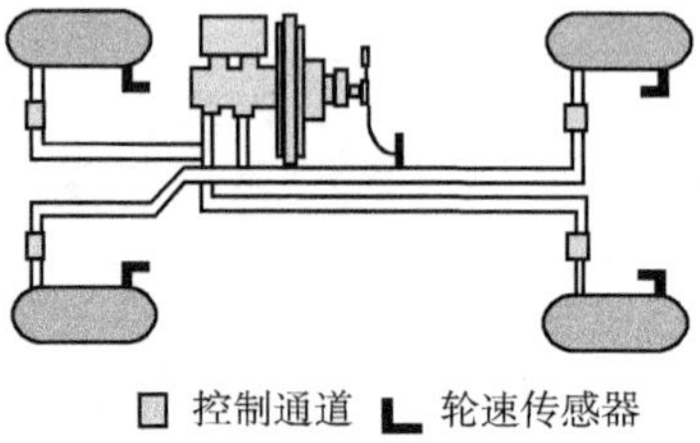

图 5-50　四传感器二通道前轮独立后轮低选择控制的ABS

3.ABS 部件的结构及其工作原理

1）车轮转速传感器（简称轮速传感器）

汽车防滑控制系统中都设置有电磁感应式轮速传感器。其可以安装在车轮上，也可以安装在主减速器或变速器中，如图 5-51 所示。

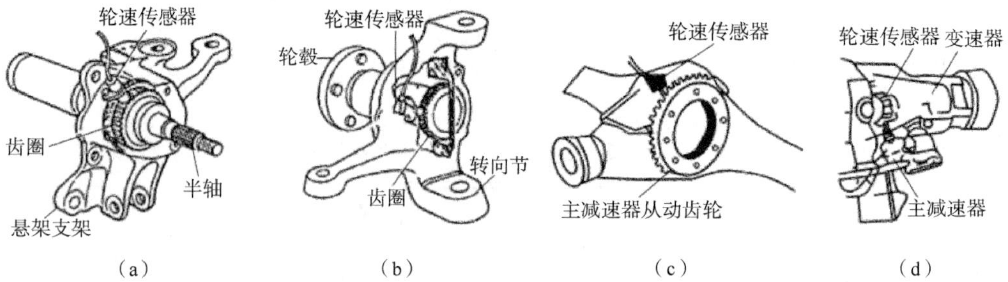

图 5-51　轮速传感器的安装位置

（a）驱动车轮　（b）非驱动车轮　（c）主驱动车轮　（d）变速器

轮速传感器由永久磁铁、磁极、线圈和齿圈组成。齿圈在磁场中旋转时，齿圈齿顶和电极之间的间隙以一定的速度变化，使磁路中的磁阻发生变化。之后，磁通量周期地增减，在线圈的两端产生正比于磁通量增减速度的感应电压，而这一交流电压信号会立即输送给电子控制单元，如图 5-52 所示。

2）电子控制单元（ECU）

电子控制单元（ECU）是防滑控制系统的控制中枢。其作用是接收来自轮速传感器的感应电压信号，计算出车轮速度，并与参考车速进行比较，得出滑动率 s 及加减速度，并将这些信号加以分析，对制动压力调节器发出控制指令。

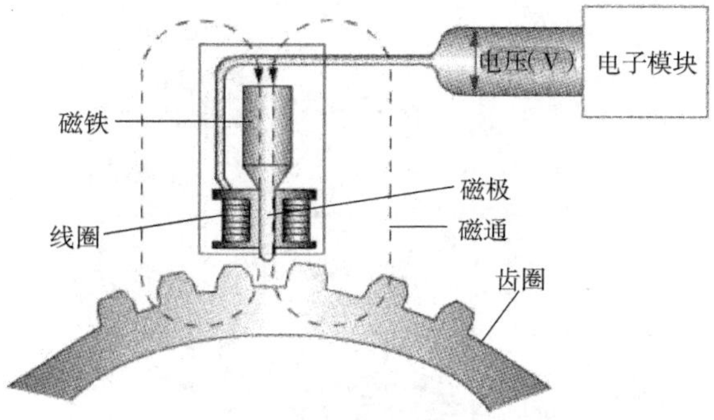

图 5-52　轮速传感器的组成及工作原理

3)制动压力调节器

制动压力调节器的功用是接收来自 ECU 的控制指令,控制制动压力的增减,它是 ABS 的执行器。制动压力调节器根据调压方式不同,可分为循环式和变容式两种。

(1)循环式制动压力调节器。循环式制动压力调节器由电磁阀、液压泵和电动机等部件组成。调节器直接装在汽车原有的制动管路中,通过串联在制动主缸和制动轮缸之间的三位三通电磁阀直接控制轮缸的压力,使轮缸处于常规工作状态、减压状态、保压状态或增压状态,如图 5-53~图 5-56 所示。三位是指电磁阀有三个不同位置,分别控制轮缸制动压力的增压、减压或保压;三通是指电磁阀上有三个通道,分别通向制动主缸、制动轮缸和储液器。

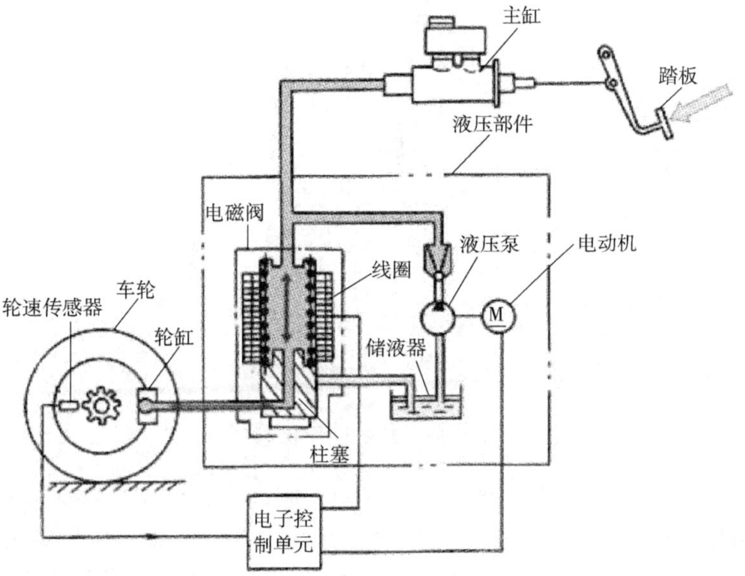

图 5-53　轮缸常规工作状态

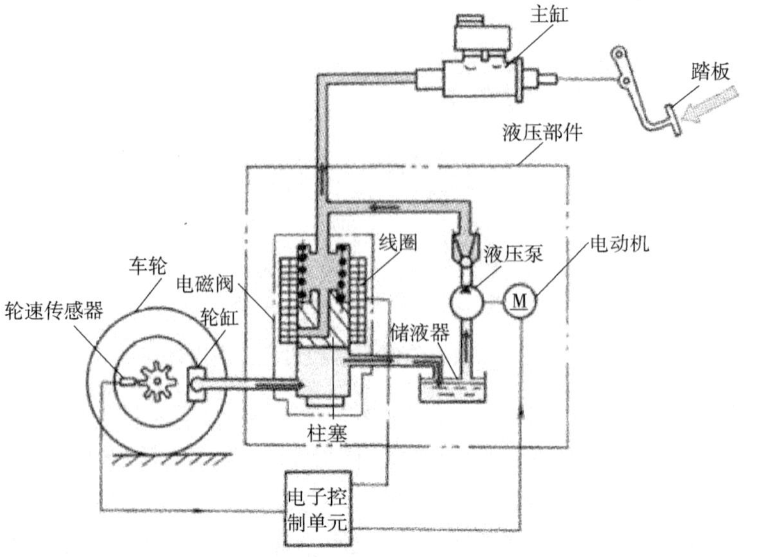

图 5-54　轮缸减压状态

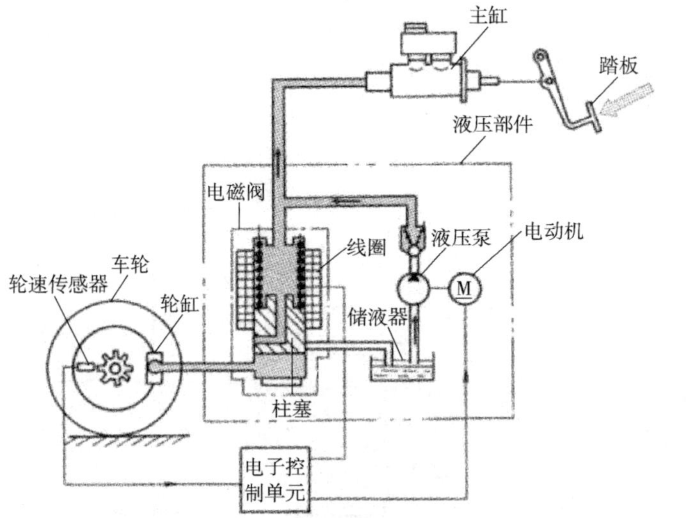

图 5-55　轮缸保压状态

（2）可变容积式制动压力调节器。可变容积式制动压力调节器主要由电磁阀、控制活塞、液压泵和储能器等组成。其是在原液压制动系统中增设一套液压控制装置控制制动管路中容积的增减，以控制制动压力的变化。可变容积式制动压力调节器有四个工作状态：轮缸常规制动状态、轮缸减压状态、轮缸保压状态和轮缸增压状态，如图 5-57~图 5-60 所示。

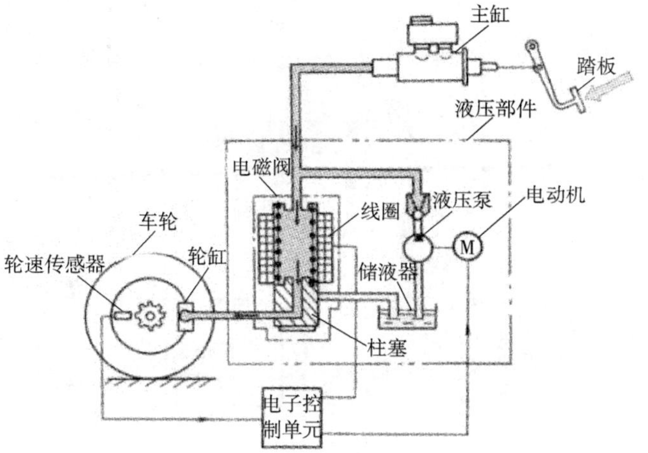

图 5-56　轮缸增压状态

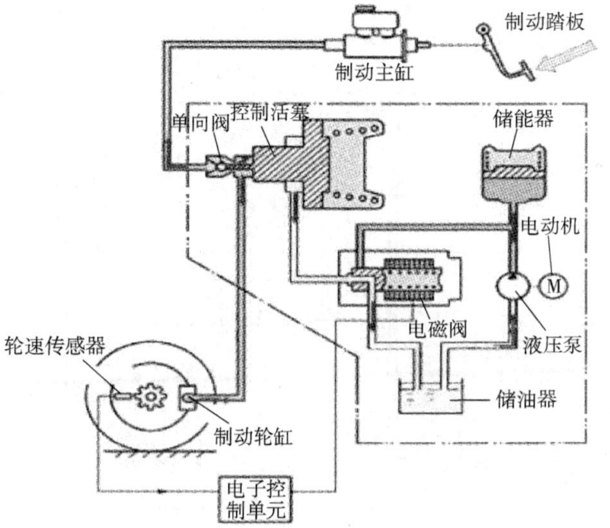

图 5-57　轮缸常规制动状态

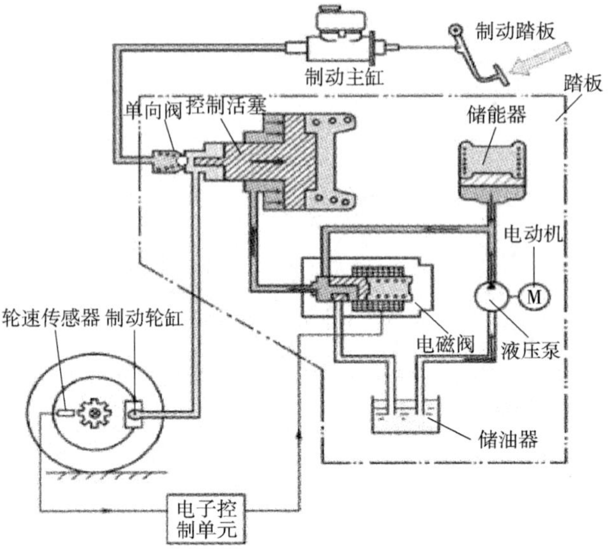

图 5-58　轮缸减压状态

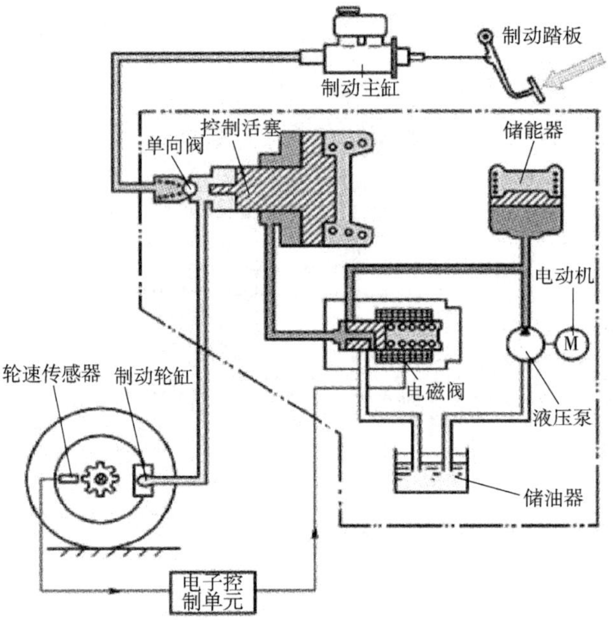

图 5-59　轮缸保压状态

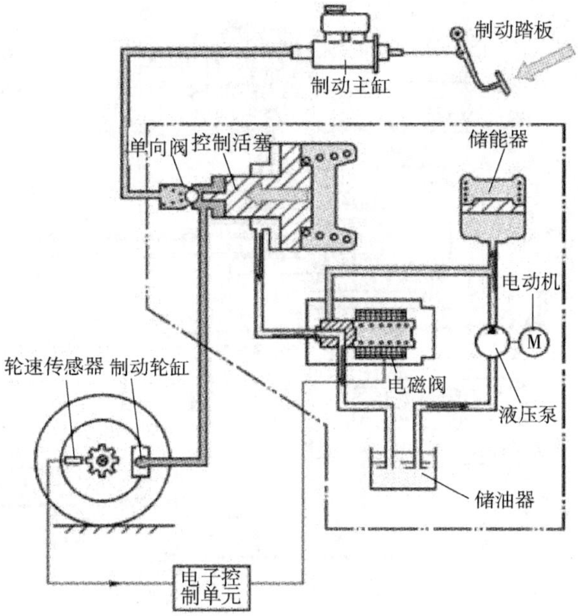

图 5-60 轮缸增压状态

5.4.3 驱动防滑转系统(ASR)

汽车行驶过程中,轮速传感器将车轮转速转变为电信号传输给 ASR 中的电子控制单元(ECU),ECU 根据车轮转速计算驱动车轮的滑转率。如果滑转率超出了目标范围,ECU 会综合参考节气门开度信号、发动机转速信号以及转向信号(有的车没有)等确定滑转率控制方式,并向相应执行机构发出指令使其动作,将驱动车轮的滑转率控制在目标范围之内。

和 ABS 一样, ASR 主要由电子控制器、传感器、制动压力调节器三大部分组成。ASR 中的电子控制器可以是独立的也可以与 ABS 共用,轮速传感器和制动压力调节器可与 ABS 共用。因此通常将 ASR 和 ABS 组合在一起,如图 5-61 所示。

1. 电子控制单元(ECU)

由于 ASR 和 ABS 的一些输入信号和处理都是相同的,为了减少电子器件的应用数量,使结构更紧凑,ASR 电子控制器和 ABS 电子控制器通常组合在一起,如图 5-62 所示。

ASR 的电子控制单元(ECU)发出的控制指令有以下几种。

①控制滑转车轮的制动力。

②控制发动机输出功率。

③同时控制发动机的输出功率和驱动车轮的制动力。

在实际应用的 ASR 中,绝大多数都是采用调节发动机输出转矩的方式来控制汽车驱动力矩。而调节发动机的输出转矩,通常是利用发动机电子控制装置,通过控制节气门开度和点火提前角的方式来实现。

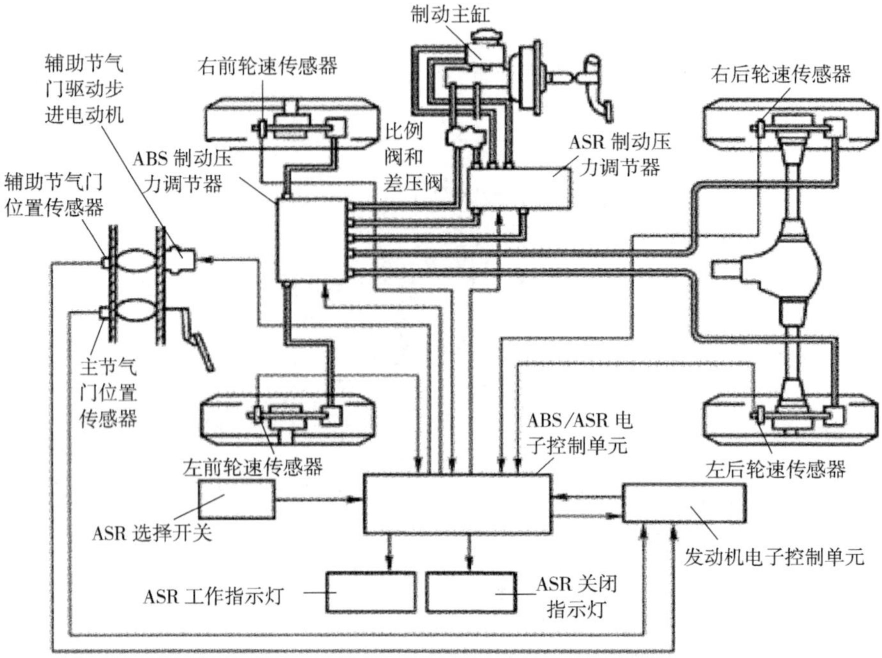

图 5-61　ABS 和 ASR 的典型组合示意图

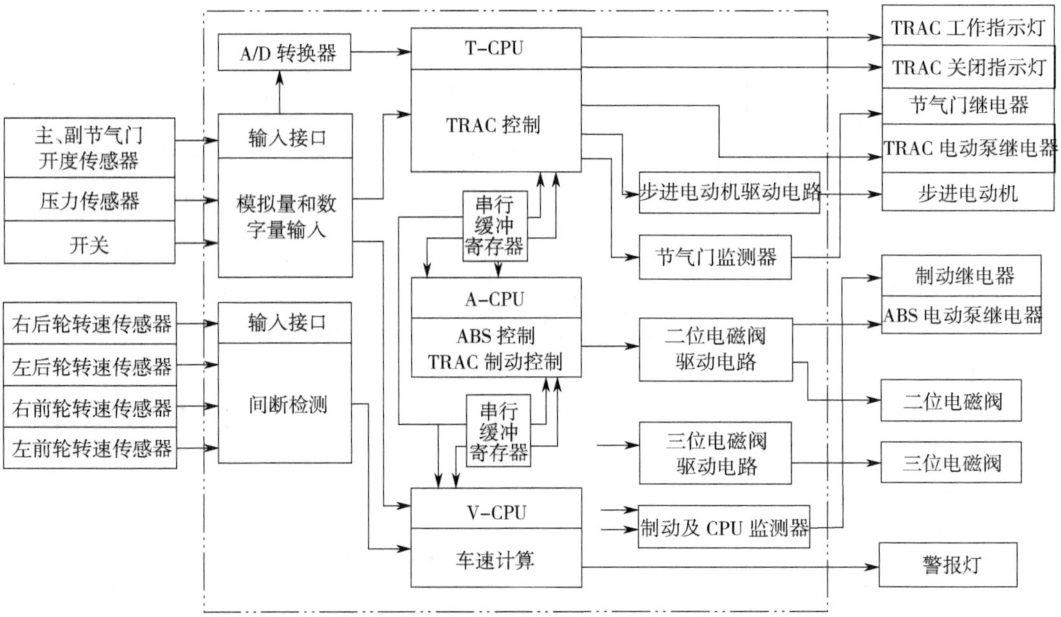

图 5-62　ASR 和 ABS 的电子控制器组合框图

2. 传感器

ASR 的传感器主要是轮速传感器和节气门位置传感器。轮速传感器与 ABS 共用，而节气门位置传感器则与发动机控制系统共用。

ASR 专用的信号输入装置是 ASR 选择开关。关闭 ASR 选择开关,可停止 ASR 的作用。如在汽车维修中需要将汽车驱动车轮悬空转动时，ASR 就可能对驱动车轮施以制动，影响故障的检查。这时关闭 ASR 开关,停止 ASR 作用,就可避免这种影响。

3. 制动压力调节器

ASR 制动压力调节器执行 ASR 电子控制器的指令,对滑转车轮施加制动力并控制其大小,以使滑转车轮的滑动率在控制目标范围之内。ASR 制动压力源是蓄压器,通过制动压力调节器中的电磁阀来调节驱动车轮制动压力的大小。ASR 制动压力调节器的结构形式有独立式和组合式两种。

1)独立式 ASR 制动压力调节器

独立式是指 ASR 制动压力调节器和 ABS 制动压力调节器在结构上各自分开。独立式 ASR 制动压力调节器有四种工作状态,分别是不起作用、轮缸增压、轮缸保压和轮缸减压。这种调节器采用变容式调压原理,如图 5-63 所示。

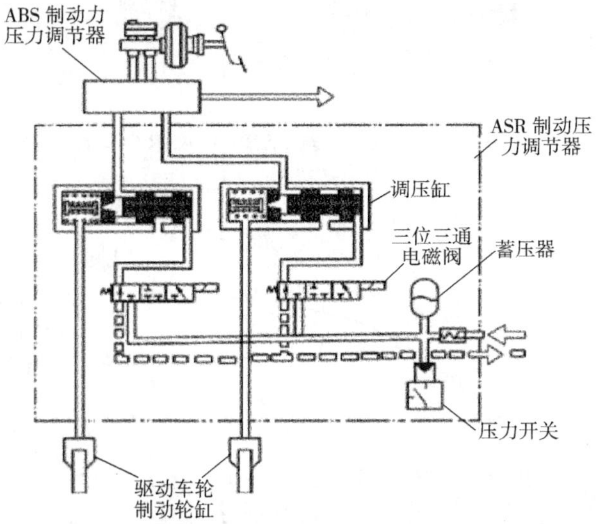

图 5-63　利用变容式调压原理的 ASR 制动压力调节器

2)组合式 ASR 制动压力调节器

组合式是指 ASR 制动压力调节器与 ABS 制动压力调节器在结构上组合为一个整体,亦称 ABS / ASR 制动压力调节器。这种调节器采用流通式(亦称循环式)调压原理,如图 5-64 所示。

4. 装有驱动力控制系统(ASR)的汽车实例

广州本田雅阁(3.0 L)轿车的防滑控制系统是将 ABS 和 ASR 组合在一起。整个系统由 ABS / ASR 的电子控制单元(ECU)、制动压力调节器和传感器等三部分组成。各部件在整车的布置如图 5-65 所示。其 ABS / ASR 电子控制单元(ECU)工作原理框图如图 5-66 所示。

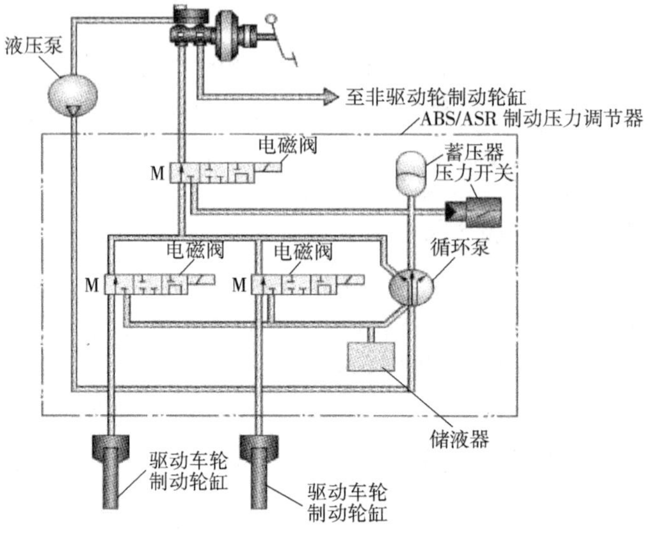

图 5-64 利用循环式调压原理的 ABS ／ ASR 制动压力调节器

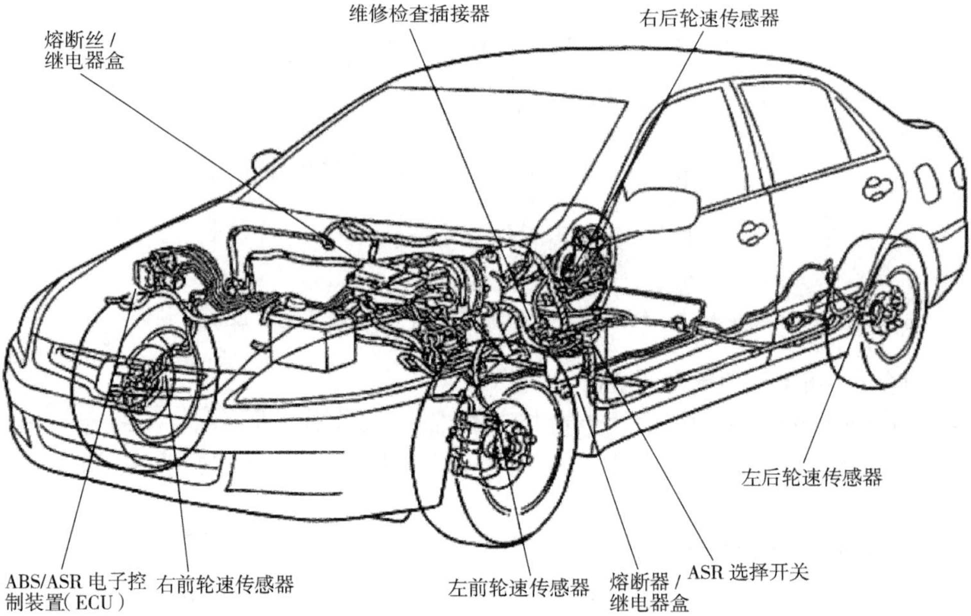

图 5-65 广州本田雅阁(3.0 L)轿车 ABS ／ ASR 组件布置

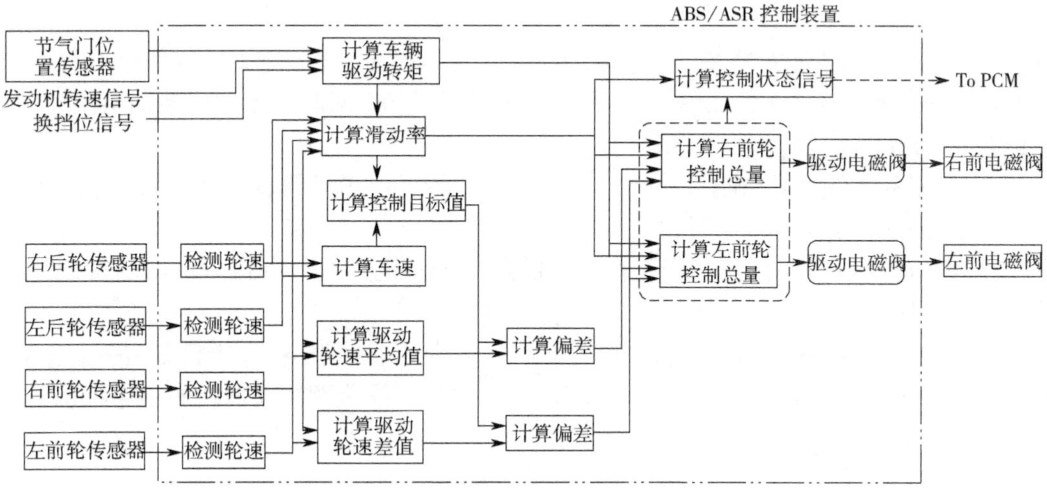

图 5-66　ABS/ASR 电子控制单元(ECU)工作原理框图

5.5　制动系统检修操作

5.5.1　制动器的检测

1. 前期准备

(1)工具与设备准备:准备好所需的检测工具,如气压表、扳手、螺丝刀、千分尺等,以及必要的检测设备,如制动性能测试仪、轮速传感器等。

(2)车辆状态确认:确保车辆处于空载状态,发动机熄火,变速器置于空挡,手刹松开,车轮无异物阻挡。

2. 气压表检查

(1)观察气压表:检查气压表的指示数。如果指示数为“0”,则需要进行进一步检查。

(2)踏下制动踏板:踏下制动踏板,然后松起。如果松起时有放气声,说明气压表有故障,应更换气压表。

(3)检查空气压缩机:如果没有放气声,则需要检查空气压缩机皮带和从空气压缩机至贮气筒一段气管的情况,确保无漏气或损坏。

3. 制动系统检查

(1)检查制动阀至车轮间:如果气压表指示压力数值合乎标准,可踏下踏板,检查由制动阀至各车轮间有无漏气之处。如有漏气,需及时修复。

(2)检查踏板自由行程:检查制动踏板的自由行程是否符合规定范围。自由行程过大或过小都会影响制动效果,需进行调整。

(3)调整制动蹄摩擦片与制动鼓间隙:在确保无漏气且踏板自由行程正常的情况下,检查并调整制动蹄摩擦片与制动鼓的间隙。间隙过大或过小都会导致制动性能下降。

4. 驻车制动器检查

(1)测试驻车制动装置:在空载状态下,测试驻车制动装置。在坡度为20%,轮胎与路面间附着系数不小于0.7的条件下,车辆应能在坡道上正、反两个方向保持固定不动,且时间不少于5分钟。

(2)拉紧驻车制动器:拉紧驻车制动器后,制动器工作正常的表现是车辆在空车平地上使用二挡无法起步。

(3)检查操纵杆行程:其工作行程不应超过全行程的3/4,以确保制动器的有效控制并预防过度磨损。

(4)检查非工作状态:放松驻车制动操纵杆,使变速器置于空挡,然后支起一个驱动轮。此时制动鼓应能用手轻松转动,且转动过程中无摩擦声,这表明制动器在非工作状态下不会对车轮产生额外的阻力。

5. 综合性能检测

(1)制动性能测试:使用制动性能测试仪对车辆的制动性能进行全面检测,包括制动距离、制动时间、制动减速度等指标的测量和分析。

(2)轮速传感器检测:通过轮速传感器检测车轮的转速变化,以评估制动过程中车轮的抱死情况。这有助于判断制动系统的稳定性和安全性。

6. 总结与记录

(1)总结检测结果:根据以上检测步骤和结果,对制动器的性能进行综合评价。

(2)记录检测数据:详细记录检测过程中的各项数据和发现的问题,以便后续分析和处理。

通过以上检测操作,可以全面评估汽车制动器的性能状态,及时发现并解决问题,确保汽车行驶的安全性和可靠性。

5.5.2 更换制动器组件

更换制动器组件是一个复杂且精细的过程。其直接关系到车辆的安全性和制动性能。

1. 前期准备

(1)工具与设备准备:准备好所需的工具,如扳手、螺丝刀、千斤顶、扭力扳手、制动液更换设备等,以及新的制动器组件,包括制动盘、制动片(刹车片)、制动卡钳等。

(2)车辆检查:确保车辆停放在平坦的地面上,并拉起手刹以防止车辆滑动。同时,检查车辆制动系统的状况,了解需要更换的具体组件。

2. 安全措施

(1)使用千斤顶:在车辆底部适当位置放置千斤顶,并小心地将车辆抬升到足够的高度,以便能够方便地访问制动器组件。确保千斤顶支撑稳固,并使用轮架或木块支撑车辆以防万一。

(2)轮胎固定:在抬起车辆之前,使用合适的工具(如轮胎扳手)松开车轮螺母,但不要完全拆下。待车辆抬起后,再完全拆下螺母并取下轮胎。

3. 拆卸旧制动器组件

（1）拆卸制动卡钳：使用合适的工具（如扳手或螺丝刀）拆卸制动卡钳上的螺栓，将制动卡钳与制动盘分离，注意不要损坏制动卡钳或制动盘上的任何部件。

（2）取下制动盘：如果制动盘也需要更换，可以将其从车轮轴上取下。通常制动盘被螺栓固定在车轮轴上，使用适当的工具拆卸这些螺栓即可。

（3）检查与清洁：在取下旧制动器组件后，仔细检查制动盘和制动片的磨损情况，并清洁制动系统的相关部件，如制动缸、软管等。

4. 安装新制动器组件

（1）安装制动盘：将新的制动盘对准车轮轴，并使用螺栓将其固定在正确的位置上。务必按照制造商的规定扭紧螺栓，并确保制动盘安装平稳、无晃动。

（2）安装制动片：将新的制动片安装到制动卡钳上。注意制动片的安装方向和位置，确保其与制动盘能够充分接触并产生有效的制动力。

（3）安装制动卡钳：将制动卡钳放置在制动盘上，并确保其完全与制动盘接触。然后使用合适的工具拧紧制动卡钳螺栓，确保制动卡钳安装牢固。

5. 回装轮胎与测试

（1）回装轮胎：将轮胎重新安装到车轮轴上，并使用正确的扭力值将车轮螺母扭紧。确保轮胎安装稳固、无松动。

（2）降低车辆：将千斤顶缓慢地降低，直到车辆停放在地面上。此时，再次检查车轮和制动器组件的安装情况，确保一切正常。

（3）测试制动性能：在启动车辆之前，踩下制动踏板几次，以恢复制动系统的紧密性，并检查制动器是否正常工作。同时，可以在安全的路段上进行短途试车，以测试制动系统的实际性能。

6. 注意事项

（1）安全操作：在整个更换过程中，务必注意安全操作，避免发生意外事故。

（2）准确测量：在安装新制动器组件时，务必按照制造商的规定进行准确测量和安装，以确保制动系统的性能和稳定性。

（3）定期检查：更换制动器组件后，应定期检查制动系统的状况，确保制动系统始终保持良好的工作状态。

通过以上步骤，可以顺利完成制动器组件的更换操作。这不仅能够提升车辆的制动性能，还能够保障行车安全。

5.5.3　更换汽车制动液

更换汽车制动液是车辆维护中的一项重要任务。其直接影响车辆的制动性能和行车安全。

1. 前期准备

（1）工具与材料准备：准备好所需的工具，如扳手、螺丝刀、千斤顶（或升降机）、橡胶管、放油瓶、注射器、新的制动液等。确保制动液型号与车辆制造商推荐的一致，以避免不兼容导致的问题。

（2）车辆检查：将车辆停放在平坦的地面上，确保发动机熄火，变速器置于空挡，手刹松开。检查制动液储液罐的液位和颜色，以判断是否需要更换。

2. 排放旧制动液

（1）打开制动液储液罐盖：观察液位和加注新制动液。

（2）抽取旧制动液：使用注射器或专用工具，将储液罐内的旧制动液尽可能多地抽取出来。注意避免将杂质或空气带入储液罐内。

（3）升起车辆：使用千斤顶或升降机将车辆底部升起，以便能够接触到刹车分泵和放油螺丝。

（4）排放旧液：找到刹车分泵的放油螺丝，并摘掉放油扣上的防尘帽。使用扳手拧松放油螺丝，让旧制动液流出。将橡胶管套在放油螺丝上，另一端连接到放油瓶内，以便收集旧制动液。

3. 加注新制动液

（1）加注新液：在排放旧制动液的同时或之后，开始向制动液储液罐内加注新的制动液。注意加注量应根据车辆制造商的推荐进行，避免过多或过少。

（2）反复踩刹车：为了彻底排空旧制动液并充满新制动液，需要反复踩下并松开刹车踏板。这个过程中，要注意观察橡胶管内制动液的颜色变化，以判断旧制动液是否已排尽。

（3）拧紧放油螺丝：当橡胶管内流出的制动液颜色变浅且稳定时，说明该轮胎的制动液已更换完成。此时，应拧紧放油螺丝并安装好防尘帽。对于其他三个轮胎的制动液更换，重复上述步骤即可。

4. 检查与调整

（1）检查液位：更换完所有轮胎的制动液后，应检查制动液储液罐的液位是否处于正常范围内。如果液位过低，应及时补充新的制动液。

（2）测试制动性能：启动车辆并在安全的路段上进行短途试车，以测试制动系统的性能和稳定性。注意检查刹车踏板、制动距离和制动效果等是否正常。

5. 注意事项

（1）避免混入空气：在更换制动液的过程中，要尽量避免空气进入制动系统。因为空气会影响制动性能并导致制动系统失效。因此，在排放旧制动液和加注新制动液时，要确保操作正确并及时拧紧放油螺丝和储液罐盖。

（2）使用合适的制动液：必须使用与车辆制造商推荐的型号相匹配的制动液。不同品牌和型号的制动液可能有不同的配方和性能特点，混合使用可能会产生化学反应并损害制动系统。

（3）定期更换：制动液是消耗品且会随着时间的推移而变质。因此，建议按照车辆制造商的推荐周期定期更换制动液以确保制动系统的性能和安全性。

（4）专业维修：如果不熟悉更换制动液的操作流程或不具备相应的技术能力，建议将车辆送至专业的汽车维修店进行更换。专业的维修人员具有丰富的经验和专业的设备能够确保更换过程的准确性和安全性。

通过以上步骤和注意事项，相信大家对更换汽车制动液的操作有了更深入的了解和认识。在实际操作中，请务必遵循正确的操作流程和注意事项以确保制动系统的性能和安全性。

5.5.4　利用解码器排除 ABS 故障

利用解码器排除 ABS（防抱死制动系统）故障的操作是一个系统且精确的过程，旨在快速定位并解决车辆制动系统中可能出现的问题。

1. 前期准备

（1）工具准备：确保手边有适用于车辆 ABS 系统的专业解码器（或称故障诊断仪），以及必要的连接线和适配器。

（2）车辆检查：将车辆停放在安全且平坦的地面上，关闭发动机并拉起手刹。检查解码器与车辆之间的连接接口是否干净、无损坏，以确保良好的通信质量。

2. 连接解码器

（1）接口连接：根据车辆制造商提供的说明，将解码器的连接线插入车辆 ABS 系统的诊断接口中。这个接口通常位于驾驶室下方、发动机舱内或车辆其他部位，具体位置因车型而异。

（2）开机与初始化：打开解码器电源，并按照屏幕上的指示进行初始化设置。这包括选择正确的车辆型号、年份和配置等信息，以便解码器能够正确识别并匹配车辆的 ABS 系统。

3. 读取故障码

（1）启动解码器：在解码器初始化完成后，启动诊断程序并选择 ABS 系统作为检测目标。

（2）读取故障码：解码器将自动与 ABS 系统的 ECU（电子控制单元）建立通信，并读取存储在其中的故障码。这些故障码以特定的代码形式表示 ABS 系统中存在的问题或故障。

4. 分析故障码

（1）解读故障码：利用解码器提供的故障码解释功能或参考相关的维修手册，解读读取到的故障码所代表的具体故障情况。故障码通常包括故障类型、发生位置和可能的故障原因等信息。

（2）确定检查方向：根据故障码的分析结果，确定后续检查的方向和重点。例如，如果故障码指示传感器故障，则需要重点检查传感器及其线路的连接情况；如果故障码指示控制单元故障，则可能需要进一步检查控制单元本身或其供电和通信线路。

5. 深入检查与修复

（1）目视检查：在进行深入检查之前，应进行目视检查以确认部件或线路是否有明显的物理损坏或连接问题。例如，检查传感器是否松动、线路是否断裂或破损等。

（2）使用专业工具检查：利用万用表、示波器等专业工具对怀疑的部件或线路进行进一步的检查。例如，检查传感器的电阻值、电压信号或波形等是否正常。

（3）修复或更换部件：根据检查结果确定需要更换或修复的部件，并按照制造商的规范进行操作。例如，更换损坏的传感器、修复断裂的线路等。

6. 清除故障码并验证

(1)清除故障码:在修复或更换部件后,使用解码器清除存储在 ABS 系统中的故障码。这有助于验证修复是否成功并消除潜在的误报情况。

(2)路试验证:启动发动机并进行路试以验证 ABS 系统的工作状态是否正常。在行驶过程中注意观察 ABS 警示灯是否熄灭以及制动系统是否表现出正常的防抱死性能。

7. 注意事项

(1)操作规范:在整个过程中应严格遵守车辆制造商提供的操作规范和注意事项以确保人身和车辆安全。

(2)专业知识:解码器排除 ABS 故障需要具备一定的专业知识和经验。对于不熟悉操作的维修人员来说,最好寻求更专业的人员的帮助和指导。

(3)定期维护: ABS 系统作为车辆安全系统的重要组成部分应定期进行检查和维护以确保其始终处于良好的工作状态。这有助于减少故障发生的概率并提高行车安全性。

5.6 制动系统常见故障

1. 制动突然失灵

1)现象

一辆某型液压制动汽车,行驶约 20 000 km,制动性能良好。但在一次行驶途中,突然制动失灵,踩动踏板数次,但踏板始终不升高且无力。初步判断为制动总泵有故障。

2)原因及分析

拆检总泵前发现,从储液室到总泵管路有空气(从塑料制动液管路中可以发现)。分解总泵后,有几颗比米粒大的铁屑,其中一粒堵住总泵后腔筒补偿孔,连踩几脚制动踏板后活塞堵住补偿孔,造成橡胶密封圈干摩擦,便有空气从推杆进入后活塞,再进入后主缸。越踩空气越多,导致总泵前腔也进入空气,造成全车制动失灵。

3)诊断与处理

连踩制动踏板和脚跳板而不升高,说明制动总泵有问题。

4)制动突然失灵的其他原因

(1)总泵内储液室内无制动液。

(2)总泵皮碗损坏或踏翻。

(3)总管的接头或铜管、软管破裂。

5)制动突然失灵的诊断方法

(1)检查制动总泵或储液室内有无制动液。

(2)检查制动总泵推动杆防尘套有无渗漏制动液的现象。若有,多属于总泵皮碗被踏翻而失灵,或总泵皮碗损坏。

(3)检查制动分泵(轮缸)有无漏油现象,若有漏油现象为皮碗压翻或损坏。

(4)检查各处油管接头或管路是否松动或折断。

2. 制动拖带

1)现象

制动拖带具体现象:踩制动踏板时感到高而硬,踩不下去;汽车起步困难,行驶无力,当放松加速踏板下离合器时,有制动感觉,用手摸制动鼓有发热现象,汽车制动后,不能立即正常起步行驶。

2)原因及分析

(1)制动踏板无自由行程或回位弹簧脱落、过软、折断,使踏板不能迅速回位,总泵回油孔回油不畅或不能回油。

(2)总泵皮碗、皮圈发胀,或活塞变形及有污物粘住,活塞在总泵缸筒内运动不灵活。

(3)总泵回位弹簧过软、折断或回油孔被污物堵塞,不能回油或回位,或制动踏板轴发滞。

(4)摩擦片与制动鼓间隙过小或制动蹄片回位弹簧失效。

(5)分泵皮碗发胀、活塞变形或有污物粘住,运动不灵活。

(6)油管内有污物及回油不畅。

3)诊断与处理

汽车行驶一段路程后,用手摸各制动鼓,若都有过热现象,便为制动总泵发生故障。此时,踩下制动踏板,拧松任一轮的放气塞,排掉管内制动液,再对总泵进行检查。

若个别车轮发热,则为个别车轮制动器发生故障;若再拧松放气螺钉,制动液急速喷出,制动蹄回位,则为油管堵塞、分泵不能回油所致,此时应疏通油管。若仍不能使制动蹄回位,则应调整制动间隙。

3. 制动跑偏

1)现象

制动时同轴两边车轮不能同时起制动作用,两边制动效果不一,或一边制动,一边仍在转动,使车辆在制动时向一边偏斜。

2)原因及分析

(1)同轴车轮制动器摩擦片与制动鼓间隙不相同,或两车轮制动鼓直径不一及摩擦片磨损程度以及接触面积差异太大,或摩擦片材质不一。

(2)个别车轮摩擦片出现污物现象严重,制动时产生打滑现象。

(3)个别分泵内有空气,活塞运动不灵活,皮碗发胀或油管堵塞,制动效果不好或无制动作用。

(4)左右制动蹄回位弹簧拉力不一致,或左右轮胎气压相差过多。

(5)个别制动鼓失圆度较大。

(6)制动蹄长短片相互装反,直接影响制动效果。

3)诊断与处理

当发现某个车轮制动不灵时,应先排放空气,再拆检车轮制动器,调整摩擦片与制动鼓的间隙,使左右一致。再查摩擦片有无油污及有无漏油和堵塞的情况,必要时需要更换制动鼓及摩擦片。

4.后制动器不回位

1)现象

一辆某型汽车在制动时,两后轮制动不回位,制动放松后起步困难。检查时发现,制动蹄回位弹簧及分泵工作均正常。后又拆检制动总泵,更换老化的活门仍不能排除。

2)原因及分析

故障原因为后制动软管堵塞。后制动软管堵塞后总泵在制动时油压很高,分泵能勉强进油,产生制动。但松开制动踏板后,由于分泵油压较低,回油不畅,致使后轮制动蹄片不回位。因此会因为制动蹄不能回位而产生拖滞现象。

3)处理

用压缩空气吹出制动软管内堵塞物即可。

5.气压制动发咬

1)现象

一辆某型汽车在行驶途中使用制动器后,汽车起步困难,挂上二挡加大油门仍难以行走。一挡强行起步后,车轮不是滚动,而是边滚边滑。检查制动鼓,全部发烫,前后制动气室推杆叉无一收回,都处于制动位置。

2)原因及分析

此型汽车制动阀为串联双腔活塞式结构,上腔控制后轮制动器,下腔控制前轮制动器,上下腔同时动作。以上现象属于全车制动发咬,一般属于制动阀的问题。其原因是:踩下制动踏板后,通过拉杆拉动拉臂,迫使制动阀滚轮压下挺杆,克服控制阀内回位弹簧的弹力,打开进气阀,进行制动作用。但放松制动阀后,因挺杆与上盖孔锈蚀严重(运载腐蚀物资滴漏到制动阀上),且拉臂轴也被腐蚀,使拉臂及挺杆在回位弹簧作用下不能回位,始终处于制动状态。

3)诊断

发咬一般分为全车发咬和个别车轮发咬两种。若全车发咬,汽车不能正常行驶,观察制动踏板位置及制动室推杆叉位置即可判断。

4)处理

可用榔头锤滚轮,使锈蚀部位受震动,在弹簧作用下,锈蚀不严重的可以回位。若锈蚀严重,锤击无效时,可拧松制动阀各出气管接头放气,然后拆下制动阀,砂磨修整锈蚀部位,加注润滑脂,并采取防腐措施。

5)影响全车发咬的其他原因

(1)排气间隙过小,引起不排气或排气缓慢,松踏板后,不能马上听到强烈的放气声。

(2)制动踏板与踏板轴锈蚀发滞,不能自动回位,或踏板回位弹簧过弱及制动阀拉臂被卡住。

(3)排气阀回位弹簧过弱或折断。

6)个别车轮制动发咬的原因

(1)制动底板变形。

(2)制动鼓与摩擦片间隙过小,或摩擦片破裂。

(3)制动蹄回位弹簧过软。

（4）制动蹄支撑销处锈蚀。

（5）制动气室膜片老化、变形、破损。

（6）制动软管老化、不畅通。

（7）半轴套管与轮毂轴承配合过于松旷。

（8）半轴套管与驱动桥配合松旷。

（9）轮毂轴承外圈与轮毂配合松旷。

（10）制动凸轮轴颈与衬套配合间隙过大，使凸轮轴不同轴而发卡，并使制动蹄不回位。

6. 气压制动振抖

1）现象

一辆某型汽车，在实施紧急制动时，右后轮产生强烈振抖，并发出“噻”的震动声。另一辆某型汽车左前轮在实施紧急制动时，也产生类似的振抖声。两车使用时间均不到两年。

2）原因及分析

两车拆检后，发现制动蹄摩擦片与制动鼓均无异常现象。前轮振抖的车辆，主要是制动蹄前蹄（增势蹄）调整间隙过小，由于增势蹄在制动时的制动力矩过大，因而使两蹄制动力相差很大，使制动力矩不均衡，而产生强烈的振抖声。后轮产生振抖的车辆，是由于轮毂轴承间隙过大，紧急制动时，制动鼓左右晃动，制动器间隙失常，加剧了振抖的产生。

3）诊断与处理

汽车制动时产生车轮振抖的主要原因是摩擦片与制动鼓的接触面积以及制动力不均衡，因调整不当或磨损过度也可以产生制动振抖现象。上述两车经重新调整后，振抖现象消除。

4）产生制动时振抖的其他原因

（1）制动器底板弯曲或松动。

（2）制动蹄摩擦片铆钉松动。

（3）制动蹄摩擦片磨损、被油污染。

（4）轮毂轴承过松。

（5）制动鼓失圆度过大，或镗削后过于粗糙。

（6）前后钢板弹簧松动。

7. 气压制动跑偏案例 1

1）现象

一辆某型汽车，全车大修后出厂试验制动效果时发现汽车向左跑偏。检查制动拖印发现右后轮的印痕很浅、无拖印，左边则拖印明显。反复调试右后轮制动器间隙，均无明显效果。大修时，制动鼓镗削尺寸一致，并更换了制动摩擦衬片、凸轮轴，各部运动灵活，无发卡现象，制动气室工作正常。反复检查调整，仍未能排除故障。

2）原因及分析

回厂后继续检查，支起后轮，挂挡，启动振抖发动机试验制动时，右边车轮制动效果明显低于左边车轮，再仔细观察，在车轮不转动时紧急踩下制动踏板，发现右后制动凸轮轴转动的角度明显小于左后轮制动凸轮轴的转动角度。拆检右后轮毂时发现，原来把左后制动凸轮轴装到右后轮制动器上，即左右制动凸轮轴安装位置互换了。显然是装配时，没有分清左右而导致制动跑偏。

由于左右制动凸轮轴相互装反，当汽车制动时，制动凸轮轴朝前转动（即左侧制动凸轮轴是反时针旋转，右侧为顺时针转动），因右后制动凸轮轴装配错误，使制动凸轮不是朝圆弧面方向旋转，而是朝无圆弧端方向旋转，因而难以将制动蹄顶开，车辆制动时不产生跑偏。

3）处理

重新调换左右制动凸轮轴的装配位置，并重新调整制动间隙后，制动跑偏现象消失。

8. 气压制动跑偏案例2

1）现象

一辆某型汽车行驶时，发现后轮三通接头螺纹处有漏气现象，更换新件后，漏气现象消失。但发现后轮制动有跑偏现象，右侧车轮无拖印。在未换三通接头之前，尽管有点漏气现象，但制动时无明显跑偏，反复检查左右车轮制动器、制动室及连接软管均无异常之处。后停车检查，一人在车上多次踩动制动踏板，另一人观察左右后轮制动气室推杆叉动作，发现右侧推杆叉伸出长度只有左边的 1 / 2 左右。

2）原因及分析

新换三通接头的右侧接头内因铸造时产生堵塞现象，未清理干净，使压缩空气严重受阻，进入制动室的压缩空气减少近一半。因此，右侧制动不良而跑偏。

3）诊断及处理

观察左右制动室推杆叉伸缩动作是否一致，并结合调整抽动间隙，可判断出故障原因。

4）处理

更换合格的三通接头。

5）影响制动跑偏的其他原因

（1）两前轮或两后轮技术状况不相同。

①摩擦片与左右轮制动鼓间隙不一致。

②摩擦片与制动鼓接触情况左右不一致。

③左右摩擦片材质与摩擦系数不相同。

④左右制动鼓直径镗削尺寸不一。

⑤制动蹄回位弹簧拉力不一致。

⑥左右制动蹄与支撑销或凸轮轴与支架、支座间隙不一致。

⑦左右制动凸轮轴装反。

⑧左右制动凸轮轴转角不一。

⑨制动气室左右膜片硬度不同，或一侧有漏气现象。

⑩一侧制动管路有漏气现象或不畅通。

⑪ 左右制动气室推杆叉运动速度不相同，一侧有发滞现象。

⑫ 一侧制动鼓失圆或磨损成沟槽状。

⑬ 一侧制动器摩擦片有油污或过湿。

⑭ 两侧轮胎气压不一致。

⑮ 同轴的左右制动器调整臂长短不一。

(2)车架、前轴转向系有故障。

①两前钢板弹簧弹力不均,弧高不等。

②前后钢板错位。

③车架变形或前轴移位偏斜。

④两侧钢板弹簧销与衬套间隙不一致。

⑤横、直拉杆球头销或转向垂臂松动。

9. 前轮制动跑偏的调整

当发现型前轮制动跑偏时,应检查轮毂轴承间隙、轮胎气压、左右钢板弹簧及减振器以及车架、前轴等技术状况是否正常。若正常但左右前轮跑偏相差较大时可以采用以下调整方法。

可用加大跑偏的另一侧前轮摩擦片间隙(或减小跑偏一侧间隙)的方法予以消除。例如向左跑偏时,可增大右前轮摩擦片间隙(调整制动调整臂,增长制动室推杆行程),或减小左前轮摩擦片间隙(缩短推杆行程),每调整制动臂一响,推杆行程变化约 4 mm。其理由是制动室在低气压推动下,由于制动室膜片的有效面积是随推杆的推出而变大,当摩擦片与制动鼓间隙增大,推杆行程增长时,因膜片有效面积的加大,制动力也将增大;反之,制动力减小。这种方法用以消除正常使用时前轮制动跑偏现象,但只适用于左右前轮摩擦片间隙在 1/3~1 圈的调整蜗杆轴的转动范围之内引起的前轮制动跑偏现象。若因摩擦片磨损过度,间隙增大、推杆行程过长时,则必须进行制动器的全面检修调整。

10. 气压制动尖锐噪声

1)现象

一辆某型汽车制动时,制动效果尚可,但产生刺耳的“吱吱”尖锐噪声。

2)原因及分析

由于该车摩擦片使用过久,频繁的制动使摩擦片表面出现一层光亮的焦质硬化层。制动时,硬化层与制动鼓相摩擦,即产生尖锐噪声。

3)处理

用粗砂布将硬化层打磨,露出摩擦片原有底色。

4)其他原因

制动鼓镗削质量不高、过于粗糙时,或摩擦片铆钉与制动鼓相摩擦,也会产生异响,但不像这样的尖锐噪声。

课后习题

一、汽车传动系统

（一）填空题

1. 汽车传动系统主要是由__________、____________和______等装置组成。

2. 摩擦片式离合器基本上是由______、______、______和__________四部分组成。

3. 某型汽车变速器操纵机构为防止自动脱挡，变速器叉轴用________和______进行自锁；为防止自动跳挡，在二、三挡与四、五挡的齿座上，都采用中间带凸台的________；轴间用________与______互锁；为防止汽车行驶时误挂入倒挡，在倒挡拨块上装有______________________。

4. 东风某型三轴越野汽车的分动器具有____挡位；挂前桥和挂低速挡之间的关系为__________________；摘前桥与摘低速挡之间的关系为__________________。

5. 万向传动装置一般由______、______和________等组成。

6. 目前，汽车传动系中应用得最多的十字轴式刚性万向节允许相邻两轴的最大交角为______。

7. 驱动桥主要是由______、______、______、______、________等组成。

8. 行星齿轮的自转是指______________；公转是指______________。

9. 主减速器在结构上可分为单级主减速器和双级主减速器。通常单级主减速器是由一对_________组成；双级主减速器由一对________和一对________组成。

10. 汽车在行驶过程中，发动机的动力经过离合器、变速器、万向传动装置传至主减速器，主减速器（单级）从动锥齿轮依次将动力经____传给驱动车轮。

11. 半轴的支承形式分为__________和________两种。半轴的一端与________相连，另一端与________相连。

12. 后桥壳是用来安装____的基础件，一般可以分为__________和__________两种，绝大多数汽车采用的是______________。

（二）解释术语

1. 汽车型号后的标记 4×2，4×4，6×6。

2. 驱动力。

3. 变速器的传动比 i_1=7.31。

4. 离合器踏板自由行程。

5. 膜片弹簧。

6. 超速挡。

(三)判断题(正确打√,错误打 ×)

1. 双片离合器有两个从动盘、两个压盘、两个摩擦面。 (　　)

2. 在摩擦面压紧力、摩擦面的尺寸、材料的摩擦系数相同的条件下,双片离合器比单片离合器传递的转矩要大。 (　　)

3. 摩擦片沾油或磨损过度会引起离合器打滑。 (　　)

4. 分离杠杆内端高低不一致将导致离合器分离不彻底使汽车在起步时车身发生颤抖现象。 (　　)

5. 离合器在使用过程中,不允许出现摩擦片与压盘、飞轮之间有任何相对滑移的现象。 (　　)

6. 膜片弹簧离合器的结构特点之一是用膜片弹簧取代压紧弹簧和分离杠杆。 (　　)

7. 变速器第一轴与第二轴相互平行且在同一条直线上,因此第一轴转动,第二轴也随着转动。 (　　)

8. 变速器倒挡传动比数值设计得较大,一般与一挡传动比数值相近。这主要是为了倒车时,汽车具有足够大的驱动力。 (　　)

9. 变速器的某一挡位的传动比既是该挡的降速比,也是该挡的增矩比。 (　　)

10. 汽车行驶中,传动轴的长度可以自动变化。 (　　)

11. 十字轴上安全阀的作用是保护油封不致因油压过高而被破坏。 (　　)

12. 传动轴两端的万向节叉安装时应在同一平面上。 (　　)

13. 后桥壳必须密封,以避免漏气漏油。 (　　)

(四)选择题

1. 当离合器处于完全接合状态时,变速器的第一轴(　　)。

A. 不转动　　B. 与发动机曲轴转速不相同

C. 与发动机曲轴转速相同

2. 当膜片弹簧离合器处于完全分离状态时,膜片弹簧将发生变形,其(　　)。

A. 锥顶角不变　　B. 锥顶角为 180°　　C. 锥顶角为反向锥形

3. 汽车转弯行驶时,差速器中的行星齿轮(　　)。

A. 只有自转,没有公转　　B. 只有公转,没有自转

C. 既有公转,又有自转

4. 变速器挂倒挡时,第二轴的旋转方向(　　)。

A. 与发动机曲轴旋转方向相同　　B. 与发动机曲轴旋转方向相反

(五)问答题

1. 汽车传动系统的功用是什么?

2. 为了达到等角速度传动的目的,普通十字轴刚性万向节必须满足什么要求?

3. 离合器的功用是什么?

4. 对离合器有什么要求?

5. 变速器的功用是什么?

6. 同步器的作用是什么?

7. 分动器的作用是什么?

8. 汽车为什么要采用万向传动装置?

9. 驱动桥的作用是什么?

10. 主减速器的功用是什么,其基本形式有哪两种,它们的基本组成是什么?

11. 离合器的摩擦衬片为什么都铆在从动盘上,可否铆在压盘上?

12. 简述膜片弹簧离合器的工作原理。(用简图表示)

13. 离合器踏板为什么要有自由行程?

14. 简述膜片弹簧离合器的结构特点。

15. 传动轴为什么要有滑动叉,滑动叉有何作用?

16. 画出上海桑塔纳变速器挡位示意图,并标出各挡动力传递路线。

17. 用无缝钢管制造传动轴是否可以,为什么?

18. 为什么行星齿轮背面一般都做成球面,差速器各零件如何润滑?

19. 差速锁有什么用途?

20. 传动轴为什么要进行动平衡,使用中用什么措施保证平衡?

二、汽车行驶系统

(一)填空题

1. 汽车行驶系统由__________、__________、__________和__________四部分组成。

2. 载货汽车的车架一般分为________、______和______车架三种/EQ1091、CA1092 型汽车采用的是______车架。

3. 根据车桥作用的不同，车桥可分为________、________、________和______四种。

4. 转向桥由____等主要部分组成。

5. 前轮定位包括________、________、________________四个参数。

6. 悬架一般由____________________________三部分组成。

7. 轮胎根据充气压力可分为____________________________________三种；根据胎面花纹可分为______________________三种；根据轮胎帘布层帘线的排列可分为______________________三种。

（二）解释术语

1. 承载式车身。

2. 转向轮定位。

3. 主销后倾角。

4. 主销内倾角。

5. 前轮外倾角。

6. 前轮前束。

7. 转向驱动桥。

8. 子午线轮胎。

9. D × B 轮胎。

10. B-d 轮胎。

11. 非独立悬架。

（三）判断题（正确打√、错误打×）

1. 车架主要承受拉、压应力。（　　）
2. 有的汽车没有车架。（　　）
3. 一般载货汽车的前桥是转向桥，后桥是驱动桥。（　　）
4. 汽车在使用中，一般只调整前轮定位中的前束。（　　）
5. 转向轮偏转时，主销随之转动。（　　）
6. 越野汽车的前桥通常是转向桥兼驱动桥。（　　）
7. 主销后倾角度变大，转向操纵力增加。（　　）
8. 所有汽车的悬架组成都包含有弹性元件。（　　）
9. 一般载货汽车未专门设置导向机构。（　　）
10. 减振器在汽车行驶中出现发热是正常的。（　　）
11. 采用独立悬架的车桥通常为断开式。（　　）
12. 钢板弹簧各片在汽车行驶过程中会出现滑移。（　　）
13. 安装越野车转向轮胎时，人字花纹尖端应与汽车前进的方向相反。（　　）
14. 现在一般汽车均采用高压胎。（　　）
15. 越野汽车轮胎的气压比一般汽车的高。（　　）
16. 轮胎的层数是指帘布层的实际层数。（　　）
17. 在良好的路面上行驶时，越野胎比普通胎耐磨。（　　）
18. 一般汽车的前轮比后轮的气压高。（　　）
19. 一般汽车轮胎螺栓采用左边的左旋、右边的右旋螺纹。（　　）

（四）选择题

1. 汽车的装配体是（　　）。
A. 车架　B. 发动机　C. 车身　D. 车轮
2. 解放 CA1092 型汽车的车架类型属于（　　）。
A. 边梁式　B. 周边式　C. 中梁式　D. 综合式
3. 越野汽车的前桥属于（　　）。
A. 转向桥　B. 驱动桥　C. 转向驱动桥　D. 支承桥
4. 转向轮绕着（　　）摆动。
A. 转向节　B. 主销　C. 前梁　D. 车架
5. 前轮定位中，转向操纵轻便主要是靠（　　）。
A. 主销后倾　B. 主销内倾　C. 前轮外倾　D. 前轮前束
6. 连接轮盘和半轴凸缘的零件是（　　）。
A. 轮毂　B. 轮辋　C. 轮辐　D. 轮胎

7. 汽车用减振器广泛采用的是(　　)。

A. 单向作用筒式　　B. 双向作用筒式　　C. 摆臂式　　D. 阻力可调式

8. 外胎结构中,起承受负荷作用的是(　　)。

A. 胎面　　B. 胎圈　　C. 帘布层　　D. 缓冲层

9. 东风 EQ1092 型汽车的前钢板弹簧采取了(　　)方式。

A. 前端固铰、后端自由　　B. 前端自由、后端固铰

C. 前、后端均固铰　　D. 前、后端均自由

(五)问答题

1. 汽车行驶系统的作用是什么?

2. 车架的作用是什么,对车架有什么要求?

3. 转向桥的作用是什么?

4. 主销后倾的作用是什么?

5. 前轮外倾的作用是什么?

6. 悬架的作用是什么?

7. 钢板弹簧的作用是什么,为什么钢板弹簧各片不等长?

8. 轮胎的作用是什么?

9. 简述液力减振器的工作原理。

10. 为什么要推广使用子午线轮胎?

三、汽车转向系统

(一)填空题

1. 汽车通过______和______将发动机的动力转变为驱动汽车行驶的牵引力。

2. 汽车按________所需要的方向行驶,必须有一整套用来控制汽车行驶方向的机构是__________。

3. 转向系统的作用是__________汽车的行驶方向和保持汽车稳定的__________行驶。

4. 转向系统是由______和____________两大部分构成。

5. 要满足汽车在转向时,两侧车轮不发生滑动,各个车轮的轴线在转向时应__________。

6. 从瞬时转向中心零点到转向外轮中心面的距离 R,叫作汽车的________。

7. 转向轮偏转角度的大小,可通过____或____转向节凸缘盘上的止动螺钉调整。

8. 转向系统的传动比,对转向系统的______影响很大。

9. 转向器由转向盘、________________等部分组成。

10. 通常按传动副形式和作用力的传递情况来分类,转向系统可分为_____________和__________等几种。

11. 我国的交通规则规定右侧通行,故转向盘都安置在驾驶室的______。

12. 东风 EQ1091 型汽车采用的是______________转向器。

13. 循环球式转向器中一般有____级传动副。

14. 转向传动机构的作用是将______传递的力传给转向车轮,以实现________。

15. 转向传动机构一般包括__________________________________以及____________和________。

16. 转向传动机构可分为两大类,即与非独立悬架配用的________和与独立悬架配用的______。

17. 转向传动机构的杆件,一般布置在前轴之后,称为______。

18. 转向纵拉杆用两端扩大的____制成。

19. 转向横拉杆是连接左、右梯形节臂的杆件,它与左右梯形节臂及前轴构成_____________。

20. 转向盘自由行程是指______未发生偏转而转向盘所转过的角度。

21. 为了保证汽车转向操纵轻便和灵敏,目前最有效的办法就是在汽车转向系统中加装______________。

22. 按转向助力装置的助力源分类,转向传动机构可分为______和______两种。

23. 转向助力装置按动力缸、分配阀、转向器的相互位置又可分为______和______。

24. 动力缸、控制阀转向器合为一体的称为______。

25. 反作用柱塞的作用是能将路面________反映到转向盘。

(二)判断题(正确打√、错误打×)

1. 转向系统的作用是保证汽车转向。 (   )

2. 汽车在转弯时,内转向轮和外转向轮滚过的距离是不相等的。 (   )

3. 两转向轮偏转时，外轮转角比内轮转角大。（　）

4. 转向半径 R 愈小，则汽车在转向时，所需要的场地面积就愈小。（　）

5. 为了提高行车的安全性，转向轴可以有少许轴向移动。（　）

6. 当作用力从转向盘传到转向垂臂时称为逆向传动。（　）

7. 可逆式转向器有利于转向轮和转向盘自动回正，但汽车在坏路面上行驶时易发生转向盘打手现象。（　）

8. 转向轴在车架上位置和倾斜角度与汽车总体布置、悬架和转向桥结构有关。（　）

9. 摇臂轴的端部刻有标记，装配时应与转向垂臂的刻度标记对正。（　）

10. 转向纵拉杆两端的弹簧在球头销的同一侧。（　）

11. 当转向轮为独立悬架时，转向桥、横拉杆必须是整体式。（　）

12. 转向盘自由行程对于缓和路面冲击、柔和操纵以及避免驾驶员过度紧张是有利的。（　）

13. 转向横拉杆都是直的。（　）

14. 汽车在转向时，所遇阻力的大小与转向轮定位角有关。（　）

15. 转向桥负荷在 4 t 以上的汽车，大多加装转向助力装置。（　）

16. 常流式是指汽车不能转向时，分配阀总是关闭的。（　）

17. 动力缸和转向器分开布置的称为分置式。（　）

18. 整体式转向器多用于前桥负荷在 15 t 以下的重型汽车。（　）

（三）解释术语

1. 转向半径。

2. 瞬时转向中心。

3. 正传动效率。

4. 可逆式转向器。

5. 前置式。

6. 转向盘自由行程。

7. 转向助力装置。

8. 路感。

(四)选择题

1. 要实现正确的转向，只能有一个转向中心，并满足(　　)关系式。

A. $\cot\alpha=\cot\beta-\frac{B}{L}$　B. $\cot\alpha=\cot\beta-\frac{B}{L}$　C. $\alpha=\beta$

2. 一般中型载货汽车转向器的传动比为(　　)。

A. i=14　B. i=28～42　C. i=20～24

3. 转向轴一般由一根(　　)制造。

A. 无缝钢管　B. 实心轴

4. 为了适应总布置的要求，有些汽车在转向盘和转向器之间连接(　　)。

A. 轴　B. 万向传动装置

5. 转向盘自由行程一般不超过(　　)。

A. 10°～15°　B. 25°～30°

6. 转向盘自由行程过大的原因是(　　)。

A. 转向器传动副的啮合间隙过大　B. 转向传动机构各连接处松旷

C. 转向节主销与衬套的配合间隙过大

7. 液压式转向助力装置按液流的形式可分为(　　)。

A. 常流式　B. 常压式

8. 转向助力装置的安全阀作用是(　　)。

A. 限制转向油泵的最大压力

B. 保护油泵及装置中其他机构不致过载而损坏

(五)问答题

1. 为什么转动转向盘能使两前轮同时偏转?

2. 对转向系统有什么要求?

3. 蜗杆曲柄指销式转向器是怎样工作的?

4. 循环球式转向器如何调整传动副啮合间隙?

5. 与独立悬架配用的转向传动机构应注意什么?

6. 转向器与转向传动机构是怎样连接的?

7. 液压式转向助力装置的特点是什么?

8. 简述对转向助力装置的要求。

四、汽车制动系统

(一)填空题

1. 汽车制动系统一般至少装用______各自独立的系统,即主要用于________________时制动的________装置和主要用于________时制动的____________装置。

2. 行车制动装置按制动力源可分为____________和__________两类。其中动力式又有______________和________等。

3. 制动系统按制动传动机构的布置形式,通常可分为______和______两类。其中双回路制动系统提高了汽车制动的______________。

4. 车轮制动器主要由____等四部分组成。

5. 液力制动装置主要由____等组成。

6. 制动力的大小不仅取决于______________________________________的摩擦力矩,还取决于________________________________,而影响摩擦力矩的主要因素是____等。

7. 制动力最大只能________________,不可能超过______。

8. 评价制动性能的主要指标是_______________________________,通常以________来间接衡量汽车的制动性能。

9. 当挂车与主车意外脱挂后,要求__________________。

10. 当汽车制动系统部分管路失效时,其余部分制动性能应仍能保持________________。因此新车必须________________装置。

11. 车轮制动器按其制动时两制动蹄对制动鼓径向力是否平衡，可分为______________和______________制动器。

12. 轮缸张开的简单非平衡式车轮制动器的制动蹄摩擦片与制动鼓的间隙规定一般为上端______mm，下端______mm。其大小可通过______________________进行调整。

13. 液力制动装置具有以下主要特点：____。

14. 浮动钳盘式车轮制动器主要由____等零件组成。

15. 钳盘式车轮制动器活塞密封圈的作用是____________________________________。

16. 双回路液力制动传动机构主要由__________________________等零件组成。

17. 串联双腔式制动主缸的前腔与__________相通，后腔与__________相通。在正常工作情况下，前活塞由__________推动，后活塞由__________推动。

18. 液力制动作用在制动蹄上的张开力，应是____。

19. 制动轮缸的功用是____。通常将其分为______和______两类。

20. 气压制动装置的主要特点是____。

21. 气压制动控制阀的功用是____。

22. 气压制动控制阀的结构按汽车所用管路系统的不同可分为____。

23. 在采用液力制动装置的汽车上，根据制动增压装置的力源不同，可分为________和________两种。

24. 在真空增压式液力制动传动装置中加装了由______________________________和____________组成的真空增压装置。其中真空增压器由__________________________三部分组成。

25. 真空增压器的作用是____。

26. 气压增压装置主要由______________________________________等组成。其中气压增压器由______________________________三部分组成。

27. 气压增压装置是利用____而起助力作用的。

28. 挂车气压制动装置，按其控制方法的不同，可分为________和________两种。我国一般采用________的挂车气压制动装置。

29. 间接操纵的挂车放气制动传动装置由____等总成组成。

30. 采用放气制动的挂车制动装置，当主、挂车因故脱挂时，________________________，挂车即______。

31. 直接操纵的挂车放气制动传动装置就是指____的制动传动装置。原东风 EQ1090 型汽车单回路制动传动装置中采用制动控制阀。

32. 排气制动装置是利用____而产生减速制动作用的。

33. 排气制动对汽车在____________________时,可以_____________来控制车速,使车轮制动器摩擦片和制动鼓的工作温度不致过高,防止摩擦材料的热衰退,保证________有良好的制动效能。

34. 前后轮制动力分配自动调节装置的功用是____,同时_____________也会大大减少。

35. 鼓式驻车制动器的基本结构与________相同。常用的有__________和__________两种。东风 EQ1092 型汽车采用的是__________。

36. 驻车制动器是通过制动______而使驱动轮上产生制动力矩的。当全浮式半轴折断或传动轴拆除时,驻车制动器______。

37. 近代汽车防抱制动系统一般包括____________________________三部分。

(二)解释术语

1. 制动距离。

2. 液力制动踏板自由行程。

(三)判断题(正确打√、错误打 ×)

1. 最佳的制动状态是车轮完全被抱死而发生滑移时。（　　）
2. 一些简单非平衡式车轮制动器的前制动蹄摩擦片比后蹄摩擦片长,是为了增大前蹄片与制动鼓的摩擦力矩。（　　）
3. 简单非平衡式车轮制动器在汽车前进或后退时,制动力几乎相等。（　　）
4. 单向双缸平衡式车轮制动器在汽车前进和后退时,制动力大小相等。（　　）
5. 双向双缸平衡式车轮制动器在汽车前进和后退时,制动力大小相等。（　　）
6. 自动增力式车轮制动器在汽车前进和后退时,制动力大小相等。（　　）
7. 液压制动主缸出油阀损坏,会使制动不灵。（　　）
8. 液压制动主缸的补偿孔和通气孔堵塞,会造成制动不灵。（　　）
9. 液压制动最好没有自由行程。（　　）
10. 制动踏板自由行程过大,会造成制动不灵。（　　）
11. 双腔制动主缸在后制动管路失效时前活塞仍由液压推动。（　　）
12. 液压制动传动机构传动比就是制动轮缸直径与制动主缸直径之比。（　　）

13. 气压制动气室膜片破裂会使制动不灵。（　　）

14. 气压制动储气筒气压不足，会使制动不灵。（　　）

15. 真空增压器在不制动时，其大气阀门是开启的。（　　）

16. 真空增压器失效时，制动主缸也将随之失效。（　　）

17. 液压制动系统中安全缸的作用是在制动系统漏油时，中断对漏油部位供油。（　　）

18. 在加力气室大小相同的情况下，气压增压器比真空增压器的助力作用强得多。（　　）

19. 当气压增压器失效时，制动主缸仍然能够进行临时性制动。（　　）

20. 采用放气制动的挂车气压制动传动装置，在不制动时，主、挂车之间的空气管路是没有压缩空气的。（　　）

21. 汽车上都装有排气制动装置。（　　）

22. 为了提高发动机的制动效果，可通过杆系使排气节流阀转到关闭位置，从而将发动机的排气通道堵塞。（　　）

（四）选择题

1. 液力张开的简单非平衡式车轮制动器，在轮缸内两活塞大小相等的情况下，其制动蹄摩擦片的长度是（　　）。

A. 前长后短　　B. 前后等长　　C. 前短后长

2. 自动增力式车轮制动器的两制动蹄摩擦片的长度是（　　）。

A. 前长后短　　B. 前后等长　　C. 前短后长

3. 液压制动主缸在不制动时，其出油阀和回油阀的开闭情况是（　　）。

A. 出油阀和回油阀均开启　　B. 出油阀关闭而回油阀开启

C. 双阀均关

4. 在不制动时，液力制动系统中制动主缸与制动轮缸的油压是（　　）。

A. 主缸高于轮缸　　B. 主缸与轮缸相等　　C. 轮缸高于主缸

5. 在解除制动时，液压制动主缸的出油阀和回油阀的开闭情况是（　　）。

A. 先关出油阀再开回油阀　　B. 先开回油阀再关出油阀

C. 两阀都打开

6. 单腔式气压制动控制阀在维持制动时，进排气阀的开闭情况是（　　）。

A. 进排气阀均关闭　　B. 进气阀开启、排气阀关闭

C. 进气阀关闭、排气阀开启

7. 在不制动时，气压制动控制阀的进排气阀门的开闭情况是（　　）。

A. 进气阀开启、排气阀关闭　　B. 进气阀关闭、排气阀开启

C. 进排气阀均关闭

8. 前、后轮的制动气室膜片通常是（　　）。

A. 前小后大　　B. 前后相等　　C. 前大后小

9. 真空增压器在维持制动时，真空阀和大气阀的开闭情况是（　　）。

A. 大气阀开、真空阀关　　B. 双阀关闭

C. 大气阀关、真空阀开

10. 在挂车和主车连接后,应将主、挂车上的分离开关都转动到(　　)。

A. 开启位置　　B. 关闭位置

(五)问答题

1. 汽车制动系统的作用是什么?

2. 如何调整车轮制动器的蹄鼓间隙?

3. 简述钳盘式车轮制动器的工作过程。

4. 试述液力制动在加强制动时的工作情况。

5. 试述液力双腔式制动主缸在某一腔控制回路失效时的工作情况。

6. 液力制动主缸活塞回位弹簧的预紧力过小(过软)对制动性能有何影响?

7. 试述真空增压器在维持制动时的工作过程。

8. 气压增压式液力制动传动装置由哪些主要零部件组成?

9. 怎样调整盘式驻车制动器?

10. 试述汽车上装用防抱死装置对制动性能和操纵性能的意义。

参考文献

[1] 杜瑞丰,李忠凯. 汽车底盘构造与维修[M]. 北京:高等教育出版社,2007.

[2] 杜瑞丰,李忠凯. 汽车底盘构造与维修学习指导与练习[M]. 北京:高等教育出版社,2007.

[3] 胡胜,徐炬,张体龙,等. 汽车底盘构造与维修[M]. 北京:机械工业出版社,2022.

[4] 李修杰,开百军,耿琪,等. 汽车底盘构造与维修[M]. 北京:高等教育出版社,2023.